西南民族大学经济学院"三全育人"综合改革阶段性成果
西南民族大学经济学院应用经济博士培育学科阶段性成果

地方政府行为对多元主体参与社区养老意愿影响研究

易 婧 ◎ 著

STUDY ON INFLUENCES OF THE LOCAL
GOVERNMENT BEHAVIOR
FOR MULTIPLE SUBJECTS' PARTICIPATION INTENTION
IN COMMUNITY ELDERLY CARE

·北京·

图书在版编目（CIP）数据

地方政府行为对多元主体参与社区养老意愿影响研究／易婧著．--北京：中国经济出版社，2023.12
ISBN 978-7-5136-7511-6

Ⅰ.①地… Ⅱ.①易… Ⅲ.①地方政府-政府行为-影响-养老-社区服务-研究-中国 Ⅳ.①D669.6

中国国家版本馆 CIP 数据核字（2023）第253923号

责任编辑　李若雯　邓婉莹
责任印制　马小宾

出版发行	中国经济出版社
印　刷　者	北京建宏印刷有限公司
经　销　者	各地新华书店
开　　　本	710mm×1000mm　1/16
印　　　张	14.25
字　　　数	225千字
版　　　次	2023年12月第1版
印　　　次	2023年12月第1次
定　　　价	88.00元

广告经营许可证　京西工商广字第8179号

中国经济出版社 网址 www.economyph.com 社址 北京市东城区安定门外大街58号 邮编 100011
本版图书如存在印装质量问题，请与本社销售中心联系调换（联系电话：010-57512564）

版权所有　盗版必究（举报电话：010-57512600）
国家版权局反盗版举报中心（举报电话：12390）　服务热线：010-57512564

摘 要

《中华人民共和国 2022 年国民经济和社会发展统计公报》数据显示，截至 2022 年年末，全国 60 周岁及以上人口约 2.80 亿人，占总人口的 19.8%，其中，65 周岁及以上人口约 2.10 亿人，占总人口的 14.9%。随着我国人口老龄化趋势的加剧和人民物质生活水平的不断提高，人民群众对养老服务的需求日益增长，传统家庭养老模式已经显得捉襟见肘，亟须补充其他养老方式。国务院印发的《"十四五"国家老龄事业发展和养老服务体系规划》指出，要坚持党委领导、政府主导、社会参与、全民行动，实施积极应对人口老龄化国家战略，以加快完善社会保障、养老服务、健康支撑体系为重点，把积极老龄观、健康老龄化理念融入经济社会发展全过程。从其他国家发展经验上看，社区养老兼有传统家庭养老和社会养老的特点，能充分结合两者优势，既满足了老年人对居住环境的要求，也盘活了社会养老资源，在养老事业中发挥了重要作用。发展好社区养老，必然受到老年人的青睐，对减轻政府负担、减少社会压力也可起到积极作用。

虽然我国的社区养老发展已取得了显著成效，但在实践中仍然存在诸多问题。第一，在早期阶段，政府将建设和发展的重心放在机构养老方面，使社区养老服务的发展滞后，跟不上时代需求。自 2010 年起，

---

* 本书是西南民族大学经济学院"三全育人"综合改革阶段性成果以及西南民族大学经济学院应用经济博士培育学科阶段性成果。

从中央到地方政府陆续出台了一系列社区居家养老服务的政策文件,使社区养老服务工作重获新生,然而问题也随之到来:一方面,老年人的养老服务需求无法得到满足;另一方面,养老服务设施出现了大量闲置的现象。第二,在智慧养老和"互联网+"的大背景下,虽然政府大力提倡和鼓励社会组织、企业的参与,但由于养老服务事业投资期长、回报较慢,许多社会组织、企业即使掌握了先进的科技,也较难处理好成本和收益之间的关系。政府作为社区养老发展的决策者和引导者,如何平衡社区养老服务各参与主体之间的关系,如何鼓励、支持和引导更多主体参与其中,都将是需要考量的问题。第三,社区养老服务是我国社会化养老服务的主要方式,其发展与共建离不开个人、家庭、社会和政府的共同努力。在协同发展的进程中,政府扮演着不可或缺的角色,但由于我国经历了由计划经济体制向社会主义市场经济体制的转型,政府在养老服务事业发展中或多或少存在责任错位、缺位、移位等问题。因此,政府应依据参与主体的实际需求来随时调整和修正现有政策与政府行为,以提升政策的有效性和政府行为的规范性,推动社区养老健康有序发展。

据此,本书通过梳理相关文献,以地方政府影响多元主体参与社区养老意愿为切入点构建模型,并以成都市为数据样本分别对企业、社会组织和公众进行实证分析,以验证该模型的假设路径关系是否有效。同时,根据研究结论,对不同参与主体及地方政府行为的有效性作进一步对比分析,为地方政府行为的修正和完善提出意见与建议。

本书共分9章,主要研究内容和结论如下:

第一,第1章依次介绍本书的研究背景及问题的提出、研究内容与研究意义、研究方法与技术路线,并对核心概念进行界定;第2章从福利多元主义理论、理性选择理论和社会资本理论三方面梳理了本书的理论基础;第3章是国内外文献综述,分别从地方政府行为、社区养老及多元主体参与社区养老三个方面进行了回顾和述评。通过文献回顾发现，现有成果对政府行为和组织的研究多采用宏观范式，缺乏微观研究基础。在多元主体参与社区养老的研究中，也鲜有针对不同主体的对比研究和对政府行为有效性的研究。

第二，第4章以微观视角为切入点，从行为公共管理学视角出发，构建了地方政府行为影响多元主体参与社区养老意愿的理论模型，并进一步将模型细分，针对企业、社会组织和公众三类参与主体，分别构建了三个子模型。

第三，第5章至第7章是实证研究部分。其中，第5章和第6章分别对多元参与主体中的企业和社会组织进行了实证研究，选择成都市相关企业和社会组织为主要研究样本，采用问卷调查的形式收集第一手数据，并运用结构方程模型对样本数据进行实证分析，检验该概念模型的影响因素、作用机制和路径是否契合有效。实证研究结果显示，地方政府行为对企业和社会组织参与社区养老产生了不同的影响。第7章是针对公众的实证研究，主要分为两项研究。第一项研究探索了地方政府行为对公众参与社区养老意愿的直接影响。结论显示，地方政府公共资源供给行为和监管机制建立行为对公众参与社区养老意愿有着显著影响。由于地方政府的公共政策供给行为对公众参与社区养老意愿的影响并不显著，本书进行了针对公众的第二项研究。考虑到社区作为社区养老的载体，也是政策的关键传递者和社区基层治理情况的反馈者，本书将社区纳入研究对象，根据文献回顾建立概念模型，探究了社区形象、社区服务质量和社区信任对公众参与社区养老意愿的影响。在实证研究中，通过调查问卷取得样本数据，采用结构方程模型检验概念模型中提出的假设路径。研究发现，社区形象和社区信任均对公众参与社区养老意愿起到正向的影响，社区服务质量通过社区信任影响公众的社区养老参与意愿，社区信任也增强了社区形象对公众参与社区养老的促进作用，因此社区信任作为中介变量，是推动公众参与社区养老的重要因素。由此可见，社区建设在推动社区养老的发展中至关重要。

第四，第 8 章为结论分析和对策建议部分。本章就地方政府行为对企业、社会组织和公众产生的不同作用效果进行了详细对比分析。结论显示，虽然地方政府行为对企业、社会组织和公众参与社区养老意愿有显著的影响，但其影响的路径并不相同。企业在参与社区养老时受参与成本影响更大，社会组织在参与社区养老时则更看重参与收益，公众则受成本因素影响更大。但值得注意的是，地方政府的公共政策供给行为对公众的积极影响还不显著，说明政策作用于公众时缺乏针对性和有效性；公共资源供给行为对企业和公众的成本激励还不足，对社会组织的收益激励还不够；监管机制建立行为对企业的成本激励还较弱，对社会组织和公众的收益激励依然欠佳。基于研究结论，本章分别从地方政府的公共政策供给行为、公共资源供给行为和监管机制建立行为三个方面提出了针对性的对策建议。

第五，第 9 章对研究创新点、研究局限和不足、未来研究展望进行相关总结。

关键词：地方政府行为；社区养老；多元主体；参与意愿；结构方程模型

目 录

第1章 绪论 ... 1
1.1 研究背景及问题的提出 ... 1
1.1.1 研究背景 ... 1
1.1.2 问题的提出 ... 6
1.2 研究内容与研究意义 ... 7
1.2.1 研究内容 ... 7
1.2.2 研究意义 ... 9
1.3 研究方法与技术路线 ... 10
1.3.1 研究方法 ... 10
1.3.2 技术路线 ... 13
1.4 核心概念界定 ... 14
1.4.1 地方政府 ... 14
1.4.2 社区 ... 15
1.4.3 社区养老 ... 16
1.4.4 社会组织 ... 17

第2章 理论基础 ... 20
2.1 福利多元主义理论 ... 20
2.1.1 福利多元主义理论核心内涵 ... 21
2.1.2 福利多元主义理论体系探索 ... 22
2.1.3 福利多元主义理论述评 ... 25
2.2 理性选择理论 ... 26

2.2.1 经济学领域的理性选择理论 …… 26
2.2.2 政治学领域的理性选择理论 …… 27
2.2.3 社会学领域的理性选择理论 …… 29
2.2.4 理性选择理论述评 …… 31
2.3 社会资本理论 …… 31
2.3.1 个人视角下的社会资本理论 …… 32
2.3.2 社会视角下的社会资本理论 …… 35
2.3.3 社会资本理论述评 …… 38

第3章 文献综述 …… 39
3.1 地方政府行为研究 …… 39
3.1.1 地方政府行为动因研究 …… 39
3.1.2 地方政府行为评估研究 …… 46
3.1.3 地方政府行为研究述评 …… 50
3.2 社区养老研究 …… 50
3.2.1 社区养老模式研究 …… 50
3.2.2 社区养老优势及困境研究 …… 55
3.2.3 社区养老需求研究 …… 63
3.2.4 社区养老服务递送研究 …… 71
3.2.5 社区养老研究述评 …… 75
3.3 多元主体参与社区养老的研究 …… 75
3.3.1 多元主体参与社区养老的分工研究 …… 75
3.3.2 多元主体参与社区养老的实践研究 …… 76
3.3.3 多元参与主体与地方政府关系研究 …… 82
3.3.4 多元主体参与社区养老研究述评 …… 84
3.4 地方政府行为影响多元主体参与社区养老研究述评 …… 84

第4章 地方政府行为影响多元主体参与社区养老意愿理论模型构建 86

4.1 研究主体要素内涵与维度划分 86
4.1.1 地方政府行为内涵与维度划分 86
4.1.2 社区养老多元参与主体内涵与维度划分 89

4.2 概念模型与假设 91
4.2.1 概念模型构建的理论基础 91
4.2.2 概念模型的内涵阐释及研究假设 93
4.2.3 分类构建子研究概念模型 99

4.3 关于样本选择的说明 101
4.3.1 地方政府概念与样本选择 101
4.3.2 成都市社区养老的典型性分析 102

第5章 地方政府行为影响企业参与社区养老意愿的实证研究 104

5.1 变量定义与测量 104
5.1.1 地方政府行为 104
5.1.2 企业参与社区养老效用 106
5.1.3 企业参与社区养老意愿 106

5.2 预测试及量表检验 107
5.3 正式测试样本和数据 109
5.4 信度和效度检验 110
5.5 假设检验 114
5.6 实证研究结论 117

第6章 地方政府行为影响社会组织参与社区养老意愿的实证研究 118

6.1 变量定义与测量 118
6.1.1 地方政府行为 118

6.1.2　社会组织参与社区养老效用 …………………………… 119
　　6.1.3　社会组织参与社区养老意愿 …………………………… 120
6.2　预测试及量表检验 ………………………………………………… 121
6.3　正式测试样本和数据 …………………………………………… 122
6.4　信度和效度检验 ………………………………………………… 123
6.5　假设检验 ………………………………………………………… 127
6.6　实证研究结论 …………………………………………………… 130

第7章　地方政府行为影响公众参与社区养老意愿的实证研究 …………………………………………………………………… 131

7.1　地方政府行为对公众参与社区养老意愿的直接影响研究 …… 131
　　7.1.1　变量定义与测量 …………………………………………… 131
　　7.1.2　预测试及量表检验 ………………………………………… 135
　　7.1.3　正式测试样本和数据 ……………………………………… 137
　　7.1.4　信度和效度检验 …………………………………………… 138
　　7.1.5　假设检验 …………………………………………………… 141
7.2　社区因素对公众参与社区养老意愿的影响研究 ……………… 144
　　7.2.1　概念内涵及界定 …………………………………………… 145
　　7.2.2　研究假设及模型构建 ……………………………………… 149
　　7.2.3　预测试及量表检验 ………………………………………… 153
　　7.2.4　正式测试样本和数据 ……………………………………… 154
　　7.2.5　信度和效度检验 …………………………………………… 156
　　7.2.6　假设检验 …………………………………………………… 159
7.3　实证研究结论 …………………………………………………… 163
　　7.3.1　地方政府行为直接影响公众参与社区养老意愿的结论 … 163
　　7.3.2　社区因素影响公众参与社区养老意愿的结论 …………… 163

第8章　结论分析与对策建议 …… 164

8.1 地方政府公共政策供给行为影响多元主体参与社区养老意愿的结论分析与对策建议 …… 166

8.1.1 地方政府公共政策供给行为影响多元主体参与社区养老意愿的结论分析 …… 166

8.1.2 地方政府公共政策供给行为影响多元主体参与社区养老意愿的对策建议 …… 168

8.2 地方政府公共资源供给行为影响多元主体参与社区养老意愿的结论分析与对策建议 …… 169

8.2.1 地方政府公共资源供给行为影响多元主体参与社区养老意愿的结论分析 …… 169

8.2.2 地方政府公共资源供给行为影响多元主体参与社区养老意愿的对策建议 …… 171

8.3 地方政府监管机制建立行为影响多元主体参与社区养老意愿的结论分析与对策建议 …… 172

8.3.1 地方政府监管机制建立行为影响多元主体参与社区养老意愿的结论分析 …… 172

8.3.2 地方政府监管机制建立行为影响多元主体参与社区养老意愿的对策建议 …… 174

第9章　结语 …… 176

9.1 研究创新点 …… 176
9.2 研究局限和不足 …… 177
9.3 未来研究展望 …… 178

主要参考文献 …… 179

附　录 ·· 200
　　附录1：调查问卷一 ······························· 200
　　附录2：调查问卷二 ······························· 204
　　附录3：调查问卷三 ······························· 208
　　附录4：调查问卷四 ······························· 212

第1章 绪论

1.1 研究背景及问题的提出

1.1.1 研究背景

（1）人口老龄化

我国自1999年进入老龄化社会以来，随着社会经济结构的转型和变迁，人口老龄化进程也在不断加快。2020年第七次全国人口普查数据显示，与2010年第六次全国人口普查相比，15~59岁人口的比重下降6.79个百分点，60岁及以上人口的比重上升5.44个百分点，65岁及以上人口的比重上升4.63个百分点。根据《2021年度国家老龄事业发展公报》，截至2021年末，全国60周岁及以上老年人口26736万人，占总人口的18.9%；全国65周岁及以上老年人口20056万人，占总人口的14.2%。全国65周岁及以上老年人口抚养比为20.8%。据预测，"十四五"到"十六五"期间，我国的老龄化程度将超过25%，到2050年老龄化程度或达到34%，届时老年人口规模将超过4.7亿人[1]。虽然在理论上我国不是老龄化程度最高的国家，但已经呈现出老年人口绝对数量大、老龄化速度快、老龄化程度东高西低等特点。需要注意的是，与发达国家相比我国进入老龄化的经济背景是不同的。发达国家的老龄化发生在经济发展水平相对较高后，而我国的老龄化发生在生产力水平较低、地区发展不平衡、贫富差

---

[1] 姜向群,杜鹏. 中国人口老龄化和老龄事业发展报告[M]. 北京:中国人民大学出版社,2013.

异较大的背景之下，属于"未富先老"，这对于我国经济及社会保障事业的发展而言无疑是巨大的挑战。

人口老龄化对社会经济产生的负面影响主要体现在以下三方面。

一是老龄人口的增加导致公共医疗、健康保障和养老保险支出的增加，进一步增大政府财政支出压力。在一般公共服务支出方面，2022年，全国社会保障和就业支出36603亿元，比上年增长8.1%；卫生健康支出22542亿元，比上年增长17.8%。在社会保险基金支出方面，全国社会保险基金预算支出91453.11亿元，比上年增长5.5%。

二是从劳动力市场中退出的老龄人口增加，使年轻一代人口的代际赡养压力增大，老龄化的加速加剧了我国"人口红利"的衰减。2010年以来，我国老年人口抚养比逐年上升，抚养比从2020年的19.7%上升到了2021年的20.8%，这意味着劳动人口所承担的老年抚养压力越来越大。在生产领域中，人口老龄化直接导致老年人口增加幅度高于适龄劳动人口增加幅度、劳动力资源减少和劳动人口年龄结构老化，严重影响劳动生产的质和量。

三是计划生育政策的实施在一定程度上导致人口老龄化加速和"未富先老"局面的形成，城市独生子女家庭多呈现出"四二一"的家庭结构模式。子女养老压力与日俱增，空巢老人的比例也不断攀升。与此同时，人口老龄化使老年人口成为一个日益庞大的消费群体，其在物质和精神文化层面的需求急速扩大，对老龄服务事业的发展和政府面对老龄化危机的处理能力提出了更多、更高的要求。

然而，我国的养老服务依然面临着窘境：一方面，随着人口老龄化程度加剧，政府不可能完全承担老年群体的养老责任；另一方面，我国养老保险体系、养老服务体系建设尚不完善，社会化养老服务在理论体系构建和实践方面都尚显滞后，使得老年人口日益增长的物质和精神文化需求与老龄事业发展滞后的矛盾日益突出。因此，作为推动国民经济发展和维持社会稳定的养老产业，亟待在困境与机遇并存的局面中寻求新的发展契机。

（2）传统养老方式的变革

中国的养老方式由经济社会发展水平所决定。在社会生产力水平较低时期，人们秉持着"养儿防老，多子多福"的养老观念。长期以来，我国的养老重心在于家庭和国家，但由于社会经济变革过程中的诸多限制因素，传统的养老方式已经不能很好地延续下去。养老方式的变革随着社会经济转型而进行，是一个动态的过程，与社会经济发展的各方面有着不可割裂的联系。

我国传统养老方式的变革主要受到以下两方面的影响：第一，经济和社会体制的变化。改革开放以来，我国所经历的深化企业改革、政府改革和城镇化进程，都直接影响着家庭与社会的养老承受能力。特别是城镇化导致城乡人口流动加速，子女进城务工后留守老年人的养老问题也日渐突出。第二，人口规模和家庭结构的变革。面对快速的工作和生活节奏，子女与老人共同生活的概率逐渐下降，家庭成员承担养老责任的压力越来越大。在家庭规模缩小的同时，人们的生育意愿也在逐渐下降，现代医疗技术的发展更是直接降低了死亡率，因此社会人口结构呈出生率低、死亡率低的特点。家庭养老的基础被现实环境削弱，使得我国的养老方式必然从传统的家庭养老过渡到社会养老，由个人、社会、政府和国家共同分担养老责任。

（3）社会化养老意识的觉醒

我国进入老龄化社会以来，养老问题已成为影响社会经济发展的重要因素。传统养老方式的变革让政府意识到养老必须由个人、家庭、社会和政府共同发力，走社会化发展道路。早在2000年，民政部等部门就联合颁布了《关于加快实现社会福利社会化的意见》，使"社会化"成为应对人口老龄化的主要武器，同时也明确了我国养老服务事业的发展方向。2006年，全国老龄委办公室和发展改革委等部门联合颁布《关于加快发展养老服务业的意见》，"养老服务业"作为专有名词被首次提出。2010年，《中共中央关于制定国民经济和社会发展第十二个五年规划的建议》明确提出"积极应对人口老龄化，注重发挥家庭和社区功能，优先发展社会养老服务，培育壮大老龄服务事业和产业"。至此，养老服务的社会化与产业化发展上升至国家战略层面，进入实质性推广与发展阶段。自2010年起，我国各地政府开始全面响应"9073"工程的建设，力争在2020年达到让

90%的老年人能够在社会化养老服务中安享晚年，7%的老年人通过政府购买服务的方式实现养老，3%的老年人在养老机构中集中养老的目标。在此服务体系设计中，城市地区无疑是发展的重点区域，由于需求的旺盛与多元，传统的家庭养老模式在城市中表现得难以为继。同时，城市地区有着较为发达的医疗技术和资源，也为社会化养老体系的发展提供了强大的产业基础。2017年，《"十三五"卫生与健康规划》提出要"深入开展医养结合试点，建立健全医疗卫生机构与养老机构合作机制，建立养老机构内设医疗机构与合作医院间双向转诊绿色通道，为老年人提供治疗期住院、康复期护理、稳定期生活照料以及临终关怀一体化服务"，同时，"统筹医疗卫生与养老服务资源，创新健康养老服务模式，建立健全医疗机构与养老机构之间的业务协作机制。鼓励二级以上综合性医院与养老机构开展对口支援、合作共建，推动医养结合机制的发展与完善"。同年，《"十三五"国家老龄事业发展和养老体系建设规划》进一步明确要大力发展社区养老，加强社区养老服务设施的建设。依托社区养老场地，构建社区公共服务综合信息平台。同时，逐步开展"互联网+"养老工程，支持社区、养老服务机构、社会组织和企业利用物联网、移动互联网和云计算、大数据等信息技术，开发应用智能终端和居家社区养老服务智慧平台、信息系统、APP应用、微信公众号等，重点拓展远程提醒和控制、自动报警和处置、动态监测和记录等功能，规范数据接口，建设虚拟养老院。2021年，《"十四五"国家老龄事业发展和养老服务体系规划》进一步明确，要支持物业企业发挥贴近住户的优势，与社区养老服务机构合作提供居家养老服务。在乡镇（街道）层面，建设具备全日托养、日间照料、上门服务、供需对接、资源统筹等功能的区域养老服务中心。到2025年，乡镇（街道）层面区域养老服务中心建有率达到60%，与社区养老服务机构功能互补，共同构建"一刻钟"居家养老服务圈。可见我国社区养老服务的发展不仅关系到民政部门，也受到了医疗卫生、信息科技等多部门的高度重视。

（4）国外社区养老发展的成功经验

老龄化带来的社会问题已成为摆在中国乃至世界各国面前的难题。基于社区发展开展社区养老服务，是全球许多国家在解决养老问题中总结出来的经验。美国历经长达几世纪的探索，从最早的凯斯利养老社区（Kearsley Retirement Community）发展到目前居家养老、退休社区养老及专业机构护理养老等多元方式共存的养老格局①。随着美国老龄人口的增长，自然形成退休社区（Naturally Occurring Retirement Community，NORC 社区）已逐渐成为美国社区养老的主流，并且有向大城市和中心城市发展的趋势。这种不是专门为老年人设立的社区（类似于机构养老）反而受到了老年人的青睐。NORC 社区在发展中将社会网络、伙伴关系和老年人的主观能动性结合起来，取得了非常大的成功，值得我国探索和学习。欧洲国家中，英国的社区养老一直走在世界前列。英国的社区养老有非常完整的照护内容和体系，其服务种类繁多，参与供给的主体也实现了多元化和多层次化。英国社区养老不仅体现了政府作为引路人的作用，还充分调动了社会各主体参与的积极性。各类社会组织、志愿者和企业各司其职，分工明确。更值得一提的是，英国社区养老在鼓励公众的参与方面真正做到了从源头下功夫。政府鼓励青少年参与社区养老服务，并将社区服务与学校课程挂钩②。同中国一样，位于亚洲的日本和新加坡两国，在繁重的养老压力下也开展了社区养老的模式来缓解人口和经济压力。日本的社区养老服务建立在强大且完善的法律制度支持之下，1963 年日本颁布了《老人福利法》《老人保健法》《高龄老人保健福利推进 10 年战略计划》《介户保险法》《社会福利士及看护福利士法》《福利人才确保法》等法律文件和规范，不仅为社区养老服务的运营细节等方面提供了保障，也从制度上落实了对社区养老人才的培育和鼓励。日本虽地域狭小、资源匮乏，但在社区养老的发展过程中实施了以政府为主，民间组织、企业、志愿者组织及家庭主妇共同参与的布局③。这些由不同参与者提供的服务类型丰富多样，不仅促进了市场竞争机制的良性运行、弥补了政府供给的不足，也对老年

---

① 陈友华. 人口老龄化与城市社区老年服务网络建设[J]. 南京大学学报（哲学·人文科学·社会科学），2002,39（5）：28-34.
② 郭建新. 英国社区照顾的特点与启示[J]. 中国管理信息化，2016,19（13）：214-215.
③ 李秉坤，姜春雪. 日本社区养老服务的经验与启示[J]. 人力资源管理，2015（3）：10-12.

护理人才机制的完善发挥了重要作用。新加坡受儒家思想的影响，坚持以家庭为中心的社区养老模式，其成功经验体现在对社区建设的重视和法律政策的保障上。新加坡的社区服务分类非常明确，有行政事务类、社会福利服务类和商业服务类①，从生活各方面满足老年人的需求。同时，在社区的规划建设中，专门留出架空层给社区老年中心、社区医院、教育中心等。此外，每个社区的交通设施和残疾人设施都非常便利。新加坡政府在1994年出台了一系列保障老年人权益的法律，例如《奉养父母法》《老人院法令》等，在法律执行上建立了严格的标准和考核制度。其中，最著名的中央公积金账户制度对年轻人实施了强制储蓄的计划，激发了年轻人对养老保障的忧患意识，在一定程度上缓解了国家的养老难题②。

这些国外社区养老的成功案例和经验，对我国社区养老发展道路的探索有着非常宝贵的借鉴意义，尤其是在政府主导、多元主体参与的发展模式下，使他国经验的本土化实现具有非常大的可能性。

1.1.2　问题的提出

考虑到老龄化危机带来的社会影响，我国政府已意识到发展养老事业的重要性，并大力支持走社会化养老的道路。由于我国特殊的社会文化背景和国情，社会化养老服务体系在建设和发展中出现了诸多问题，主要表现在：

第一，在早期阶段，相对于社区养老服务，政府将建设和发展的重心放在机构养老方面，使得很长一段时间内社区养老服务的发展滞后，跟不上人民群众日益增长的需求。2010年以后，从中央到地方政府陆续出台了一系列社区居家养老服务的政策文件，使社区养老服务工作重获新生。然而，在实践中依然存在着一种怪相：一方面，老年人的养老服务需求无法得到满足；另一方面，养老服务设施出现了大量闲置的现象③，也就是说

---

① 丁传宗. 政府主导下的新加坡社区建设:经验与借鉴[J]. 中共福建省委党校学报, 2008(9): 22-28.
② 姜旭. 新加坡社区养老模式对我国养老模式的启示[J]. 北方经济, 2014(7): 68-70.
③ 杜鹏, 孙鹃娟, 张文娟, 等. 中国老年人的养老需求及家庭和社会养老资源现状:基于2014年中国老年社会追踪调查的分析[J]. 人口研究, 2016, 40(6): 49-61.

社区养老服务依然存在着供需不对等的问题。

第二，在智慧养老和"互联网＋"的大背景下，虽然政府大力提倡和鼓励各类社会组织、企业的参与，但由于养老服务事业投资期长、回报较慢，许多社会组织和企业即使掌握了先进的科技，也较难处理好成本和收益之间的关系。政府作为社区养老服务发展的决策者和引导者，如何平衡社区养老服务各参与主体之间的关系，如何鼓励支持和引导更多主体参与其中，都将是需要考量的问题。

第三，社区养老服务是我国社会化养老服务的主要方式，其发展与共建离不开个人、家庭、社会和政府的共同努力。在协同发展的进程中，政府作为社区养老服务发展的引导者，扮演着不可或缺的角色。但由于我国经历了由计划经济体制走向社会主义市场经济体制的转型，政府在养老服务事业发展中或多或少存在着责任错位、缺位、移位等问题。因此，政府必须找准自己在社区养老服务发展中的责任定位，有目的、有计划地检验现阶段社区养老多元主体参与局面是否形成，在此基础上有重点、有步骤地梳理发展流程，将责任细分夯实，形成标准制度，提高政府政策与政府行为的有效性和合理性，以保障社区养老的健康有序发展。

1.2 研究内容与研究意义

1.2.1 研究内容

本书主要分为9个章节，具体的研究内容如下：

第1章为绪论，依次介绍本书的研究背景及问题的提出、研究内容与研究意义、研究方法与技术路线，并对核心概念进行界定。

第2章为理论基础，分别回顾福利多元主义理论、理性选择理论以及社会资本理论，并做出相关理论述评。

第3章为文献综述，分别从本书的核心研究内容即地方政府行为、社区养老及多元主体参与社区养老三个方面，对国内外文献进行梳理并做出相关述评，总结现有研究尚存的补充空间和不足，旨在为本书的研究提供具体的方向和思路。

第 4 章为地方政府行为影响多元主体参与社区养老意愿的理论模型构建。本章是本书的核心部分，通过对前面的文献梳理进行回顾，构建本书实证研究的框架和理论模型，并进一步将模型细分，针对不同的参与主体构建三个子模型。

第 5 章为地方政府影响企业参与社区养老意愿的实证研究，即理论模型的第一个子模型。本章在第 4 章构建的理论模型和框架的基础上，针对多元主体中的企业进行实证研究，并探索地方政府行为影响其参与社区养老意愿的路径、因素和作用机制。

第 6 章为地方政府影响社会组织参与社区养老意愿的实证研究，即理论模型的第二个子模型。本章同样依据第 4 章构建的理论模型和框架，针对社区养老中社会组织这一主体进行实证研究，探索地方政府行为影响其参与社区养老意愿的路径、因素和作用机制。

第 7 章为地方政府影响公众参与社区养老意愿的实证研究，主要分为两部分。第一部分为地方政府行为对公众参与社区养老意愿的直接影响研究，在第 4 章构建的理论模型和框架的基础上，将公众纳入研究模型中，尝试研究地方政府行为影响公众参与社区养老意愿的因素、路径和作用机制。第二部分则基于第一部分的研究而展开，由于地方政府的公共政策供给行为对公众参与社区养老意愿的影响不显著，尝试通过挖掘公众参与社区养老意愿的影响因素，作为地方政府行为影响公众参与社区养老意愿的间接因素。

第 8 章为结论分析与对策建议。本章主要分为三部分，首先是地方政府公共政策供给行为对企业、社会组织和公众参与社区养老意愿影响的结论对比分析，并从公共政策供给层面提出相关对策建议。其次是地方政府公共资源供给行为对企业、社会组织和公众参与社区养老意愿影响的结论对比分析，并从公共资源供给层面提出相关对策建议。最后是地方政府监管机制建立行为对企业、社会组织和公众参与社区养老意愿影响的结论对比分析，并从建立监管机制层面提出相关对策建议。

第 9 章为结语，从研究创新点、研究局限和不足以及未来研究展望三个方面进行了总结回顾。

本书研究框架如图 1-1 所示。

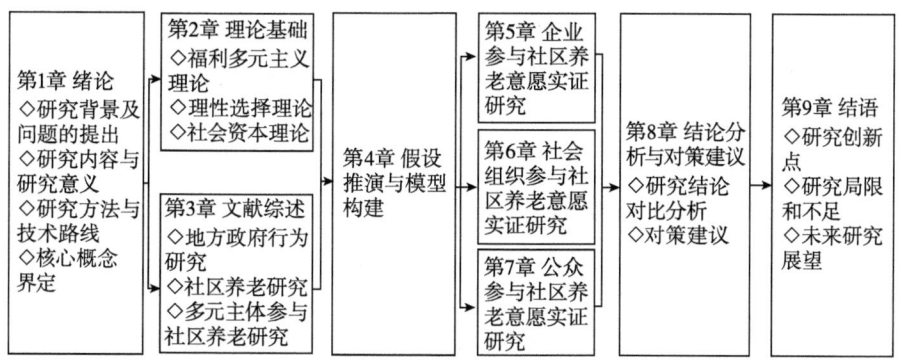

图1-1 本书研究框架

资料来源：笔者绘制。

1.2.2 研究意义

（1）理论意义

本书构建了地方政府行为对多元主体参与社区养老意愿的影响机理模型，深度讨论了不同类别的地方政府行为影响企业、社会组织、公众三类主体参与社区养老意愿的因素、路径和作用机制。此外，对当前社区养老研究领域中政府行为与参与社区养老服务的多元主体之间的关系进行梳理，并对地方政府行为影响多元主体参与社区养老服务的机制做出理论补充，进而通过实证调查研究论证该理论机制的有效性和合理性，在一定程度上丰富了社区养老研究领域的理论体系。同时，本书的研究视角也与现有研究不同，即基于行为公共管理学的理论基础，从个体视角探索组织行为的作用机制，这是对行为公共管理学研究方法的一种尝试。因此，本研究在一定程度上为构建多元主体参与的社会养老服务体系提供了理论支持。

（2）实践意义

本书通过构建地方政府行为对多元主体参与社区养老意愿的影响机理模型，结合成都市这一样本，验证该模型的假设因子、作用路径和机制的有效性。研究结论揭示了地方政府行为对企业、社会组织和公众在参与社区养老方面有着不同的影响，为地方政府鼓励和引导多元主体参与社区养老实践提供了一定程度的参考依据，使地方政府在制定政策时能更加有的放矢。此外，不同参与主体对不同类型的政府行为存在不同的感知和反馈，这体现了各类型政府行为的执行效果，为未来政府修正和完善其行为提供了参考和借鉴。

1.3 研究方法与技术路线

1.3.1 研究方法

公共管理学科的发展本身就汲取了政治学、社会学、管理学等多学科的基础，博采众长，其研究方法也吸纳了各相关学科的精粹。本书通过定性与定量研究相结合的方式，主要采用了以下研究方法。

（1）文献研究法

文献研究法作为研究方法的基础贯穿全书，即通过高校图书馆购买的数据库资源和馆藏图书文献资料等对相关文献进行查阅。本书查阅的中文文献主要来源于中国知网（CNKI）数据库和万方数据库，英文文献主要来源于 Elsevier、Sage、Springer、EBSCO 等。首先，本书通过对已有文献的梳理回顾，确定了研究的主要方向，继而找出现有研究的空白和不足，确定了本书的主要研究内容和具体研究过程。其次，本书通过对部分已有研究的细节内容进行分析，为构建地方政府行为影响多元主体参与社区养老意愿模型奠定了基础。同时，文献分析也为本书的问卷设计、访谈调研提供了基本思路和框架。

（2）内容分析法

顾名思义，内容分析法是通过对"内容"的分析获取结论的方法。该方法是一种将定性和定量方式相结合的研究方法，因为内容分析既可以是对某特定内容进行特征的描述性界定和系统归纳，并以此作为依据进行推论分析[1]，又可以是指以系统客观的分析度量内容所携带的某一特定变量[2]。在概念界定、文献回顾和梳理部分，本书通过对政策文件的分析归

---

[1] HOLSTI O R. Content analysis for the social sciences and humanities[M]. Massachusetts：Addison‑Wesley Pub. Co,1969.

[2] KERLINGER F N. Foundations of behavioral research(3rd Ed)[M]. New York：Holt Rinehart and Winston,1986.

纳，界定了关键概念的边界和内涵。在实证研究部分，本书通过对国内外文献的归纳总结，提炼出了理论模型中的影响因素，并设计了访谈问卷的问题和内容。在研究结论对比分析部分，本书通过对现有政策内容和实践的分析，阐释了导致结论的可能的原因。

(3) 焦点小组访谈法

焦点小组访谈法由哥伦比亚大学教授默顿（R. K. Merton）及其同事开创，目前被广泛应用于定性研究领域。该方法主要被运用于本书的问卷设计部分，具体为在设计地方政府行为对多元主体参与社区养老意愿影响的问卷题项时，邀请了 10 位来自公共管理、工商管理和社会学相关专业、经验较为丰富的老师和博士研究生组成焦点小组，对问卷中问题设计和某些相关观点进行了深入探讨与分析，并从全面性、可理解性等方面对问卷题项进行了优化。通过对焦点小组进行访谈分析，本书形成了较为客观可行的调查问卷。

(4) 问卷调查法

问卷调查法是社会科学领域非常关键的研究方法，问卷调查的效果直接影响研究分析结论的价值。为检验理论模型的路径关系的有效性，本书通过问卷调查来获取实证分析数据。因此，为了获取较为客观和有效的数据，本书针对企业、社会组织和公众三类社区养老参与主体分别设计了不同的调查问卷。在问卷调查过程中，笔者先针对三类调研对象进行预测试以检验问卷设计的信度、效度，并根据反馈意见对问卷进行完善。之后，笔者邀请公共管理专业本科大三学生作为研究助理发放问卷。在对企业的问卷调查中，共计发放问卷 200 份，回收有效问卷 171 份；在对社会组织的问卷调查中，共计发放问卷 300 份，回收有效问卷 252 份；在对公众的问卷调查中，共计发放问卷 400 份，回收有效问卷 343 份；在对公众参与社区养老意愿影响因素的研究中，共计发放问卷 450 份，回收有效问卷 375 份。问卷有效率均超过 80%，并且有效样本量达到测量题项数量的 5 倍，符合样本完整性和有效性的要求。

(5) 统计分析法

本书的实证研究部分主要运用了结构方程模型（Structural Equation

Modeling，SEM）来进行统计分析。结构方程模型结合了传统的因素分析和路径分析，其研究目的与回归分析相似，但因为考虑了模型交互关系、非线性关系、测量误差等而更具说服力。结构方程模型在对理论模型进行检验时，通过多变量统计分析来检验潜变量（Latent Variable）与观察变量（Manifest Variable）之间的假设关系是否成立。完整的结构方程模型包含测量模型（Measurement Model）和结构模型（Structural Model）。测量模型描述潜变量与观察变量之间的关系，结构模型则表示潜变量与潜变量之间的关系。通常来说，无法直接测量的因素变量被称为潜变量或隐变量，可以直接测量的因素变量被称为观察变量或显变量。测量模型一般包含两个方程式，分别表示外生显向量 X 与外生潜变量 ξ 的关系以及内生显向量 Y 与内生潜变量 η 的关系，表达式如下：

$$X = \Lambda x \xi + \delta \qquad (1-1)$$

$$Y = \Lambda y \eta + \varepsilon \qquad (1-2)$$

其中，x 和 y 分别为 ξ 和 η 的测量变量矩阵，Λx 和 Λy 分别为测量系数矩阵，ξ 和 η 分别表示外生潜变量矩阵和内生潜变量矩阵，δ 和 ε 则分别为两测量方程的残差矩阵。

结构模型则用来表达潜变量之间的关系，检验理论模型中的假设路径。表达式如下：

$$\eta = B\eta + \Gamma\xi + \zeta \qquad (1-3)$$

其中，η 表示内生潜变量矩阵，B 表示该模型中内生潜变量矩阵 η 之间相互影响所构成的系数矩阵，为结构系数矩阵。同样，Γ 也为结构系数矩阵，表示外生潜变量矩阵 ξ 对内生潜变量矩阵 η 的影响，ζ 为结构方程的残差矩阵。

在实际运用中，一般需要以成熟的理论或前人研究成果为基础，设计出研究情境下的潜变量和测量指标（观察变量），并绘制出理论模型的关系路径图，使理论模型更直观。随后，研究人员根据测量指标设计问卷题项并进行问卷调研，通过获取的样本数据对测量模型的信度、效度进行检验。最后，采用结构方程模型的分析工具（主要有 Mplus、AMOS 等软件）进行路径分析和模型适配性检验，以分析结论是否具有显著性来验证理论模型和假设是否有效。

本书基于结构方程模型的统计分析方法,在现有理论和文献回顾的基础上,构建了地方政府行为影响多元主体参与社区养老意愿的理论模型(详见第4章),并针对企业、社会组织和公众三类不同主体进行问卷调查,通过回收的有效样本数据,利用Mplus软件分析了该理论模型的作用路径,以检验模型适配性和路径有效性。需要指出的是,在地方政府公共政策供给行为对公众参与社区养老意愿影响不显著的前提下,本书作了进一步研究(详见第7章)。在此部分,本书运用结构方程模型挖掘出社区形象、社区服务质量和社区信任在社区养老发展中的关键作用。

1.3.2 技术路线

本书技术路线如图1-2所示。

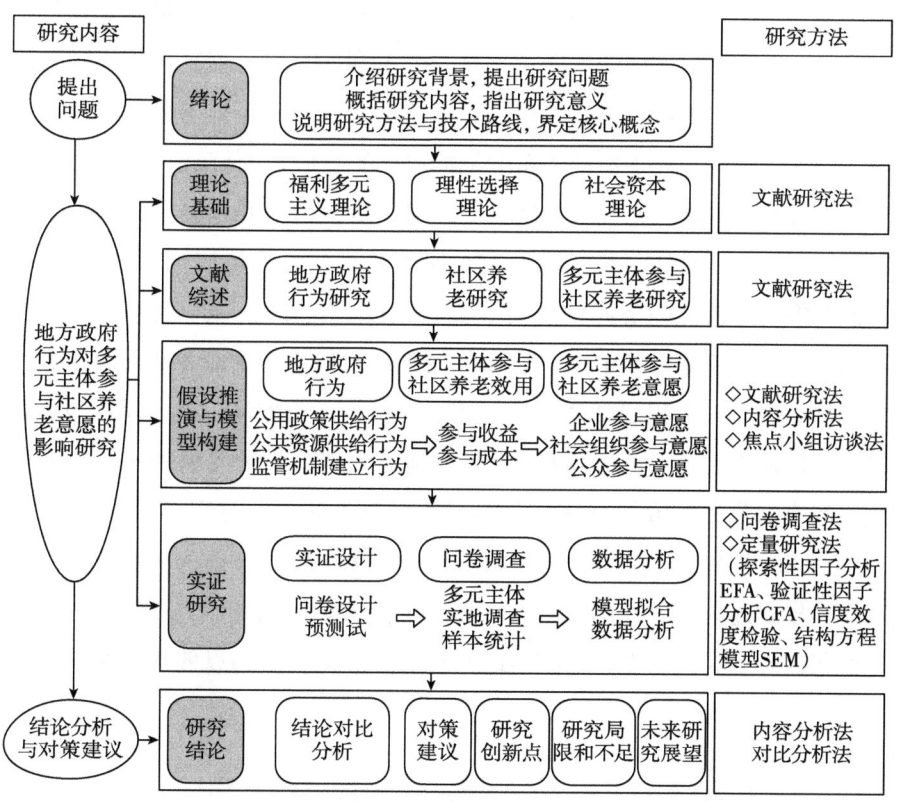

图1-2 本书技术路线

资料来源:笔者绘制。

1.4 核心概念界定

1.4.1 地方政府

地方政府是指具体管理某一区域和范围的社会事务的行政主体。地方政府不仅是政治学领域的重要概念，也是国家治理中不可或缺的重要"治理之手"。地方政府一方面能够传达中央政府的精神和意志，另一方面能够深入治理区域并制定切实可行的公共政策、提供公共服务，对地区的社会经济发展起着非常重要的作用。正因如此，对地方政府的研究已经引起了全球范围内学者的广泛关注，但在不同的政体及其治理体系下，地方政府有着不同的界定标准和内涵。例如，在联邦制国家美国，地方政府的单位包含了州、县、市镇等联邦成员分支机构和一些特殊目的区域的行政治理主体；在单一制国家英国，地方政府就是基层治理的行政机关，直接负有对所在地域进行管理的责任[1]。《国际社会科学百科全书》将地方政府定义为一种对较小地区有着决策权和管理权的公共组织，是中央政府或地区政府的分支机构，处于治理体系的最低层级[2]。在《中外政治制度大辞典》中，地方政府有着广义和狭义之分。广义的地方政府是指除中央政府以外的各级行政管理机构；狭义的地方政府则是指某一个地域范围内的政府，对该范围内的社会经济和民生发展负有直接治理责任，即基层政府[3]。在中国，地方政府是对除中央政府以外的各级政府组织的总称，《中华人民共和国宪法》中的规定"省、直辖市、县、市、市辖区、乡、民族乡、镇设立人民代表大会和人民政府"，是对地方政府分类最完整的阐释。我国地方政府的分类经历了由三级分类向四级分类转化的过程。从1950年至20世纪80年代，随着工业化和城市化进程的加快，之前的省、县、乡三级划分模式逐渐被"地区改市""县改市"所取代。随后，县级市和地级市的行政类型大量涌现，我国的地方政府分级也转变为以四级划分为主的

---

[1] 潘心纲. 地方政府公共服务合作治理研究[D]. 武汉:武汉大学,2013.
[2] 沈荣华. 中国地方政府学[M]. 北京:社会科学文献出版社,2006.
[3] 周平. 当代中国地方政府[M]. 北京:人民出版社,2007.

模式,即省级政府、地市级政府、县级政府和乡级政府①。徐仁璋指出,省级政府是直接和中央政府发生联系的政府,直接接受和传达中央政府的指令,属于高级地方政府;县、乡级政府是直接和居民发生关系的地方政府,管辖权力和范围有限,属于最基层地方政府;而地市级地方政府是连接高级地方政府乃至中央政府与基层地方政府的桥梁,既要把握中央政府和高层地方政府的政策指向,也要充分关注基层地方政府的政策执行情况和社会治理情况,是地方政府中关键的一环②。随着城镇化进程的加快,地市级城市的养老社区养老意识不断增强,其对政策的把握也较为全面和准确,鉴于养老服务发展的特殊性,本书以地市级地方政府为研究对象,选取地市级城市社区养老的相关样本数据作为支持。

1.4.2 社区

社区一词最早源于希腊语,本意是指"友谊"或"团契"。虽然社区一词出现时间较早,但在真正意义上对社区的研究是随19世纪社会学的产生而兴起的。1887年,社会学家滕尼斯(F. Tonnies)在《社区与社会》中系统描述了社区的内涵。滕尼斯认为,社区是人们在共同的意志和价值观引导下,基于血缘、地缘等因素形成的共同体,具有丰富的人情和文化传统。滕尼斯认为社区和社会有着本质的区别,社会虽然也是一种共同体,但其形成的基础在于共同的利益和权力契约③。随后美国地理学家查尔斯将"社区"译为community,从地理学角度解释了社区的内涵,将社区这种共同体与人们生活紧密相关的地区联系在了一起,为社区打上了地域性特征的烙印。20世纪30年代,美国学者帕克和伯吉斯将"社区"定义为人们通过共同生活的场所、社会关系将城市自然特征和人群特征联系在一起的集体。我国学者孙峰华指出,"社"是指社会、人群、关系,"区"则指代地域、区域,也就是说,社区就是在特定地域和区域内,将社会、人群通过一定的结构关系相互联系的共同体。一个完整的社区,必

---

① 潘心纲.地方政府公共服务合作治理研究[D].武汉:武汉大学,2013.
② 徐仁璋.中国地方政府的系统结构[J].中国行政管理,2002(8):29-31.
③ 葛天任.社区碎片化与社区治理[D].北京:清华大学,2014.

须具备社区人口、社区区位、社区设施、社区文化、社区认同感和社区时间六个要素①。在后期的大量研究中，社区被学者们赋予了较为统一的阐释，即人们因为共同的生活或价值观等而聚居在一个特定的区域，并且对该区域有着一致的认同感和归属感。然而，对于社区边界的界定，学界并没有做出统一的结论，因为不同特征的区域范围既可以小至一个居住单元，也可以大至一个城市。为了使社区养老中的社区概念同中国的实际相符，本书采用的社区概念是指在城市社区居委会管理范围内提供养老服务的、基于人们生活的共同场所。

1.4.3 社区养老

社区养老的概念是西方舶来品。社区养老是在社会转型和改革中结合我国老龄化国情逐渐发展起来的。目前学界对于社区养老的定义尚存争议，陈元刚等从养老支持力角度对社区养老进行了解释，他们认为社区养老是在社区场所范围内由社会中所有可能的养老模式提供养老服务的一种方式，养老服务来源是多元的，并非单纯的家庭或国家②。吴杰认为社区养老是在政府的保障制度下，以家庭为基础单位构筑的社区性养老平台，是各利益相关组织和群体的有机结合③。还有学者指出家庭养老是我国的传统养老方式，人们习惯了居家养老，但目前家庭养老发展面临困境，机构养老发展尚不完善，由此催生出新的社区居家养老模式，即大多数老年人仍然在家居住，一面得到家人的照顾，一面获得来自社区的养老服务④⑤⑥。赵立新指出，目前许多研究将社区养老和居家养老的概念混为一谈，其实两者是有一定细微差别的，目前大多数学者所指的居家养老只是

---

① 孙峰华. 关于人文地理学中社区的几个基本问题[J]. 人文地理，1990(2)：67-70.
② 陈元刚，谢金桃，王牧. 我国社区养老研究文献综述[J]. 重庆理工大学学报(社会科学)，2009,23(9)：1-7.
③ 吴杰. 基于马克思主义社会保障理论下的重庆市城市老年人口社区养老服务需求与对策研究[D]. 重庆：中共重庆市委党校，2012.
④ 丁建定. 居家养老服务：认识误区、理性原则及完善对策[J]. 中国人民大学学报，2013,27(2)：20-26.
⑤ 汪忠杰，何珊珊. 社区居家养老服务模式探析：以武汉市为例[J]. 武汉大学学报(哲学社会科学版)，2014,67(4)：124-128.
⑥ 黄少宽. 国外城市社区居家养老服务的特点[J]. 城市问题，2013(8)：83-88.

社区养老的组成部分,是居家式社区养老①。将居家养老等同于社区养老的概念,其实反映了在社区力量和养老服务资源还不尽完善的情况下,大多数老年人选择的重心依然是在家中居住、接受来自社区的养老服务的现状。杜鹏指出,社区养老和居家养老的服务对象存在一定程度差异,从老年人的健康状况上看,居家养老主要服务于生活能自理但行为能力受损的老年人,社区养老主要服务于生活自理能力部分受损或家中无人照料、希望获得陪伴的老年人。在此制度设计下,目前我国的居家养老和社区养老界限并不十分明晰,大部分老年人的身体健康状况均可匹配其中一种,因此很难对这两种养老服务的方式进行划分②。在实践中,社区养老通常是指在老年人长期居住和生活的社区设立养老服务场所,这些场所为老年人提供生活照料、日常娱乐活动等综合性服务,主要为解决老年人日间家中无人照料等问题。社区养老服务的重心在于"社区",意味着老年人的大部分时间是在社区养老服务场所中度过的。国务院办公厅发布的《社会养老服务体系建设规划(2011—2015年)》将社区养老的功能定位为"社区日间照料"和"居家养老支持"两大类,社区养老服务的服务对象主要是居住在家里且在日间无法被照料的老年人。我国政府提出"9073"工程,力争在2020年达到让90%的老年人能够在社会化养老服务中安享晚年,7%的老年人通过政府购买服务的方式实现养老,3%的老年人在养老机构中集中养老的目标。可见,社会化养老将是未来我国养老服务的大趋势,能涵盖大部分老年人。综合学界的研究成果和政策解读,本书定义的社区养老既包含在家中居住接受家庭和社区两方面照料的养老方式,也包含直接由社区提供各方面养老服务和资源的养老方式。

1.4.4 社会组织

社会组织作为区别于第一部门(政府机构)和第二部门(市场)的组织,其发展情况是衡量一个国家社会经济发展水平的重要指标③。对社会

---

① 赵立新. 论社区建设与居家式社区养老[J]. 人口学刊,2004(3):35-39.
② 杜鹏. 回顾与展望:中国老人养老方式研究[M]. 北京:团结出版社,2016.
③ BOIX C, POSNER D N. Social capital: explaining its origins and effects on government performance[J]. British journal of political science,1998,28(4):686-693.

组织的研究由来已久，但国内外学界对社会组织的定义始终没有一个统一的认识，这或是因为社会组织的发展在不同历史时期和不同国家都有着不同的特征。在国际上，社会组织还被称为志愿者组织、非营利组织（NPO）、第三部门、非政府组织等，这些称谓是指其运营的主要目标是推动国家和社会发展，不以营利为主要目的，并且属于非政府组织的主体①。在我国，不少学者也纷纷阐释了社会组织的概念边界。如果把社会看作一个整体的系统，那么除国家和政府系统、企业系统以外的民间公共领域就是社会组织。社会组织是一个系统的总称，包含了行业协会、利益团体、公益组织、互助组织等一系列自发组合的组织②。王名将社会组织定义为具有非营利性、非政府性的各种组织和网络形态，并且在社会转型过程中由不同类型和不同阶层的公民自发组成③。白平则指出，不同于西方国家，我国的社会组织萌芽较晚且发展缓慢，在改革开放初期被称为非营利组织，主要呈现出一种非政治性的、纯粹为社会服务的状态。然而，随着我国政治经济和社会的发展，社会组织的职能主要是缓解和解决改革开放以后社会转型产生的社会矛盾和问题④。在我国的规范性政策文件中，也能发现对社会组织界定的变化。20世纪90年代以来，中共中央办公厅、国务院办公厅《关于进一步加强民间组织管理工作的通知》正式提出了"民间组织"的概念，随后国务院出台的《基金会管理办法》将基金会纳入民间组织范畴，将民间组织的类型定义为社会团体、民办非企业单位以及基金会三种。2006年，党的十六届六中全会正式提出了"社会组织"的概念，并且指出要"健全社会组织，增强服务社会功能。坚持培育发展和管理监督并重，完善培育扶持和依法管理社会组织的政策"。随后，党的十七大进一步确认了"社会组织"的称谓，至此，"社会组织"正式替代了"民间组织"的概念。《中共中央关于制定国民经济和社会发展第十二个五

---

① 夏建中，张菊枝. 我国社会组织的现状与未来发展方向[J]. 湖南师范大学社会科学学报，2014,43（1）：25-31.
② 李永忠. 中国社会组织发展研究[M]. 北京：中国书籍出版社，2012.
③ 王名. 我国社会组织发展的历史及趋势[J]. 新华文摘，2009（16）：13-17.
④ 白平则. 如何认识我国的社会组织[J]. 政治学研究，2011（2）：3-10.

年规划的建议》明确指出要"发挥群众组织和社会组织作用,提高城乡社区自治和服务功能,形成社会管理和服务合力",要"培育扶持和依法管理社会组织,支持、引导其参与社会管理和服务"。2016年,《中华人民共和国国民经济和社会发展第十三个五年规划纲要》的第十五篇第六十一章在公共服务供给方面明确了发展方向,要"积极推动医疗、养老、文化、体育等领域非基本公共服务加快发展""推动供给方式多元化""创新从事公益服务事业单位体制机制"。无论是学界还是官方政策文件,对社会组织概念和边界的界定逐渐清晰,逐步确立社会组织在国家发展中的功能和地位。本书将社会组织定义为在政府和市场范围之外,向社会治理某一领域提供具体的产品或服务,具有公益性、非营利性、自愿性、自治性等特质的组织或团体。

第 2 章　理论基础

2.1　福利多元主义理论

福利多元主义理论是随着福利国家角色变换而产生和发展的。1883年，德国建立健康保险制度标志着福利国家的萌芽。彼时，西方国家正处于工业革命时期，城市化和工业化的趋势导致传统的农业生产和手工业衰退，大量的居民出于疾病等原因生活窘迫。第二次世界大战后，西方资本主义国家相继建立起一套完整的"从摇篮到坟墓"的社会福利制度，使社会福利在西方国家成为一种普遍的公民权利，福利国家由此形成。公民权利包含市民权利、政治权利和社会权利。福利国家制度的确立使社会福利发展进入一个全新的阶段。在福利国家的社会制度里，政府不仅增加了对社会福利的供给，还将原先选择性提供社会福利的模式转变为普遍性提供社会福利的模式。此外，政府还把社会福利的覆盖范围从局部人口扩展到全体社会成员。这样的福利政策得到了人们的热烈欢迎，并且使数个人均社会资源较为丰富的国家快速实现了高经济增长同低贫富差距并存的社会理想，造就了以北欧国家为首的令国民衣食无忧的高福利社会体系。然而，20世纪70年代出现的世界石油危机造成了世界经济的衰退，西方国家倡导的福利国家政策陷入泥潭，迫使福利国家面临多重危机。在此背景下，原本推行福利国家政策的西方政府和学者开始反思并提出新的破解方法，认为社会福利的提供不应局限于政府，而应当纳入社会体系。由多个部门共同提供社会福利，能减少政府在福利供给体系中的压力，降低政府作为唯一社会福利提供者这条脆弱供给链中断供给的可能性，最终形成合理且可持续的社会福利供给机制①。福利多元主义自20世纪80年代产生以来,经历了国家和社会更迭变迁,逐渐发展成为一种社会政策的分析范式。本节将分析福利多元主义理论的核心内涵,并对该理论体系进行探索研究。

2.1.1 福利多元主义理论核心内涵

福利多元主义理论的产生和发展,在一定程度上为陷入困境的西方国家带来了缓解危机的曙光。福利多元主义理论修正了社会大众关于国家应承担全部福利的这一错误观念,提出社会福利供给者由国家、市场、志愿者组织、家庭、个人等多元角色组成,并明确了各自的职责,对社会福利推行过程中减少社会依赖也有极大的意义。

福利多元主义理论的核心之一在于"多元"的内在含义。"多元"所表现的现实意义在于社会福利发展过程中,福利的供给主体不局限于政府和国家。在全球经济发展近乎停滞的状态下,Titmuss等指出,社会福利全部依赖国家会造成政府负担过重、无法抽身,影响经济恢复和社会发展②。在此之前,社会大众已经形成了对福利国家高福利体系制度的依赖习惯,国家和政府被误解为社会福利的必然和唯一提供者,人们在心理上对福利过分依赖,这将导致国家发展的停滞甚至后退。Rose指出,虽然政府和国家在福利供给上应扮演重要角色,但并非体现在对福利的全盘供给上。社会福利应该是社会的产物,只要存在于社会中,其发展就要依赖由国家、政府机构、市场、个人等组成的福利供给机制。因此若想解决福利国家危机,更应重视政府资源以外的其他社会部门在整个福利供给体系中所发挥的作用和影响力③。

福利多元主义理论的核心之二是"分权"。在福利供给过程中,国家和政府不再承担全部的供给义务,而是将供给责任转移给社会、市场、非

---

① 李学斌. 我国社区养老服务研究综述[J]. 宁夏社会科学,2008(1):42-46.
② TITMUSS R M, ABEL - SMITH B, TITMUSS K. The philosophy of welfare:selected writings of Richard M. Titmuss[M]. Sydney:Allen & Unwin,1987.
③ ROSE R. Common goals but different roles:the state's contribution to the welfare mix[M]. Oxford: Oxford University Press,1986.

营利组织等其他社会主体。这一过程实质上包含了分权的两层意义。首先是中央政府对地方政府的分权,体现在中央政府把实施福利的职能和权力委托下放给地方政府上;其次是地方政府将统一集中的资源通过社会其他组织分散化分配,并把发放福利的触角延伸至基层单位或组织。

福利多元主义理论的核心之三是"参与分担"。这一理念强调了社会福利的供给由国家政府的完全包揽模式转向由多元主体参与、多渠道供给的模式。这样的转变逐步明确了政府的定位和角色,政府将从事无巨细、大包大揽的角色转变为社会治理的管理者和引导者,同时还能使社会公民增强社会责任意识[1]。福利供给者和福利消费者通过共同参与从福利设计到福利分配的全过程,完善和优化高质量的多元化福利供给体系,实现福利国家向福利社会的转变[2]。

2.1.2 福利多元主义理论体系探索

福利多元主义理论最早出现于1978年沃尔芬登委员会的《志愿组织的未来报告》中。该报告针对英国社会的福利政策进行了重新规划,将志愿组织纳入社会福利的供给体系,形成了较为完善的福利多元供给体系。随后,西方福利国家的学者根据各自不同的国情对福利多元主义理论进行了深入探讨,纵观各种分析视角,主要可以归纳为横向和纵向维度的扩展[3]。就横向而言,主要分析了福利多元供给主体的分类演变;就纵向而言,主要探讨了福利多元主义在理论和实践层面的认知深度与广度。

2.1.2.1 福利多元供给主体的分类演变

福利多元供给主体的分类大致经历了从三分法到四分法的转变。Rose在早期对福利多元主义的解释其实暗含了对供给主体的分类。在受到社会广泛关注的《相同的目标、不同的角色——国家对福利混合的贡献》一文中,Rose将国家福利供给主体分解为三个重要部门,即国家、市场和家

---

[1] 兰莉. 社会福利供给中政府的职能及其实现途径[J]. 甘肃理论学刊, 2010,4(4):83-85.
[2] 李静. 福利多元主义视角下社会企业介入养老服务:理论、优势与路径[J]. 苏州大学学报(哲学社会科学版),2016(5):9-15.
[3] 丁学娜,李凤琴. 福利多元主义的发展研究:基于理论范式视角[J]. 中南大学学报(社会科学版),2013(6):158-164.

庭，这就是最初福利多元供给主体的三分法①。他认为国家虽然在福利供给中扮演了非常重要的角色，但并不能完全取代其他福利供给者的地位，因为国家能够提供的福利形式几乎都是以货币来表现的，而市场和家庭则能够弥补那些非货币形式表现的福利部分，其根源在于福利的来源不应该是国家而是社会。Olsson 等也采用了三分法来界定福利多元的供给模式，他们将福利供给的三方界定为国家、市场和民间社会②，进一步扩大了除国家和市场以外的福利供给组织范围。Olsson 等认为民间社会的概念不仅只有家庭，还包括了邻里社区、志愿组织等社会重要组成部分，他们对福利供给者的区分是从福利本身是公有属性还是私有属性来判断的。另一位学者 Evers 则是福利多元供给主体从三分法到四分法的过渡者。他在 Rose 的基础上，结合社会政治经济的分析背景，提出了福利三角（welfare triangle）的概念，并且对福利三角的组织性质、价值和社会关系做出了解释（见表 2-1）③。

表 2-1 福利三角的组织性质、价值和社会关系

福利三角	组织性质	价值（文化/社会经济和政治背景）	社会关系（文化/社会经济和政治背景）
国家	公共组织	平等保障	行动者和国家的关系
市场	正式组织	选择自主	行动者和市场的关系
家庭	非正式/私人组织	团结共有	行动者和社会的关系

资料来源：EVERS A. Shifts in the welfare mix: introducing a new approach for the study of transformations in welfare and social policy [M]. Vienna: Westview Press, 1988.

在福利三角的框架之上，Evers 对其进行了修正和扩展。他在后来的研究中将福利供给来源界定为国家、市场、社区和民间社会，将福利三角的三分框架延展为福利供给四分法（four-polar approach）。Evers 的四分法

---

① ROSE R. Common goals but different roles: the state's contribution to the welfare mix[M]. Oxford: Oxford University Press, 1986.
② OLSSON S E, HANSEN H, ERIKSSON I, et al. Social security in Sweden and other European countries [M]. Stockholm: Allmänna förlaget, 1993.
③ EVERS A. Shifts in the welfare mix: introducing a new approach for the study of transformations in welfare and social policy[M]. Vienna: Westview Press, 1988.

将民间社会和社区的地位凸显出来，旨在强调社会福利的促进和发展需要社会的大力支持。其中，志愿组织等作为民间社会的代表，Evers 将其置于福利四边结构中的关键地位，因为其扮演的角色是国家、市场和市民中间的桥梁及沟通者，协调着多方的诉求与利益关系。此外，Johnson 也是福利四分法的倡导者，他将社会福利供给分为四部分，即国家政府机构负责提供的福利服务，非正式部门（如邻居、亲友等）提供的福利服务，志愿部门（如社区、非营利组织等）提供的福利服务和商业部门提供的专业性的、带有营利性特质的福利服务[1]。Gilbert 对 Johnson 的四分法表示支持，并进一步强调了这四个部门的关联性，认为它们既单独存在又互相交织结合发展[2]。Pestoff 也支持福利四分法，他认为福利多元主义理论的实质是认清福利的性质。由于社会组织和社会结构的复杂性，社会福利也是混合性质的，因而不同性质的福利就应该由不同性质的提供者供给。他从社会结构的角度将福利供给者分为国家、市场、社区和协会组织。Pestoff 进一步指出，不同性质的社会组织通过不同的社会结构反映出来，它们不是对立存在的，而是作为福利输出其他形式的补充[3]。

2.1.2.2 福利多元主义理论的认知探索

对福利多元主义理论的认知建立在福利多元供给者分类的基础之上，分类研究是从横向视角来解释多元主体存在的合理性，而纵向视角则是从福利供给部门性质、内容及形式等多维度、多层面进行分析。简而言之，最初对福利多元主义理论的分析焦点在单一维度的福利供给上，且只针对福利供给部门的分类、扩展等，远不能达到对复杂的社会福利现象进行分析的要求。于是，学者们在此基础上不断增加对福利多元主义理论探讨的视角维度，进而产生了福利"供给—融资"双重维度和福利"供给—融

---

[1] JOHNSON N. The Welfare State in transition: the theory and practice of welfare pluralism[M]. Brighton: Wheatsheaf, 1987.
[2] GILBERT N. Remodeling social welfare[J]. Society, 1998, 35(5): 8-13.
[3] PESTOFF V A. Third sector and co-operative services: an alternative to privatization[J]. Journal of consumer policy, 1992, 15(1): 21-45.

资—规制决策"三重维度的分析模式①。Pinker率先对国家的公共服务性质和个人的私有服务性质进行了区分,他认为国家通过政策形式(如税收补贴等)来提供福利,而私人部门则通过市场购买等方式提供市场化的福利。然而,在西方国家经历财政危机后,国家的干预角色发生了转变,国家也通过购买私人和其他组织机构的服务来提供福利②。私人部门和社会组织能够通过国家购买、资助、融资等手段提供公共性质的福利。因此,将公共部门和私人部门的供给融资渠道区分开的分析维度又面临着复杂且无法解释的困境。Burchardt在此基础上将供给、融资和决策作为三个分析维度,试图以此解释福利多元主义的分析范式。他认为这三个维度互不影响,因为福利供给或消费的决策是由国家或公民决定的,并不影响供给和融资两个维度的解释③。对于第三个维度的选择,还有学者表明了不同的观点。Le Grand认为第三个维度应为规制,因为福利国家往往通过规制对社会再分配从而对福利实现补充,并不通过供给者的选择或国家的政策资助,而是通过法律层面的制度来实现④。Seeleib-Kaiser通过考量社会政策边界发现,规制对社会政策的作用非常重要,在福利供给分析中政府很容易通过增加或减少公共福利的供给来强制减少或增加私人部门的福利供给。同时,他将这种规制分为广度和深度两个层面,规制的广度意味着社会政策涉及领域的范围,深度则意味着政策在某一领域干涉的细节和程度⑤。

2.1.3 福利多元主义理论述评

福利多元主义理论诞生于福利国家改革,到目前逐渐发展成为一种国家社会政策的分析范式,其内涵和精髓仍在不断地被学者们挖掘和探索。

---

① 丁学娜,李凤琴. 福利多元主义的发展研究:基于理论范式视角[J]. 中南大学学报(社会科学版),2013(6):158-164.

② PINKER R. Making sense of the mixed economy of welfare[J]. Social policy & administration,2010,26(4):273-284.

③ BURCHARDT T. Boundaries between public and private welfare[J]. Social science electronic publishing,1997(11):1.

④ LE GRAND J. Knights, knaves or pawns? Human behaviour and social policy[J]. Journal of social policy,1997,26(2):149-169.

⑤ SEELEIB-KAISER M. Welfare state transformations in comparative perspective: shifting boundaries of public and private social policy?[M]. London:Palgrave Macmillan,2008.

虽然对其的研究从横向到纵向都有着多种不同的观点，但它在关注社会福利的供给和来源的层面上，重构了国家、社会、市场、家庭和其他社会组织的关系，也强调了由国家福利过渡到社会福利才是最终的目标。在实践中，学者们通常根据不同的分析背景选择福利主体的分类法，在福利供给的多维度研究中，百家争鸣的观点也为学界提供了更多发展的空间和范式。福利多元主义理论的发展对我国的福利改革也具有极为重要的意义。我国从传统的计划经济走向社会主义市场经济也不过短短几十年，在此期间我国逐步建立起了新的社会保障制度，但在社会主义市场经济的大背景下，国家和政府的干预角色发生转变，经济负担日益沉重，传统的家庭、社区、社会组织等是否应该在新型福利制度体系中扮演新的角色，共同承担起社会责任？尤其是在老龄化形势严峻的中国，社会组织和志愿者队伍在养老服务社会化的进程中，是联系家庭和国家的纽带，在社会保障和社会福利体系中发挥出非常重要的作用。虽然国情不同，但福利多元主义理论为我们提供了能够借鉴和改良的模式，也为本书研究社区养老的多元主体参与提供了一个可行的路径依据。

2.2 理性选择理论

理性选择理论发源于20世纪50年代。亚当·斯密（Adam Smith）的"经济人假设"前提被经济学家们用于解释一系列复杂的政治经济现象。理性选择理论的出现也标志着学科之间的融合与研究范式的延展。在经济学、政治学、社会学等领域，对人的研究几乎是所有研究的根本，而理性选择理论中"行为人理性假设"基础恰是基于人的行为而展开的，因此理性选择理论的发展对经济学、政治学和社会学领域有着非常深厚的影响。本节将从对理性选择理论影响最为深厚的经济学、政治学和社会学领域进行梳理和总结。

2.2.1 经济学领域的理性选择理论

理性选择理论可以溯源至古典经济学之父亚当·斯密的著作《国民财富的性质和原因的研究》。他继承了边沁功利主义思想中对个人行为选择的理解，认为个人的行为和选择具有自利普适性以及趋利避害的特征①。"经济人假设"的提出是在完全信息和完全理性的情境下，个体行为和选择的动机与目的是追求利益最大化。虽然古典经济学未能将理性选择理论内化、转化，但"经济人假设"在此阶段为经济学研究领域的成本价格理论、竞争垄断机制、一般均衡理论等奠定了基础。随后，不同的经济学派在此基础上对"经济人假设"和理性选择理论进行了更为深入和具体的研究。新古典经济学在传统的古典经济学基础上，对理性选择理论的"经济人假设"进行了进一步扩展。新古典经济学家们在同样的完全信息和完全理性情境下，认为行为的动机除了利益最大化还有偏好的一致性。其关注的重点在于，个人行为理性虽体现在追求自身利益最大化上，但需要对偏好做出说明，进而才能对行为选择的结果做出较为准确的判断。这种偏好的一致性包含个体对结果的理性判断，因此这样的分析过程把"经济人假设"变成了"理性经济人假设"。把从古典经济学到新古典经济学对偏好的认知作为分析结构的过程，是一种理论要素分析谱系的扩大过程②。通过这样的路径演化，现代经济学对理性选择理论发展的最重要贡献在于，在对理论的解释中，除"利己"的部分外还纳入了"利他"的概念。这些"利他"偏好也会影响个体行为，因此心理学的认知分析范式也被经济学领域所重视，用于分析认知和偏好层面对个体行为的影响。

2.2.2 政治学领域的理性选择理论

理性选择理论在政治学领域有着重要的地位，其分析范式借鉴了经济学的研究方法，将"经济学家的工具方法应用于集体或非市场决策"③。詹姆斯·布坎南（James M. Buchanan）作为理性选择理论的代表人物之一，认为政治学领域中研究集体行为的切入点应该在于个人，因为组织群体的

---

① 周长城. 理性选择理论: 社会学与经济学的交汇[J]. 广东社会科学, 1997(6): 124-129.
② 何大安. 西方理性选择理论演变脉络及其主要发展[J]. 学术月刊, 2016(3): 48-56.
③ 布坎南. 自由、市场和国家[M]. 吴良健, 桑伍, 曾获, 译. 北京: 北京经济学院出版社, 1988.

选择过程往往涉及个人的决策，集体行动必定由个体行为组成①。理性选择理论中的"经济人假设"便对这一论述给予了支持，个人决策的产生必然受到利己偏好的影响，即追求利益的最大化。在政治学领域的集体行为中，利益最大化往往是个体选择与集体选择整合后的结果。安东尼·唐斯（Anthony Downs）在对公民参与投票选举的研究中发现，如果个体通过投票来支持某个政党，那么该政党赢得选举后会为其带来某种方面的最大利益②。这一结论并不难解释，政治行为通常以集体行为的方式表现，而对集体行为的研究最终会回归到对构成集体的最小单位的研究，即对个人行为的研究。理性选择理论的诞生打破了传统政治学只针对组织和机构的研究方式，在分析政治现象时先研究个体、再深入集体，这样的研究路径也使得许多无法解释的政治问题迎刃而解。另外，理性选择理论对利益最大化的多层次理解，也为政治学分析公共部门的行为提供了新的分析方法③。传统的政治学认为公共部门应为实现公共利益竭尽所能，且丝毫不会考虑和自身相关的利益。然而，在这样的研究路径下公共政治的现实并不能很好地被解释。政治活动中的参与者，往往都会为了自身利益而做出不同的选择，如果要推动其为公共利益做出贡献，则须在其他方面给予刺激。这就需要建立一种制度来确保此类激励机制的形成、演化和续存。温格斯坦（Barry R. Weingast）用理性选择理论巧妙地解释了制度的设计和形成问题。他认为制度的存在是为了帮助政治参与者在合作中获取利益。参与个体或集体在"理性行为人"的前提下，是追逐利益和效用的。在公共领域的合作治理中，参与者出于现实环境中信息不完全、合作者的特殊性等原因，很难达到一个稳定的状态，这时候就需要一个正式的规则来约束和激励④。制度的设计和运行就是基于这些参与者之间的利益博弈，在获取的利益超越契约规定时进行惩罚，在合作利益不达标时给予激励，最终达到

---

① 布坎南,塔洛克. 同意的计算:立宪民主的逻辑基础[M]. 陈光金,译. 北京:中国社会科学出版社,2000.
② DOWNS A. An economic theory of democracy[J]. Public choice, 1957,19 (1): 111–115.
③ 张晒. 理性选择理论:优势、局限性与可能出路[J]. 湖北经济学院学报, 2015(3): 106–112.
④ 李月军. 温格斯坦理性选择制度主义政治学研究[J]. 教学与研究, 2005,12 (12): 64–70.

一个均衡的状态。

2.2.3 社会学领域的理性选择理论

在社会学领域，只要涉及对行为的研究，几乎都隐含着对行动者是理性还是非理性的判别基础。20世纪50年代理性选择理论从经济学领域兴起后，社会学学者们就将其作为一种研究方法运用于社会学研究。与经济学、政治学等其他学科领域不同的是，社会学认为理性个体行为的利益偏好会受到社会结构和环境的影响。理性选择理论在社会学领域的运用和发展的代表学者有乔治·卡斯伯·霍曼斯（George Casper Homans）、彼得·迈克尔·布劳（Peter Michael Blau）和詹姆斯·科尔曼（James S. Coleman）等，本节将分别对上述三位代表学者的理性选择理论思想进行梳理和阐述。

霍曼斯被认为是将理性选择理论最早运用于社会学领域的学者，他将该理论用于社会学领域的目的在于研究人类的行为以及制度结构对人类行为的影响[1]。霍曼斯基于"理性行为人假设"构建了一套社会交换理论，他对社会学领域的理性问题做出了重要解释。霍曼斯认为，无论是否承认，人类的社会行为均有其内在的一定的控制规律。延续这种思路，霍曼斯进一步提出了社会交换行为的一般命题，即成功命题、价值命题、刺激命题、"剥夺—满足"命题、"攻击—赞同"命题以及终结式的理性命题[2]。具体而言，成功命题指行为发生得越频繁、得到回报的概率越高，则这样的行为越容易发生。价值命题解释了如果通过某种行为能获取一定价值，则行为者更可能采取这种行为。刺激命题则进一步说明，如果某种刺激能使行为者的行为产生回报，则行为者更可能采取这种行为。"剥夺—满足"命题被霍曼斯称为"人类的悲剧"，意思是人们的每一次行为不一定能够带来预期的收益，越是能够轻易且频繁获取回报的行为，对于行为者来说价值就越低。"攻击—赞同"命题则说明了在某种行为不能为行为者带来收益时，行为者会做出攻击的行为来增加收益，反之则会做

---

[1] 丁玉洁. 社会学理性选择理论述评[J]. 辽宁行政学院学报, 2006, 8(12): 93-94.
[2] 孙琳. 霍曼斯与布劳交换理论之比较分析[J]. 东南传播, 2010(1): 89-90.

出赞同的行为，总而言之都是为了获取自身利益而做出不同行为。霍曼斯用终结式的理性命题来总结上述命题，即个人的行为是由其所认识到的结果价值决定的。个人的行为与整个社会效用的交换有关，同时也会受到来自社会制度、社会结构等多方面的影响。

另一位与霍曼斯齐名的美国社会学家布劳提出了与霍曼斯不同的观点。布劳认为霍曼斯所理解的社会交换行为是特定而非泛指的类型，是以信任为基础并期望获取回报的行为[①]。理性选择理论体现了在交换过程中，人们为达到某种目的做出的行为建立在获取最大效益的基础上，这与亚当·斯密的"经济人假设"前提不谋而合。同时，布劳认为社会学中的交换行为与经济学中的交换行为既有相似又有不同。相似之处在于，经济学中的效益存在着"边际递减"的情形，且其同样会出现在社会行为中。不同之处在于，经济行为中效益一般用货币来衡量其价值，而在社会学领域中，价值没有固定的衡量标准，人们的偏好和利益往往会因为环境的不同而变化。另外，布劳对新古典经济学的完全信息假设也提出了疑问，认为在现实社会中，人们大多会受到信息不完全因素的影响，并且社会价值观和行为规范也会对人们的行为有所影响，而这些都会使行动者在做出行为前，对行为结果做出判断并对期望收益进行估计[②]。

科尔曼作为社会学领域的集大成者，在理性选择理论发展中的重要贡献主要有两方面。第一，科尔曼对理性选择理论的基础假设做出了进一步的释义和界定，迈出了从"经济人假设"到"理性人假设"的关键一步[③]。在古典经济学中，人的理性行为是指人们在不同行为中选择能产生最大利益的一种，以最小的成本满足自己的最大需求，并且这种利益的获取需要通过交易实现。科尔曼认为经济学中对"经济人"的假设在社会学领域中的应用相对狭窄，因为经济学中的效益一般用货币的价值来体现；而在社会学领域中，应该用"理性"概念来阐释行动者的行为，因为其目

---

① 丁玉洁. 社会学理性选择理论述评[J]. 辽宁行政学院学报, 2006,8(12): 93-94.
② 谈谷铮. 霍曼斯和布劳的社会交换论[J]. 社会科学, 1986(10): 55-59.
③ 科尔曼. 社会理论的基础[M]. 邓方, 译. 北京:社会科学文献出版社,2008.

的在于获取最大的利益而非局限于货币收益①。第二，科尔曼从方法论上对理性选择理论进行了系统的剖析。他指出理性选择理论并不仅是对个人行为的分析，还含有对社会结构和整个运行系统的解释②。科尔曼将理性选择理论的结构分解为两部分，一是个体层面的行为假设，二是行动者所处的社会层面的假设（完全信息与非完全信息情境）。他认为个体层面和社会层面的假设相互作用、相互影响，个人行为蕴含在社会结构的系统之中。从这一点来看，科尔曼的理性选择理论思想已经开始逐渐从个体的理性发展为社会制度的理性。

2.2.4 理性选择理论述评

20 世纪 50 年代，理性选择理论诞生在经济学领域。在"经济人假设"前提下，随着对利益最大化边界的探讨，理性选择理论的分析范式逐渐延伸至政治学、社会学、宗教学等领域。理性选择理论经历了从以个人假设为基石判断个人偏好收益的阶段，到目前广泛运用于组织和社会制度选择层面的阶段。简而言之，整个过程是由理性个体扩大到理性制度、理性社会的探索过程。无论如何扩展对理性的探讨边界，毋庸置疑的是理性选择理论的分析范式依然是目前学界重要的分析范式。对本书而言，研究行为的起点依然在于"理性行为人"的假设。在社区养老的参与过程中，无论公众、企业或社会组织都会表现出对自身效用的追求，其效用内涵既包含经济方面，也包含社会价值方面，并且对效用的感知将影响其参与意愿。因此，理性选择理论的分析范式是本书构建理论模型和展开研究分析的基础。

2.3 社会资本理论

社会资本作为新的社会学概念出现在 20 世纪 20 年代左右。1916 年，利达·汉尼范（Lyda J. Hanifan）首次用"社会资本"概念分析了社区参与和社会关系纽带的关系，并首次将社会资本定义为"除实物性资产外，

---

① 谢舜，周鸿. 科尔曼理性选择理论评述[J]. 思想战线，2005,31（2）：70-73.
② 周长城. 理性选择理论:社会学研究的新视野[J]. 社会科学战线，1997(4)：224-229.

可使人们在日常生活中感受到并且处于重要位置的资源"。汉尼范将社会资本的个人属性和社会属性联系在一起，把个体发展和社会发展进行融合，形成了一种新的社会学分析范式①。简·雅各布斯（Jane Jacobs）在《美国大城市的死与生》中将邻里关系社会网络作为社会资本，分析了美国大城市的衰退和复兴的规律。随后，学界对社会资本的概念和理论进行了深刻的研究与探索。在社会资本概念和分析范式的发展中，学者们逐渐形成了以个人为中心和以社会为中心的不同社会资本理论观。从个人视角到社会视角的过渡不仅丰富了社会资本理论的外延边界，也对现代社会资本理论的发展有着重要的影响和意义。

2.3.1 个人视角下的社会资本理论

（1）卡尔·海因里希·马克思的社会资本理论

卡尔·海因里希·马克思在《资本论》中提出了社会资本的概念。马克思社会资本理论的逻辑起点是现实的个人。马克思认为，社会资本以人的存在为前提，在生产和交换中形成了促进个人与社会良性发展的关系。不同于其他社会资本理论学者，马克思并未就社会资本的具体应用范畴做出详尽解释，而是一针见血地指出了社会资本的本质，即一种社会关系——人与人之间的社会关系。虽然马克思的社会资本理论起点在于现实的个人，但在探讨其本质时，马克思指出社会资本的形成必然以人和人、人和社会之间的分工、协作为基础。社会资本不同于金钱、股票、房产等有价资本，能通过价格来衡量。社会资本最重要的特征在于，它体现了社会主体（包括个人、群体、社会甚至国家）间紧密联系的状态，如社会网络、社会信任、社会道德等②。马克思在《资本论》中，将社会资本的分析范畴提升至阶级层面。他对比分析了社会资本在资本主义和社会主义的生产过程中的特点，并归纳出"产生于无产阶级团结协作中的社会资本才

---

① WOOLCOCK M. Social capital and economic development: toward a theoretical synthesis and policy framework[J]. Theory & society, 1998, 27 (2): 151-208.
② 马克思恩格斯文集[M]. 中共中央马克思恩格斯列宁斯大林著作编译局, 编译. 北京: 人民出版社, 2009.

是促进社会不断发展的不竭动力"这一结论①。因此我们认为,马克思的社会资本理论是一种历史唯物主义的理论,其根源在于个人,实质在于探求社会进步和发展本质的奥义与目的。

(2)罗纳德·伯特的社会资本理论

1992年,罗纳德·伯特(Ronald Burt)发表了对社会资本的观点。他认为社会资本其实是一种社会网络,只有不同质的、特别的网络关系才能导致社会资本的增加,伯特称其为"结构洞"。在《结构洞:竞争的社会结构》一书中,伯特对社会资本的定义进行了深刻的剖析,指出社会资本是一种通过运用朋友、同事、邻里等普遍的社会关系,为个人带来使用金融或人力资本的机会的关系网络和联系②。在对"结构洞"式社会关系网络进行分析时,伯特引入了权力的概念。这是因为在掌握社会资本信息和控制收益的关键节点上,权力对社会资本有着显著的影响。具体来说,嵌入社会网络关系中的参与者数量和参与程度都能改变社会资本的运作。如果社会资本掌握者处于社会关系的"结构洞"位置,则能够获取可观的非重复性资源,并且能控制节点间的资源流通,从战略高度进行全局把控。在这样的动态社会资本流动环节中,伯特认为处于连贯的"结构洞"位置以及与他人有着强关系连接纽带的竞争者,将在社会关系中取得巨大的竞争优势③。因此我们聚焦个体层面,把伯特的社会资本理论解释为个人通过社会关系的运用来取得增加收入或提升发展的机会。

(3)亚历詹德罗·波茨的社会资本理论

同伯特一样,亚历詹德罗·波茨(Alejandro Portes)基于社会关系网络对社会资本进行阐释,他在伯特的基础上对社会资本做出了更为全面和精确的表达。在对社会关系的认识起点上,波茨把个体和社会关系看作一个动态的整体,并且以个体为中心来界定社会资本。波茨认为社会资本的强弱在于个人能力,而这种能力在于后天的习得和融入。因此,他将社会

---

① 黄晓波. 马克思社会资本思想研究[D]. 桂林:广西师范大学,2014.
② 娄缤元,夏建中. 从个人到社会:社会资本理论研究取向的转变[J]. 新视野,2013(5):103-106.
③ 张文宏. 社会资本:理论争辩与经验研究[J]. 社会学研究,2003(4):23-35.

资本的范畴界定为"个人通过后天努力获得的一种以某种成员身份,在社会网络关系中获取稀缺资源的能力",这种社会资本是包含在个人和其他关系中的一种资本①。在此基础上,波茨将嵌入的概念用于解释社会资本的形成,并且将社会资本的嵌入分为理性嵌入和结构性嵌入。理性嵌入的视角仅限于双方关系,建立在双方都强迫彼此承认各自预期的能力之上,是一种双方互惠的预期关系。结构性嵌入则将行动者的关系植入更广的社会关系网络中,更广更大的关系网必然会增强约束因素,因此关系中行动者的预期就会随之增强,进而促使信任增加。更大的社会关系网络会强制推行多种约束因素,因此这又被称为"可强制推行的信任"②。通过对这两种嵌入式社会资本做出解释,波茨将社会资本的概念从个体的自我中心层次推向了更为宏大的社会结构层次。波茨不仅阐述了不同个体之间社会关系特征的差异,还将这些差异的原因归结为社会关系网络嵌入类型的不同。此外,波茨还运用价值和规范的概念解释了社会资本建立的动因。

(4)林南的社会资本理论

林南在理性选择理论的基础上加深了对社会资本的内涵理解。他认为社会资本的研究起点是个体行为,结合社会结构展现出不同的社会关系网络。社会资本在本质上是指通过社会关系获得的资本,是一种镶嵌在社会结构中并且可以通过有目的的行动来获得或流动的资源。其关键点在于"有目的的行动中"和"镶嵌在社会结构中的资源"③。与其他社会学家不同的是,林南从社会结构和个体行为的互动关系视角进行研究,社会资本被视作理性个体面对稀缺资源的投资对象。因此林南的社会资本理论体系主要包含三个方面,即投资对象、投资场所和投资者及其活动④。林南的社会资本理论虽然仍以个人为中心进行探索,但他在之前学者的基础上强调了社会资本的本质特征:一是社会资本存在于社会网络关系之中,一旦

---

① PORTES A. Social capital: its origins and applications in modern sociology[J]. Annual review of sociology, 1998, 24(1): 1-24.

② 布朗,木子西. 社会资本理论综述[J]. 马克思主义与现实, 2000(2): 41-46.

③ 林南,张磊. 社会资本:关于社会结构与行动的理论[M]. 上海:上海人民出版社, 2005.

④ 娄缤元,夏建中. 从个人到社会:社会资本理论研究取向的转变[J]. 新视野, 2013(5): 103-106.

离开社会关系网络便毫无意义;二是社会资本的范畴不仅包含实物资本,还包含一切能推动发展获取回报和收益的非实物性资本;三是社会资本既可以是一个静态的概念,也可以是一个投资性活动的概念,是一个动态的过程。

2.3.2 社会视角下的社会资本理论

社会资本概念在社会学领域的应用受到广泛关注,随后被拓展至政治学、经济学等领域。就社会资本的词语结构而言,"社会"作为"资本"的定语,意味着不能仅满足和局限于个人视野,因此,更多的研究者将研究视角拓展至宏观层面。

(1)皮埃尔·布尔迪厄的社会资本理论

皮埃尔·布尔迪厄(Pierre Bourdieu)将社会空间网络分析方法运用到社会资本的研究中。布尔迪厄最早对社会资本的认识同其他资本无太大差异,随着将文化视为结构性现象进行研究,他才将社会资本定义为一种特定的关系。20世纪70年代,布尔迪厄和帕斯隆(Passeron)在其合著的《再生产:一种教育系统理论的要点》一书中将"心智习惯"的概念引入对社会资本的研究讨论中,进一步加深了对社会资本的认知[1]。虽然布尔迪厄并未对社会资本做出明确的边界界定,但在此书中建立了一种基于文化视角培育个人、群体乃至阶级间的社会再生产关系的框架,为解释社会资本摸索出一条较为清晰的路径。随后,布尔迪厄在其著作《区分:判断力的社会批判》中进一步发展了自己的理论,他认为资本就是真实存在的实体,主要有三种形态,分别为经济资本、文化资本和社会资本[2],其中社会资本通常依附于经济资本和文化资本。布尔迪厄对社会资本的定义有着鲜明的社会性,他认为社会资本是被制度化的、与认知的持续关系网络相联系的,是一种实际存在的或依附于实际存在的资源的集合[3]。由此看出,布尔迪厄基于社会网络视角对社会资本进行了解释,并且他将社会资本的本质界定为依附于其他实质性资本的潜在性资本。同时,社会资本的

---

[1] 周红云. 社会资本:布迪厄、科尔曼和帕特南的比较[J]. 经济社会体制比较,2003(4):46-53.

[2] BOURDIEU P. Distinction: a social critique of the judgment of taste, Cambridge, marketing's reproduction orientation[J]. Routledge classics, 2005,1(3):374-375.

[3] 包亚明. 文化资本与社会炼金术[M]. 上海:上海人民出版社,1997.

增加是不能离开社会关系网络的,对于其他两种资本来说,社会资本处于分析的中心点,因为只有在其他资本与社会关系网络不断的互动交换中才能产生社会资本。

(2) 詹姆斯·科尔曼的社会资本理论

美国社会学教授托马斯·福特·布朗指出,詹姆斯·科尔曼(James S. Coleman)是给予社会资本最全面的具体分析和表达的学者[①]。准确地说,科尔曼是将社会资本理论由个人中心视角过渡至社会视角的发展者。科尔曼汲取了社会学和经济学两个领域的精华,在布尔迪厄的基础上对社会资本理论做出了进一步扩展。科尔曼把社会资本看作社会结构引起行为理性的一种方法和途径,因而他从社会资本的功能角度对其进行定义,认为"社会资本是一种包含在社会结构中的行动者(个人或是集体)的行为,这些行为是为了达成某些目的"[②]。科尔曼在对社会资本的界定中主要有三方面的重要贡献:第一,他强调社会资本具有某种社会结构性质以及一定程度的公共产品性质,不是私人的财产或资本。第二,他通过对行动者行为层次的划分很好地实现了将研究重点由有限理性的个人行为转向社会行动者的行为。同时,科尔曼认为社会资本一旦产生,将有益于社会结构中的相关个体或群体,不同的社会资本形态既可以推动个人目标的实现,也能促进集体行为目标的实现。第三,同其他形式的资本一样,社会资本具有生产性,并不完全依附于某一种资本。正是由于社会资本的特殊性,某些特定目标才会因缺乏社会资本而无法实现。

(3) 罗伯特·帕特南的社会资本理论

美国政治学家罗伯特·帕特南(Robert D. Putnam)在《使民主运转起来:现代意大利的公民传统》中从社会资本的范畴视角解释了现代意大利南北政府绩效的差异原因[③]。他发现仅将绩效差异归结为南北方现代化

[①] 布朗,木子西. 社会资本理论综述[J]. 马克思主义与现实,2000(2):41-46.

[②] COLEMAN J S. Social capital in the creation of human capital[J]. American journal of sociology, 2015(94):95-120.

[③] 帕特南. 使民主运转起来:现代意大利的公民传统[M]. 王列,赖海榕,译. 北京:中国人民大学出版社,2015.

和经济化进程的差异的观点存在一定的局限性。帕特南等学者通过对经验材料和历史数据的分析,发现公众对政府治理的参与、对社会活动的参与、对政府和社会的信任等方面的差异会导致政府绩效的不同。因此,帕特南从上述角度对社会资本做出了界定,他认为社会资本是指"社会组织所具有的某种特征,如信任、互惠规范和网络关系"①,能够促使某一特定组织成员共同利益的实现。帕特南的研究结论极大地推动了社会资本理论的发展。他对社会资本的研究成就主要体现在以下两方面:首先,他将"公民参与"引入社会资本的范畴,正式将社会资本的功能意义从个人层面上升至更具有公共属性的社会层面,社会资本的产生和存在能促进社会效率的提高。其次,他在对意大利政府绩效的研究中将社会资本界定为"因使用而增加,因不使用而减少"的形态,并指出社会资本的使用有助于减少"搭便车"的现象,有利于社会组织建立信任关系、培育良好社会形象②。帕特南的社会资本理论不仅将长期以来关于社会资本研究的社会关系网络静态研究范式扩展至公民参与的动态研究范式,而且吸引了政治学、经济学领域学者的关注。随后学者们主动探索社会治理中信任、互惠规范和网络关系等焦点对社会发展的积极作用。

(4) 弗朗西斯·福山的社会资本理论

日裔美国学者弗朗西斯·福山(Francis Fukuyama)在帕特南研究的基础上又做了更深层次的研究。福山把社会资本的研究重心置于社会信任和互惠规范上,因此他将社会资本的内涵表述为:"在社会及其特定的群体中,成员之间的信任普及程度。"③ 福山认为社会资本在社会发展中普遍反映为社会成员间的信任,社会资本能大大降低制度性风险,提高社会经济运行的效率,降低社会发展的成本。福山在此基础上还提出了"低社会资本"的概念④,通过对一些国家的考察,他认为社会资本(信任)如果不能扩展至家庭边界以外的社会范围,再大的组织或是国家也难以提高经济

---

① 周红云. 社会资本:布迪厄、科尔曼和帕特南的比较[J]. 经济社会体制比较,2003(4):46-53.
② 燕继荣. 投资社会资本[M]. 北京:北京大学出版社,2006.
③ 福山. 信任:社会美德与创造经济繁荣[M]. 郭华,译. 桂林:广西师范大学出版社,2016.
④ 夏建中. 社会为中心的社会资本理论及其测量[J]. 教学与研究,2007(9):36-42.

发展的效率。随后福山又对社会资本的形成路径做出了解释，他认为国家和民众社会资本的产生受文化因素影响较大，政府和国家可以通过激励政策增强社会的普遍信任来孕育新的社会资本。

2.3.3 社会资本理论述评

许多学者从不同角度对社会资本进行了研究，极大地丰富了社会资本理论的内涵。关于社会资本理论，尚有更多精彩的见解。在以个人为中心的社会资本研究范畴中，学者马克·格兰诺维特（Mark Granovetter）和边燕杰也是杰出的代表人物，两者都通过个人的社会关系的强弱程度来解释社会资本。格兰诺维特认为个人在社会中所拥有的异质性关联更容易促使社会资本的产生，更容易帮助个人目标的实现。这里的"异质性关联"即格兰诺维特定义的"弱关系"[①]。我国学者边燕杰在此基础上提出了"强关系"理论，他认为在中国的社会关系网络中，"强关系"网络作为社会资本更能帮助人们达成目的[②]。通过梳理社会资本理论的研究发现，学者们对社会资本的认知经历了从以个人为中心到以社会为中心的发展，并且对社会资本范畴的定义也由最早的个人能力、背景和社会结构等内容延伸至社会状态，如社会信任、社会文化、社会网络关系等。一些学者分别从微观、中观和宏观视角对社会资本理论的发展进行探讨[③]，还有一些学者则在社会学、经济学、政治学、教育学等领域中对社会资本的应用领域进行了具体分析[④]。总而言之，社会资本理论的发展和应用受到了学界广泛的关注。在公共管理领域中，公民参与、社会信任等研究内容都是社会资本理论的研究重点。同时，无论是个体层面还是组织层面，对社区养老而言都是不可或缺的社会资本。

---

① GRANOVETTER M. The strength of weak ties: a network theory revisited[J]. Sociological theory, 1983, 1 (6): 201-233.

② 边燕杰. 关系社会学及其学科地位[J]. 西安交通大学学报（社会科学版），2010, 30 (3): 17-20.

③ 龙欢, 王翠绒. 社会资本理论的争辩与整合[J]. 湖南农业大学学报（社会科学版），2016, 17 (5): 49-54.

④ 丁磊, 伍铁林. 多维视角下社会资本理论的研究[J]. 生产力研究, 2008(8): 14-16.

第 3 章 文献综述

3.1 地方政府行为研究

3.1.1 地方政府行为动因研究

地方政府是国家治理体系的重要组成部分,作为中央政府在地方政治管理的延伸,地方政府既是实现国家统治的基石,也是地方公共管理及服务的核心主体①。地方政府在社会发展中扮演着重要角色,然而目前学界对其角色尚存争议,因此对地方政府行为的动机解释也存在着不同的见解。国内外对我国地方政府行为的动机研究主要有两种观点,一种观点强调地方政府在地方社会经济发展中的主动作用,认为地方政府通过公共管理和社会服务方式来支持社会经济的发展,地方政府行为是为满足公共需求、实现公共利益、推动经济发展而开展的。另一种观点则认为地方政府同地方利益高度一致,政府行为往往是趋利的,与地方政府自身的激励和约束紧密联系,因此地方政府行为的逻辑起点是在有限条件下追求利益最大化。基于此,本章梳理总结了国内外学者对地方政府行为研究的主要观点,分别从利益视角、制度视角、府际关系视角和政企关系视角进行阐述分析。

3.1.1.1 利益视角下的地方政府行为研究

该分析视角主要基于经济学理论中的"经济人假设"和理性选择理论

---

① 周智辉,付琼. 不同层级地方政府行为差异:从现象、特征和制度供给机制的维度分析[J]. 学理论,2015(7):51-52.

中的地方政府"理性人假设"。理性选择理论的代表人物布坎南将"理性人假设"引入对政府行为的分析中，他认为政府是由人组成的组织，组织行为由个体行为的集合而产生[1]，行为的产生必然基于自身的利益。在这样的假设前提下，政府被赋予了追求经济利益的属性，Mueller 指出理性选择理论将政治活动默认为一种公共选择，如同个体选择一样，政治行为和个体的经济人行为都是出于对自身偏好、利益和效用的追求[2]。地方政府作为中央政府权力的延伸和代表，必须作为公共利益的维护者而履行其职责。但在实践中，每一个社会成员都有着不同的利益取向，地方政府的利益并不能完全等同于公共利益，只不过是其自身发展和公共利益的实现结合得更为紧密[3]。由此，对政府在有限条件下追求利益最大化中的"利益"便有了不同的理解，这也是学界关于地方政府行为动因产生纷争的本质缘由。

在对地方政府利益概念的理解上也是百家争鸣，有学者认为政府的形成是因为公民的授权，政府是公民权利意识和公共利益的代表者，因此公共利益是政府利益中的一部分，完整的政府利益体系应该包含公共利益、政府组织利益和政府成员的利益[4]。这种观点将公共利益与政府利益的关系置于一种从属地位，并且政府利益的范畴超越公共利益。高庆年提出了与此相反的观点，他认为公共利益是最重要的，应该处于核心地位[5]。地方政府的行为逻辑首先是要满足公共利益的实现，其次才是自利性。这种观点虽将社会公共利益与政府利益置于平等并存的位置，但强调政府行为必须分清主次先后。还有学者认为没有区分政府利益和公共利益的必要，政府利益等同于公共利益，如果政府仍有自利性的属性，则意味着政府尚处于不断完善的阶段[6]。刘玉蓉对以上三类观点进行了比较分析，认为这

---

[1] 布坎南. 自由、市场和国家：20 世纪 80 年代的政治经济学[M]. 吴良健,桑伍,曾获,译. 北京：北京经济学院出版社,1988.
[2] MUELLER D C. Public choice: an introduction[M]. Springer US,2008.
[3] 臧乃康. 政府利益论[J]. 理论探讨,1999(1)：18 - 21.
[4] 林子英. 政府利益论[J]. 广东社会科学,1999(4)：97 - 102.
[5] 高庆年. 政府的自利性及其法律调控[J]. 探索,2000(1)：40 - 43.
[6] 任晓林,谢斌. 政府自利性的逻辑悖论[J]. 国家行政学院学报,2003(6)：32 - 36.

三类观点均不尽完善，存在一定程度的自我悖论①。对于地方政府追求的利益，既有宏观层面的社会公共利益，也有中观层面的政府组织利益，还有微观层面政府成员的个人利益。公共利益代表着行动者的价值取向，而并非某种实质性利益。从理论上来说，地方政府行为以公共利益的价值为取向，其组织利益和成员个人利益的实现也建立在公共利益实现的基础上。这也成为学界对地方政府行为研究的几个关键切入点。

3.1.1.2　制度视角下的地方政府行为研究

人类社会的良好运行离不开制度的保障，舒尔茨从制度经济学角度出发，解释了制度是一种支配特定行为模式的规则，良好的制度是保障社会平稳发展的基石。诺斯指出制度在人们生产和交换活动中产生，又反过来制约人们的行为，制度在特定的文化范围内具有普遍性和强制性，包括制度的制定者②。从制度经济学角度出发，制度是影响政府行为的重要因素。相对于中央政府，地方政府既是制度的接受者和执行者，也是制度的供给者③。关于制度对地方政府行为的影响，学界主要从制度分权、制度激励和制度约束三个方面进行了解释。哈耶克的分权思想为制度分权下的地方政府行为提供了一定的理论基础，他认为地方政府比中央政府更能了解地方发展的实际情况，能够避免中央管理在政策传达过程中出现理解偏差的问题。我国的分权制度产生于改革开放以后，为了调动地方发展的积极性，中央实施了地方政府分权管理的制度，赋予了地方政府在地方发展和建设中较大的自主权。国内外学者对中国特有的分权制度特征表现出了极大的关注，White等在研究中国经济体制改制的文章中指出，地方政府被

---

① 刘玉蓉. 析政府利益与公共利益的关系[J]. 四川行政学院学报, 2004(4)：5-8.
② 科斯, 阿尔钦, 诺斯, 等. 财产权利与制度变迁:产权学派与新制度学派译文集[M]. 刘守英, 等译. 上海:格致出版社, 2014.
③ 秦绪娜. 经济环境协调发展与地方政府行为研究[D]. 杭州:浙江大学, 2011.

赋予的自主权有利于促进地方经济的发展[1]，并且得到 Wong 的验证[2]。我国学者周业安认为，通过财政与行政分权制度安排，我国地方政府在不同的层级被赋予了不同程度的权力和责任。地方政府在执行某种政策过程中，这种自主权会提升其行为的高效性[3]。然而，随着市场经济的发展，受制于不完善的规范和约束机制，地方政府行为的失范受到各方的诟病。Brown 指出，由于地方政府被赋予了极大的自主权，在地方经济发展中过分追逐经济利益的实现，用于社会保障方面的公共财政支出相对不足，导致社会差距和不公正的产生[4]。奥尔森认为，地方政府拥有掌控地方资源的权力，因此容易受到利益集团的影响，从而将公共利益的实现转变为利益集团利益的实现[5]。Blecher 就此提出了"地方企业型政府""地方发展型政府"的概念，用于解释这种将政府发展利益同社会发展利益挂钩，却忽视了本应被重视的公共服务发展的现状[6]。出现这种状况的原因是对政府官员的激励制度与现实的偏差。Qian 等认为地方政府的财政激励制度很容易使地方政府行为的重心偏离社会治理，在这种分权体制下，地方政府公共政策和公共服务在短期内会偏向有利于地方经济发展方面，而减少对民生发展的投入[7]。庞娟指出，中国的政府官员考核指标设置不合理，导致在晋升时普遍重视地方政府对经济建设的成绩，却忽视了对社会发展的考量[8]，其原因是经济指标的设立和考核相对容易，而民生建设则难以用量化指标来评价。这就导致了地方政府行为往往以追求经济利益和政绩工

---

[1] WHITE H, MCCONNELL E, CLIPP E, et al. A randomized controlled trial of the psychosocial impact of providing internet training and access to older adults[J]. Aging & mental health, 2002, 6 (3): 213–221.

[2] WONG C P W. Fiscal reform and local industrialization: the problematic sequencing of reform in Post-Mao China[J]. Modern China, 1992, 18 (2): 197–227.

[3] 周业安. 政府主导的经济增长可持续吗[J]. 理论前沿, 2009(6): 8–12.

[4] BROWN K. China today, China tomorrow: domestic politics, economy and society by Joseph Fewsmith[J]. International affairs, 2010, 87 (1): 509–510.

[5] 奥尔森. 集体行动的逻辑[M]. 陈郁, 郭宇峰, 等译. 上海: 格致出版社, 2014.

[6] BLECHER M. Development state, entrepreneurial state: the political economy of socialist reform in Xinju Municipality and Guanghan County[M]. London: Palgrave Macmillan, 1991.

[7] QIAN Y, WEINGAST B R. China's transition to markets: market-preserving federalism, Chinese style[J]. Journal of economic policy reform, 1996, 1 (2): 149–185.

[8] 庞娟. 公共品供给中地方政府的行为探析[J]. 学术论坛, 2009, 32 (8): 35–39.

程为重心，普遍缺失公共服务价值观念。Levaggi 指出在分权体制下，中央政府应对地方政府实行地方福利水平的考核制度，以避免地方政府将量化考核重心集中于经济发展的单方面成绩上①。马万里等认为，地方政府虽处于特定的制度环境中，但若从激励制度的角度来研究地方政府行为则略显片面，还应将对地方政府行为的制度约束纳入研究的范畴。在考察了分权型政府的制度基础后，郁建兴等发现我国纵向和横向问责机制均存在局限性，导致地方政府的行为缺乏外在约束，从而无边界扩大，最终导致中央政府的渗透不足，对地方政府行为的影响力达不到应有的效果②。造成这种局面的一大原因在于，中央政府和地方政府行为的立场观点缺乏统一性，两者在政策的传达执行上存在一定程度的差异。

3.1.1.3 府际关系视角下的地方政府行为研究

府际关系，顾名思义是指政府与政府之间的关系，这里主要指中央政府与地方政府之间的关系。地方政府行为乃至地方政府职能的转变必然受到中央政府的影响。中央政府是国家宏观战略的制定者，只有地方政府行为和中央政府的发展立场一致，才能最有效地推动国家和地方社会经济的协调发展。Choi 认为，中国政府的国家治理体系在不同阶段有不同的特征，中央政府和地方政府的关系随治理结构的变化发生了改变③。郑永年指出，虽然中国是单一制度体系，但在治理结构和治理层级上却表现出"行为联邦制"的特点④。地方政府应成为中央政府政策的具体执行者，体现国家的意志⑤。国内学界对中央政府与地方政府关系的研究主要基于委托代理视角或博弈视角。其原因是大多数情况下，地方政府行为所表现的

---

① LEVAGGI R. Decentralized budgeting procedures for public expenditure[J]. Public finance review, 2002, 30 (4): 273-295.

② 郁建兴, 高翔. 地方发展型政府的行为逻辑及制度基础[J]. 中国社会科学, 2012(5): 95-112.

③ CHOI E K. The politics of central tax collection in China since 1994: local collusion and political control[J]. Journal of contemporary China, 2016, 25 (97): 146-159.

④ 郑永年. 中国的"行为联邦制": 中央—地方关系的变革与动力[M]. 上海: 东方出版社, 2013.

⑤ CHANDLER P J. A rationale for local government[J]. Local government studies, 2010, 36 (1): 5-20.

不仅是对中央政府意志的完全执行,还有地方政府自己的利益追求。周雪光认为,中央政府与地方政府的关系之所以存在权力的名实分离,是因为中央集权和国土范围辽阔造成的地方特殊性差异①。因此,为实现对地方政府的约束以及对地方的有效治理,中央政府需要与地方政府就权力大小进行某种程度的博弈。Selznick 认为这种博弈不是一种固定的状态,而是不同时期下此消彼长的运动,中央政府与地方政府通过不断地进行权力下放与收回以最终寻求一个平衡点②。在此期间,中央政府的行为取向以国家利益和社会利益为出发点,而地方政府往往会对中央政府的政策进行变通执行。对此,张千帆从功能主义视角做出了解释,他认为地方政府对中央政府的政策和意志变通是出于制度稳定的需要,是对统一性国家意志与多元化地方治理实情的合理调适③。然而,从理性主义视角出发的学者则认为地方政府作为政策执行者,其自身素质、意愿、激励约束乃至利益集团的压力等因素均对其行为方式产生影响④⑤⑥。

3.1.1.4 政企关系视角下的地方政府行为研究

在中国行政与财政分权制度下,地方政府行为与地方经济发展有着密不可分的关系。推动地方经济发展的主要动力源自地方主力企业的发展。因此,研究地方政府行为的动机目的势必要研究地方政企关系。张汉认为,中央政策的变迁以及在政策上对地方的区别对待导致地方政府的发展目标还具有地方特质的多样性⑦。Goldman 等从中国地方政府行为是否促进

---

① 周雪光. 从"黄宗羲定律"到帝国的逻辑:中国国家治理逻辑的历史线索[J]. 文化纵横, 2014(5): 108-132.

② SELZNICK P. Foundations of the theory of organization[J]. American sociological review, 1948, 13(1): 25-35.

③ 张千帆. 宪法变通与地方试验[J]. 法学研究, 2007(1): 65-75.

④ 殷华方,潘镇,鲁明泓. 中央—地方政府关系和政策执行力:以外资产业政策为例[J]. 管理世界, 2007(7): 22-36.

⑤ 丁煌. 利益分析:研究政策执行问题的基本方法论原则[J]. 广东行政学院学报, 2004, 16(3): 27-30.

⑥ 王波. 关系运作制度化的过程分析:华东地区 a 县乡镇政府机构改革的个案研究[J]. 社会学研究, 2002(4): 55-65.

⑦ 张汉. "地方发展型政府"抑或"地方企业家型政府"?——对中国地方政企关系与地方政府行为模式的研究述评[J]. 公共行政评论, 2014, 7(3): 157-175.

经济发展和地方政府行为是否与企业具有利益相关性这两个维度，研究了地方政府行为发展的类型，即企业家型政府、发展型政府、服务者型政府和掠取型政府①。学界主要从政府行为的属性来区分地方政府的类型。Leng 等以昆山为案例，从地方政府的政策制定和企业产权的关系维度提出了地方政府的三种类型——企业家型、服务型和发展型②。中国地方政府的类型并不能完全借鉴 Goldman 等的区分方式，因为政治体系中没有如此纯粹的政府发展模式，地方政府行为往往具有复杂多样的特征。Blencher 和 Shue 首次将国家发展理论用于地方政府发展研究，并将中国地方政府类型界定为地方发展型政府和地方企业家型政府。他们研究发现，地方发展型政府行为模式的主要特点不是直接通过参与生产活动来获取经济利益，而是通过对地方企业的管理甚至控制来协调地方的经济利益。此外，在政企关系研究中地方政府往往与社会网络有着共同的利益目标，因而与企业之间存在一定程度的信任关系③。He 等认为，中国自土地财政现象出现以来，地方政府收入的主要来源是房地产与建筑行业，开发商与政府建立良好的利益合作机制，更有利于其项目的实施开展④。在此过程中，地方政府并不直接参与投资活动，而是通过制定产业政策和规划间接参与。地方企业家型政府的行为特征则体现为地方政府直接参与生产活动，在营利的同时以国家和政府的名义补贴能力不足的企业⑤⑥。在我国早期的实践中，地方企业家型政府确实起到了一定的作用。Zhang 认为，地方企业家型政

---

① GOLDMAN M, MACFARQUHAR R. The paradox of China's Post – Mao Reforms[M]. Massachusetts:Harvard University Press,1999.

② LENG T K, CHU Y H. Dynamics of local governance in China during the Reform Era[M]. Lexington:Lexington Books,2010.

③ 张永宏. 发展型政府与地方产业的成长:乐从现象分析[J]. 广东社会科学, 2006(2): 174 – 179.

④ HE S, WU F. Property – Led redevelopment in Post – Reform China: a case study of Xintiandi redevelopment project in Shanghai[J]. Journal of urban affairs, 2005,27 (1): 1 – 23.

⑤ DUVALL R D, FREEMAN J R. The state and dependent capitalism[J]. International studies quarterly, 1981,25 (1): 99 – 108.

⑥ DUVALL R D, FREEMAN J R. The techno – bureaucratic elite and the entrepreneurial state in dependent industrialization[J]. American political science review, 1983,77 (3): 569 – 587.

府在地方经济的发展中表现出了极强的市场敏感性、效率性和风险承担能力①。Duckett 对该观点表示支持,她认为地方企业家型政府的行为能为政府提供额外的运营经费以实现政府官员的激励计划,并且通过政府管理者与企业管理者的交换,实现机构精简②。

3.1.2 地方政府行为评估研究

地方政府作为国家和中央政府意志的代表者与实际执行者,其行为也代表着国家和中央政府的意志。然而在实践中,地方政府还肩负着推动地方社会经济发展和自身发展的重任。同时,地方政府在制定公共政策和提供公共服务等过程中,会因"交易规则"或"所有权控制"改变而产生负外部性,而这些负外部性有可能致使公民享受公共服务的成本增加③。因此,为保证地方政府的行为立场与国家和中央政府的一致性,以及减少地方政府行为的负外部性,必须通过评估机制及时对地方政府的行为进行监管和修正。目前,学界对地方政府行为评估的研究主要集中在价值取向和实践方面。

3.1.2.1 地方政府行为评估价值取向

价值取向源于哲学领域,在公共治理的实践中,政府行为的价值取向对行为目标设置、行为过程和目标实现有着重要的影响和作用。价值取向不仅能显示出政府治理公共事务的基本价值判断,也能体现一个政府组织的基本社会治理理念。国外关于地方政府行为评估价值取向的研究散见于政治学和政治哲学的文献中,观点也较为分散。英国学者布赖斯认为,自由和平等是西方政府行为的终极价值取向,也是现代民主政体的治理基础④。政府行为是国家治理者意志的表现,而国家权力则由人民赋予,代表着人民的利益,因此学者安德森认为,政府行为的价值取向应建立在为

---

① ZHANG Y. The Entrepreneurial role of local bureaucracy in China: a case study of Shandong province[J]. Issues & studies, 1996(32):89 – 110.
② DUCKETT J. Bureaucrats in business, Chinese – style: the lessons of market reform and state entrepreneurialism in the People's Republic of China[J]. World development, 2001,29 (1): 23 – 37.
③ 李郁芳,郑杰. 论政府行为外部性的形成[J]. 学术研究,2004(6):30 – 34.
④ 布赖斯. 现代民治政体:上[M]. 张慰慈,译. 长春:吉林人民出版社,2011.

社会服务和增进公共利益基础之上①。如果政府行为偏离了原本应与社会发展价值观一致的轨道，则会减缓或阻碍社会和国家发展的进程。为了保证政府行为始终遵循促进社会和国家发展的重要原则，对政府行为的评估变得必不可少，这关系着政府治理的合法性以及和谐社会的构建。如果政府行为违背了社会和国家的利益，必然导致社会不稳定因素的产生，从而影响政府的政治合法性，也会阻碍社会民生的发展。地方政府行为评估是指通过设置目标，在规定节点或时间对完成任务的情况和行为的结果与状态进行评估。既是对政府工作的考核，也是解释政府行为是否有效合理的关键②③。廖晓明等认为，只有明确评估的价值起点，才能对政府行为进行更规范、更科学的评估，从而提高政府绩效。

不同于西方国家的是，改革开放以来我国经历了由计划经济体制向社会主义市场经济体制转型的过程，地方政府由社会权力中心的代表者转向以市场发展为重心的推进者。社会主义市场经济体制下，社会经济发展对政府行为的价值取向要求是公正、透明、依法行政、执政为民④。我国地方政府行为评估中应该坚持的价值取向是：第一，政府行为是否能体现由政府本位向以人为本的立场转变；第二，政府行为是否能体现由全能政府向效能政府的转变；第三，政府在社会治理中的行为是否能体现由片面发展向全面协调的可持续发展的转变。

3.1.2.2 地方政府行为评估实践

美国自20世纪50年代以来，实行了对政府行为的绩效评估。自此，政府绩效评估作为一种评估政府行为的方式和管理政府行为的依据，在公共行政的实践中受到了极大的关注和重视⑤。新公共管理运动的兴起在全球范围内掀起了一股促进政府管理和政府行为改革的浪潮。政府绩效评估

---

① 安德森. 公共政策制定[M]. 5版. 谢明，等译. 北京：中国人民大学出版社，2009.
② 柳成焱. 论政府行为的价值取向与构建和谐社会[J]. 理论探讨，2006(6)：31-34.
③ 马亮. 目标治国、绩效差距与政府行为：研究述评与理论展望[J]. 公共管理与政策评论，2017(2)：77-91.
④ 廖晓明，孙莉. 论我国地方政府绩效评估中的价值取向[J]. 中国行政管理，2010(4)：27-31.
⑤ BOUCKAERT G, HALLIGAN J. Performance and performance management[J]. In handbook of public policy, 2006.

作为政府行为的实践检验和反馈工具,对促进政府行为规范高效起到了重要作用。截至20世纪60年代,政府行为的评估标准都是以科学管理理论为指导的效率至上原则,对效率的追求体现了整个社会对经济增长的追求。效率至上原则很快导致经济发展不平衡,引发社会动荡,甚至威胁到政治制度的根基。随着公共行政核心价值观由效率至上向公平至上转变,政府行为的前提也由追求经济发展转变为追求公民利益的实现[①]。新公共行政的理念将公民参与的概念融入政府治理和评估,由不同主体参与的政府行为绩效评估在20世纪70年代受到极大推崇。1973年的《联邦政府生产率测定方案》、1976年撒切尔政府的"雷纳评审"和"部长管理信息系统"以制度的形式对政府行为评估进行了规范[②]。Ho发起了由国际城市管理协会、城市研究所和其他专业组织等31个机构组织参与的地方政府绩效评估运动,为寻求各城市间的合作付出了巨大的努力,最终取得了成功[③]。这项轰动一时的大规模地方政府绩效评估运动使许多城市管理者和官员都认识了政府行为绩效评估这一概念,也意识到绩效衡量有助于提高公共项目的生产率和运营效益[④]。该运动促进地方政府官员提升服务水平,也使管理者更有策略地思考目标和优先事项,并鼓励政府更有效地分配资源以服务公众。这一类对政府行为进行绩效评估的群体通常为专业组织,例如城市研究所、国际城市管理协会(ICMA)、政府会计准则委员会(GASB)和政府财务官员协会等,其多年来一直倡导加强对政府行为的问责机制和效率评价机制的建设。20世纪90年代中期,公共行政领域的运动展现出新的特征,公民参与社会治理和政府重塑为政府行为绩效评估注入新的生机[⑤]。公民不仅是社会治理的成果共享者,也是参与者和评估者,公民应

[①] FREDERICKSON H G, JOHNSTON J M. Public management reform and innovation: research, theory, and application[M]. Tuscaloosa: University of Alabama Press, 1999.

[②] 倪星. 中国地方政府治理绩效评估研究的发展方向[J]. 政治学研究, 2007(4): 92-98.

[③] HO A. Perceptions of performance measurement and the practice of performance reporting by small cities[J]. State & local government review, 2003, 35(3): 161-173.

[④] TRACY R C, JEAN E P. Measuring government performance: experimenting with service efforts and accomplishments reporting in Portland, Oregon[J]. Government finance review, 1993(9): 11-14.

[⑤] BOX R. Citizen governance[M]. Thousand Oaks, CA: Sage, 1998.

当参与涉及社会福祉及国民生计的公共事务的决策过程。随后 Ho 等提出了公民参与政府绩效评估模型（CIPA），并在艾奥瓦州的 9 个城市进行了实验。实验结果初步显示，CIPA 可以帮助政府工作人员将公民的意见融入其管理行为以提升服务的质量[①]。

在我国，地方政府行为的绩效评估在 20 世纪 90 年代后期引起了广泛关注。周志忍将我国地方政府行为的绩效评估分为三个阶段：第一个阶段是 20 世纪 90 年代后期，政府行为绩效评估的重点在于对目标责任落实情况的评价；第二个阶段是此后直至 21 世纪初期，地方政府行为绩效评估依然在目标责任制下推行，但其焦点转向经济增长指标；第三个阶段是探索阶段，政府行为绩效评估主要基于政府职能和角色的转变，具体的评估机制和评价指标呈现多元态势[②]。更多学者对我国不同的评估模式做出了回顾和总结，主要有将地方政府行为与目标责任形式相结合、与社会经济指标相结合、与重点项目验收相结合、与效能建设指标相结合、与公众评议指标相结合和第三方机构评估等方式[③④]。2008 年，第十七届中共中央政治局进行第四次集体学习，明确指出了我国政府行为绩效评估发展的方向，要"推进以公共服务为主要内容的政府绩效评估和行政问责制度"，正式表明了地方政府应该从管制型向服务型转变。在转型过程中，由于我国对地方政府行为绩效评估大多借鉴西方国家经验，"摸着石头过河"，难免会出现一些和我国地方现实脱节的现象。孟华认为，如果地方政府行为的绩效评估由上级政府来完成，则易因将注意力过多置于评估过程，而忽视公众的真实需求[⑤]。同时，上级政府对地方政府的实际情况了解不足也容易造成指标设置不合理，导致评估与现实的偏差。尽管学界基本统一了

---

① HO A, COATES P. Citizen-initated performance assessment: the initial Iowa experience[J]. Public performance & management review, 2004, 27 (3): 29-50.

② 周志忍. 公共组织绩效评估:中国实践的回顾与反思[J]. 兰州大学学报（社会科学版），2007, 35 (1): 26-33.

③ 张岩鸿. 政府绩效评估:述评、探究及改进策略[J]. 政治学研究, 2008(5): 108-115.

④ 蓝志勇, 胡税根. 中国政府绩效评估:理论与实践[J]. 政治学研究, 2008(3): 106-115.

⑤ 孟华. 推进以公共服务为主要内容的政府绩效评估:从机构绩效评估向公共服务绩效评估的转变[J]. 中国行政管理, 2009(2): 16-20.

一套关于绩效评估的流程方法，但在不同地区的地方政府行为具体指标的设置问题上仍然存在诸多争议。何文盛等基于绩效评估的逻辑构建了政府行为绩效评估的框架，认为对政府行为的认知过程存在理解值、真实值和评估值三者间的差异[①]，并将导致这些差异的原因主要归结为评估主体参与有限、评估方法程序不合理、制度保障不完善等，同时提出只有从以上这些层面进行改善才是提升地方政府行为绩效评估有效性的关键。

3.1.3 地方政府行为研究述评

对地方政府行为的研究能够从本质上解释地方政府到底是公共利益的代表者，还是地方利益最大化的追求者。因此通过研究地方政府行为能够辨明地方政府的价值取向和行为逻辑，是深入理解和探索中国社会发展的关键。本书通过梳理国内外学界对地方政府行为的研究发现，已有研究主要集中在价值取向和实践两大方面。价值取向的转变也影响着地方政府行为的评估标准和方式。地方政府行为的价值取向从20世纪发展至今天，经历了从简单追求效率到注重社会协调发展的转变过程。价值取向的发展历程反映出政府职能和角色的转换，地方政府在公共事务的治理中也由全面干预型转向了服务型。目前国内外学者对地方政府行为的绩效评估的研究几乎都以政府行为理应遵循的价值取向为标准，虽取得了一定成效，但学界几乎都延续了从上至下的路径和范式，大多数评估指标是由上级政府或中央政府设置决定的，其评估结果和反馈与社会公众的真实需求存在一定程度的偏差。虽然近年来公众满意度也被纳入评估范畴，但因公众参与程度不高依然缺乏有效反馈。

3.2 社区养老研究

3.2.1 社区养老模式研究

3.2.1.1 国外社区养老模式研究

西方发达国家较早进入了老龄化社会，对社区养老的探索也比我国

---

① 何文盛，王焱，蔡明君. 政府绩效评估结果偏差探析：基于一种三维视角[J]. 中国行政管理，2013(1)：12-16.

早。Brody认为，社区养老被设计为为个人（老年人）提供诊断、治疗、护理、康复的模式，并以此为目的提升机构和家庭养老的融合性，提高老年人的身心健康水平[1]。社区养老在不同国家有着不同的实践模式，通过文献梳理，本书发现国外社区养老主要有以下几种较为成熟的模式。

（1）嵌入式社区养老模式

日本为嵌入式社区养老模式的典型代表。嵌入式社区养老模式以社区为依托，根据社区老年群体的分布情况，在社区中选择适合的位置建立养老机构，集机构养老服务、居家养老服务、区域密集型服务等于一体。社区养老机构充分利用社区内的各种养老资源，不脱离老人熟悉的社会关系和生活背景，同时依据年龄、身体状况和是否有医疗需求进一步细分服务类型[2][3]。

（2）福利多元社区养老模式

福利多元社区养老模式发源于英国，该模式亦被称作市场化和社会化的养老服务模式。英国的社区养老经历了由"在社区内照顾"到"由社区照顾"的理念转变，将养老服务分为"健康照顾"与"社区照顾"两大分支，完全实现了市场化。"健康照顾"由政府承担医疗、就诊等服务，"社区照顾"则由社区提供[4]。在具体实施中，无论在基本的生活服务方面还是康养护理方面，"社区照顾"都非常强调服务的专业性[5]。

（3）群居人口特征社区养老模式

群居人口特征社区养老模式在美国应用较为成熟。地域广袤的美国在社区的形成上有着自然的优势，集中居住的人们大多具有相同或相似的身份或

---

[1] BRODY E M. Institutional versus community health care for the elderly: the delicate balance of social policy[J]. Home health care services quarterly, 1985,7(3-4): 113-129.

[2] MACKELLAR L, HORLACHER D. Population ageing in Japan: a brief survey[J]. Innovation the European journal of social science research, 2000,13(4): 413-430.

[3] TSUNO N, HOMMA A. Ageing in Asia: the Japan experience[J]. Ageing international, 2009,34(1-2): 1-14.

[4] BIGGS S. Consumers, case management and inspection: obscuring social deprivation and need? [J]. Critical social policy, 1990,10(30): 23-38.

[5] FINCH J, GROVES D. Community care and the family: a case for equal opportunities? [J]. Journal of social policy, 1980,9(4): 487-511.

职业背景。美国的社区类型多样,因而形成了退休社区模式、村庄养老模式和校属退休社区模式等新型社区居家养老模式。有着共同语言的老年人群体在自己熟悉的社区环境和文化环境中养老,不仅能享受养老服务,还能够成为养老服务的提供者,以交换不同类型的养老服务①②。

(4) 多位一体社区养老模式

新加坡主要采取中央公积金和社会参与相结合的多位一体社区养老模式。以"银之圈"为代表的乐龄日间护理中心③,联合社区健身房、咖啡厅等小型商业机构,一方面为老年人提供运动健康服务,另一方面为老年人提供简单的工作机会,以减少老年人的被抛弃感,防止与社会脱节,让老年人共享生活空间,改善其健康状况④。

(5) 城市绿地社区养老模式

城市绿地包含城市公园、社区绿地及城市公共绿地⑤。近年来,欧洲中南部国家受地理条件限制,无法像美国、加拿大一样通过拓展地域兴建大规模的社区养老服务中心,以德国、波兰、罗马尼亚和斯洛文尼亚为代表的国家充分利用其丰富的绿地公园,与社区养老相结合。城市绿地社区养老模式是指以城市绿地为中心,在周边或中心区域投入养老服务设施。Artmann 等的研究表明,相较于传统居家养老模式,城市绿地社区养老模式使老年人的健康水平和社交互动的愉悦感分别提升了66%和64%⑥。

3.2.1.2 我国社区养老模式研究

发达国家的老龄化进程已有几十年甚至上百年,而我国步入老龄化社

---

① KAYE H S, LAPLANTE M P, HARRINGTON C. Do noninstitutional long - term care services reduce medicaid spending? [J]. Health affairs, 2009, 28 (1): 262 - 272.

② KANE R. Thirty years of home - and community - based services: getting closer and closer to home[J]. Generations, 2012, 36 (1): 6 - 13.

③ 张恺悌, 罗晓晖. 新加坡养老[M]. 北京:中国社会出版社,2010.

④ MEHTA K K, BRISCOE C. National policy approaches to social care for elderly people in the United Kingdom and Singapore 1945—2002[J]. Journal of aging & social policy, 2004, 16 (1): 89 - 112.

⑤ KABISCH N, QURESHI S, HAASE D. Human - environment interactions in urban green spaces - a systematic review of contemporary issues and prospects for future research[J]. Environmental impact assessment review, 2015, 50 (50): 25 - 34.

⑥ ARTMANN M, CHEN X, IOJĂ C, et al. The role of urban green spaces in care facilities for elderly people across European cities[J]. Urban forestry & urban greening, 2017(27):203 - 213.

会只用了 18 年（1981—1999 年），并且增速持续加快。传统的居家养老和机构养老模式的发展受到了我国现有养老资源和政策的限制。高飞指出，社区养老之所以能迅速被接受，是因为在老龄化和空巢化严峻的背景下，该模式不仅能为独居、寡居和失能、半失能老年人提供从物质到精神上的多方面照料，同时还能为健康水平良好的老年人提供生活、健康、娱乐等服务。社区养老服务涵盖的老年群体比其他养老服务方式更广①。形式多元、各具特色的社区居家养老模式在我国现有的养老资源条件下，逐渐成为首选②。经过学界多年的实践探索，我国已总结出一些有着较强操作性和可靠性的社区养老模式。

（1）"居家—机构"兼容模式

我国台湾地区最早复制美国社区养老 CCRC 模式的运作方式，并且成效卓著。台湾地区社区养老模式兼有大陆地区的机构养老和居家养老两种模式，即机构式和小区式。社区养老通过为老年人提供护理、帮扶等一体化专业服务，让老年人可以在最熟悉的生活环境中继续居住，并获得保健、医疗等全方位照料③。

（2）综合规范化管理模式

上海市通过购买公共服务，构建了"行政区—街道—社区"三级管理体制，依托社区分级，以服务券的形式提供养老服务（通过评估社区等级和社区老年人需要的服务等级发放不同类别的养老服务券，提供标准规范化的服务模式)④。

（3）人性化志愿者团队模式

以武汉市为代表的人性化志愿者团队模式，即发展社区志愿者，鼓励

---

① 高飞. 传承与超越:孝德文化在社区养老中的作用[J]. 中共宁波市委党校学报, 2013, 35(2): 122–128.
② 韩雪梅, 周育瑾, 赵鹏. 社区居家养老服务对家庭照顾功能的影响[J]. 中国老年学, 2015(3): 776–777.
③ 王黎, 郭红艳, 谢红. 持续养老照料社区运营与管理现状及启示[J]. 中国老年学, 2016, 36(12): 3081–3083.
④ 陈俊羽, 徐桂华. 我国社区居家养老模式现状分析及对策[J]. 护理研究, 2015(5): 528–530.

志愿者与社区老年人"结对子",同时以居委会为单位,提供社区养老帮扶服务①。

(4) 低龄带动高龄模式

无锡市社区依托社区居家服务中心,组建了低龄老年人志愿者服务队,与高龄、空巢老年人进行结对互助,并由社区及社会组织等提供相关专业培训和资源分享。该模式通过将低龄老年人资源调动起来,既节省了人力资源又活跃了社区氛围②。

(5) 政府购买、社会组织运营模式

南京市鼓楼区政府与"心贴心"老年人服务中心等社会组织合作,通过购买服务的形式参与服务设计和拨款;服务中心负责运营管理,通过评估社区老年人的需要为其提供不同的养老服务。

(6) 政府和社区医院合作单独成立养老服务中心模式

大连市沙河口区政府专门成立了沙河口区居家养老管理办公室、街道居家养老管理中心、社区居委会居家养老服务站和居家养老院。政府联动社区医院提供一系列养老服务,包括养老需求档案建立、养老服务需求评估、由社区医院提供诊疗安排等,同时定期对服务提供者进行考核、评估和监管,建立大数据库和医疗信息平台。

(7) 虚拟养老院模式

兰州市城关区的社区虚拟养老院是由政府建立的虚拟养老服务中心平台,由多家加盟企业提供服务。服务中心通过接收老年人的呼叫,派遣可提供不同种类服务的企业进行一对一上门服务。整个过程中,政府起着引导、扶持和监督管理的作用,负责提供资金支持、审核企业资质、规范服务价格等③。

---

① 张奇林,赵青. 我国社区居家养老模式发展探析[J]. 东北大学学报(社会科学版),2011,13(5):416-420.

② 刘焕明,蒋艳. 社区居家养老为老服务模式探析[J]. 贵州社会科学,2015(11):103-107.

③ 吴迪. 中国城市社区居家养老服务模式比较研究:基于南京、大连、宁波、上海和兰州的分析[J]. 陕西行政学院学报,2014(2):120-125.

(8) 高校附属型社区养老模式

高校附属型社区建立社区养老服务中心的有利条件在于,高校通常设有校医院、图书馆等医疗、精神文化集中点。高校资源与高校所在社区的养老服务中心的结合,必能使高校的生态环境、医疗环境和文娱环境得到有效利用①。

3.2.2 社区养老优势及困境研究

3.2.2.1 社区养老的优势

社区是地域性社会生活共同体,在实现人文关怀、提供社会养老服务等方面有着政府和市场无法替代的功能②。卢德平在《略论中国的养老模式》一文中指出,任何一种养老服务模式都不能偏离养老的本质问题。养老就其实质而言,是一种日常生活状态,不能将养老认为是和其他生活形态完全割裂的一种崭新的生活方式,更不能将其理解为一种纯粹的照料方式③。相比传统居家和机构养老服务,社区养老服务在地缘、经济、资源集约和社会融入等方面有着独特的优势。

(1) 地缘优势

社区养老能提供地缘归属感,让老年人有融入感、参与感和认同感。情绪的力量一方面能够让老年人更容易解决生活中遇到的实际问题,另一方面也能减轻子女的心理压力和负担④。家庭老年人照料责任实际上主要由女性承担,随着家庭规模的缩小和女性就业观念的改变,许多女性需要在劳动就业和老年人照料之间进行平衡,从而影响了单纯居家养老模式的发展。在许多欧洲国家,居家养老的含义已悄然发生改变。老年群体仍旧

---

① 孙炳明,宋珊珊. 高校校园附属型养老社区的规划与设计[J]. 产业与科技论坛,2015(5):228-229.
② 李群. 城市社区养老服务存在的问题及对策研究[J]. 农村经济与科技,2017,28(14):186-187.
③ 卢德平. 略论中国的养老模式[J]. 中国农业大学学报(社会科学版),2014,31(4):56-63.
④ 周瑞乐,石岩涛. 我国社区养老研究综述[J]. 合作经济与科技,2016(3):180-182.

在家庭环境中接受养老服务，但提供养老服务的不再是子女亲人，而是社区[①]。Luppa等指出，许多老年人之所以愿意选择社区养老，是因为在不离开家庭的前提下，老年人既能保持既有的社会联系又能享受高质量的生活和服务[②]。社区养老服务不单能提供最基础的家政服务，还能为患有疾病的老年人提供基础和中等条件的医疗护理服务。熟悉的社区环境能最大限度地减少老年人就医时产生的孤独感和恐惧感[③]。Baker认为，社区居家养老（Age in Community）的方式比简单的就地居家养老（Age in Place）更有发展前景[④]。我国学者赵向红对地缘优势的具体作用过程进行了研究，认为社区养老的地缘优势体现在老人与社区服务点之间、老人与子女之间及老人子女与社区服务点之间。老人与社区服务点之间的优势在于，社区服务点使老人更便利地获取日间照料，节省时间，也能及时为老人提供基础医疗服务。老人与子女之间的优势在于，子女通过社区服务点能迅速及时地了解老人的状况，节省了子女的时间成本。老人子女与社区服务点之间的优势在于，社区的便利和短距离可方便子女及时、快速地到达社区，既满足了老人与子女间沟通的需要，又不耽误子女学习和工作的时间[⑤]。

（2）经济优势

社区养老服务既能实现老年人在熟悉的环境中养老的心愿，也能使老年人享受比机构养老更低成本、更高效益的服务[⑥]。Kitchener等对比分析了美国三个社区养老服务项目，发现1999—2002年这些项目的开支虽逐年增加，但由于有政府补贴和社会保险补贴，参加社区养老服务项目的老年

[①] GENET N, BOERMA W G, KRINGOS D S, et al. Home care in Europe: a systematic literature review[J]. BMC health services research, 2011, 11（1）: 1.

[②] LUPPA M, LUCK T, WEYERER S, et al. Prediction of institutionalization in the elderly: a systematic review[J]. Age & ageing, 2010, 39（1）: 31.

[③] MAJ M. Mistakes to avoid in the implementation of community mental health care[J]. World psychiatry official journal of the World Psychiatric Association, 2010, 9（2）: 65-66.

[④] BAKER B. With a little help from our friends: creating community as we grow older[M]. Nashville: Vanderbilt University Press, 2014.

[⑤] 赵向红. 社区照顾养老福利政策：逻辑、分析框架与构建思路[J]. 社会科学家, 2017（5）: 65-70.

[⑥] HENDERSON E J, CAPLAN G A. Home sweet home? Community care for older people in Australia[J]. Journal of the American medical directors association, 2008, 9（2）: 88-94.

人的经济利益没有受到任何影响①。研究表明，美国1/3以上的老年人患有一种以上的疾病，用于治疗疾病的花费对于美国老年人来说是一笔不小的开支。政府和医疗机构的合作共建能降低社区养老服务的医疗开支。Hwang认为，目前发展中国家的社会福利体系尚不完善，高龄老人多游离于现有的福利保障范围之外，低收入、低社会地位导致其无力负担高昂的养老成本②。因此，社区养老服务在发展中国家的推广普及将成为解决上述问题的关键。我国学者唐咏认为，"社区居家养老应该是一种最经济的公共消费方式"③。从目前的实践情况来看，以成都市为例，2022年老年人入住成都市养老机构的费用为每月1630—7300元，而《2022年成都市国民经济和社会发展统计公报》显示，2022年城镇居民人均可支配收入54897元，平均每月4574.75元，这意味着老年人支付给养老机构的费用将成为其巨大的经济压力。因此，我国对于社区养老服务的普遍认知是，由社区提供的养老服务是公共产品，具有共享性，能够降低成本。此外，对于家庭而言，带有福利性质的社区养老服务更容易被接受④。

（3）资源集约优势

社区养老负责对社区内老年人进行多方面、精细化的护理和照顾，除最基本的日常生活照护、健康保健、医疗救助等服务外，还应为老年人提供有助于身心健康的社交活动及开展活动的场地和设施等。看似简单的社区养老服务联结着医疗、卫生、家政、文化等多方面的资源和机构。因此，社区养老服务中心通过与不同资源提供主体间的合作互动，将分散、单一的服务整合，形成了规模性、资源利用高效性的优势。美国的NORC社区支持服务项目（NORC‐Supportive Service Program，NORC‐SSP）实践表明，医疗资源、社会服务资源和娱乐教育资源进入社区，既方便了老

---

① KITCHENER M, NG T, HARRINGTON C. Medicaid home and community‐based services for the elderly: trends in programs and policies[J]. Journal of applied gerontology, 2007,26(3): 305-324.

② HWANG H. Intention to use physical and psychological community care services: a comparison between young‐old and older consumers in Korea[J]. International journal of consumer studies, 2015,39(4): 335-342.

③ 唐咏. 居家养老的国内外研究回顾[J]. 社会工作, 2007(2): 12-14.

④ 谢志强,王剑莹. 社区养老:解决我国养老问题的必由之路[J]. 社会治理,2017(3):56-62.

年人也通过规模化服务有效节省了社会资源。由专职的社区养老服务人员提供一系列家务、生活照护工作，使老年人的子女从繁重的日常护理中解放出来，从而拥有更多的时间专注于自己的工作，从社会分工领域来说发挥了集中劳动资源的作用。虽然家庭照护能为低龄老年人和可生活自理的老年人解决简单的洗衣、做饭、卫生等日常性事务，但随着老年人年龄增加和健康水平下降，与日俱增的患病风险和精神慰藉需求将成为家庭成员难以负担的重任。一项关于美国家庭照护低龄老年人的研究发现，25%~40%的被访对象表示在如此费力的工作和责任下已不堪重负。因此，社区养老能通过提供专业且有针对性的服务解决家庭照护者的难题。我国学者李群表示，社区养老通过养老资源的优化配置，实现了比较优势和规模效应。同时，专业化的机构和设施可实现"全天候"服务，既能减轻子女的养老负担，又能提高老人的生活质量[①]。

（4）社会融入优势

17世纪诗人约翰·邓恩说过，没有人是一座孤岛。人既是独立的精神个体，也是同周围世界有着万千联系的个体。人在年轻阶段有学习、工作，得以保持与外界的交流，但在年老阶段则会出于退休、生病等原因逐渐脱离年轻时候的社会关系网络，从而失去社会联系和支持，这对于老年阶段的生理和精神健康都是不利的。社区养老作为社会支持体系能够使老年人继续保持社会融入感，在熟悉的环境中维持和原来一样的社会关系状态[②]。2002年，世界卫生组织提出积极老龄化的要求，即人们为了能愉悦安稳地享受老年生活，积极利用社区生活环境和社会网络支持[③]。老年人接受社区养老服务的过程恰好也是一种和家庭、第三方机构互动交流的过

---

① 李群. 城市社区养老服务存在的问题及对策研究[J]. 农村经济与科技, 2017, 28 (14): 186 – 187.

② CANTOR M H. Neighbors and friends: an overlooked resource in the informal support system[J]. Research on aging an international bimonthly journal, 1979, 1 (4): 434 – 463.

③ KIM E S, MOORED K D, GIASSON H L, et al. Satisfaction with aging and use of preventive health services[J]. Preventive medicine, 2014 (69): 176 – 180.

程[①]。Yamasaki 通过对明尼苏达州某社区的 Kasson 教堂调研发现，除提供良好的养老服务公共设施以外，社区形象和社区和谐氛围同样起到了非常大的作用[②]。在 Kasson 教堂做礼拜的老年人相处和睦、互相帮助，因此很多老年人愿意来这个社区接受养老服务。随着独身主义者和丁克家庭的增加，朋友、邻居对这类老年人的生活愈加重要，社区养老能够为其提供和谐融洽的友邻环境。社区养老有利于老年人形成自己的"朋友圈"。老人在日常起居之余，也能够根据自己的时间、兴趣和身体情况灵活地选择合适的社区活动，结交志同道合的朋友。在同一个社区大环境里，除固定的养老服务设施和场所外，与年轻人和孩子的接触同样能为老人带来心理慰藉。类似于德国的"多代屋"，以社区为平台，为多个年龄层次的人提供交流互动的机会[③]。李俏等从代际关系出发，发现社区养老能将"老年友好"和"青年友好"的理念结合起来，既提升了老年人的生活质量，也提升了整个社区的生活质量[④]。

3.2.2.2 社区养老的困境

虽然国外的社区养老开展时间早、实践经验丰富，多有值得我国学习借鉴的地方，但由于现实环境和政策环境，社区养老要实现普适化，还有很长的路要走。Warburton 等从社会资本角度出发，发现农村和城市社区的养老服务仍存在一定程度的差距[⑤]。相比农村社区养老服务，城镇社区养老服务能更快使老年人放松身心，增强恢复能力，改善信息交流不畅通的

---

① CANTOR M H. Social care: family and community support systems[J]. The annals of the American academy of political and social science, 1989(503): 99-112.

② YAMASAKI J. Aging with service, socialization, and support: the work of faith-based stories in a lifetime community[J]. Journal of aging studies, 2015(35):65-73.

③ 刘苹苹. 建立宜居社区与"多代屋"：中国应对人口老龄化问题的路径选择[J]. 人口学刊, 2013,35(6):47-53.

④ 李俏,卡普兰. 老龄化背景下的代际策略及其社会实践:兼论中国的可能与未来[J]. 国外社会科学, 2017(4):54-63.

⑤ WARBURTON J, COWAN S, BATHGATE T. Building social capital among rural, older Australians through information and communication technologies: a review article[J]. Australasian journal on ageing, 2013,32(1):8-14.

环境氛围[1]。Brody认为出现这种状况是由于养老服务的社会政策在城镇和农村间存在偏差和不公正[2]，Joseph则指出社会隔离、服务水平低效落后、经济下行等诸多方面的压力导致社区养老服务在农村地区的发展受阻[3]。由于农村地区地域偏远、气候条件恶劣[4][5]，许多年轻人前往大城市求学打工而不再返乡居住[6]，进一步导致人口及产业锐减。此外，政府逐年降低了这些地区的退休保证金提取比例，弱化了政策支持效果，影响了社区养老发展[7][8]。在日本北海道远离大都市的地区，路途遥远、极端天气等增加了社区养老专业介护人员的成本和难度[9]。同样在爱尔兰，社区养老资源的松散、人口密度低、位置偏远等造成老年人的社会隔离[10]。还有学者研究发现，在互联网普及的今天，科技逐渐被运用到日常生活的各个方面，如果不能熟练掌握基本的智能技术，将提高人们日常生活的成本[11]。澳大利亚通信和媒体管理局（Australian Communications and Media Authority，

---

[1] HSU H C. Does social participation by the elderly reduce mortality and cognitive impairment？[J]. Aging & mental health，2007,11（6）：699-707.

[2] BRODY E M. Institutional versus community health care for the elderly：the delicate balance of social policy[J]. Home health care services quarterly，1985,7（3-4）：113-129.

[3] JOSEPH A E，CLOUTIER-FISHER D. Aging in rural communities：vulnerable people in vulnerable places[M]. London：Routledge Studies in Human Geography，2005.

[4] KOBAYASHI K M. Examining social isolation by gender and geography：conceptual and operational challenges using population health data in Canada[J]. Gender place & culture，2009,16（2）：181-199.

[5] HANLON N，HALSETH G. The greying of resource communities in Northern British Columbia：implications for health care delivery in already-underserviced communities[J]. Canadian geographer，2005,49（1）：1-24.

[6] SKINNER M，YANTZI N. Neither rain nor hail nor sleet nor snow：provider perspectives on the challenges of weather for home and community care[J]. Social science & medicine，2009,68（4）：682-688.

[7] PETER D，IRENE H. Promoting social inclusion？The impact of village services on the lives of older people living in rural England[J]. Ageing & society，2011,31（2）：243-264.

[8] JOSEPH A E，SKINNER M W. Voluntarism as a mediator of the experience of growing old in evolving rural spaces and changing rural places[J]. Journal of rural studies，2012,28（4）：380-388.

[9] FUSHO S，MATSUYAMA Y，MORI H，et al. Role of visit nursing from the hospital and clinic in a depopulated area in a prefecture[J]. Journal of Gifu College of nursing，2006（6）：43-50.

[10] WALSH K，O'SHEA E. Responding to rural social care needs：older people empowering themselves，others and their community[J]. Health & place，2008,14（4）：795-805.

[11] IRIZARRY C，WEST D，DOWNING A. Use of the internet by older rural South Australians[J]. Australasian journal on ageing，2010,20（3）：153-155.

ACMA)的研究报告指出,只有10%的老年人对目前智能科技产品的运用达到了平均熟练水平。农村社区的发展受制于经济水平,并且由于农村地区老年群体的受教育程度更低,对高科技的运用能力更弱[①],老年人在接受社区养老过程中会花费更多时间、遇到更多阻碍。另外,相较于男性老年群体,女性老年群体对智能手机等技术产品的使用掌握能力更差。这导致人工智能等新技术在社区养老运用中将遭受一定程度的阻碍[②]。此外,社区养老的分散化和碎片化程度较高,由于没有完整且完善的服务体系,许多消费型社区养老机构有意设置服务的限制门槛,将成本转嫁到老年人身上[③]。

在我国,各地政府积极响应中央号召,为老年群体提供了多种类、便利的社区助老服务。但经过十几年的努力,社区养老服务资源的利用率仍旧不高,主要是由于社区养老针对群体单一、资金短缺、专业人员缺口大、社会养老观念落后和政策支持模糊等。

我国加大向孤残特困老人的政策倾斜力度,政策虽覆盖整个社区,但能够享受政策福利的群体有限。杨宏指出,目前社区养老服务针对的大多是孤寡、高龄和困难老人,对普通老年人开展的社区服务内容还很少[④]。社区养老的重要意义在于体现其普适性和公平性,尽量满足社区范围内大部分或全部老人的养老需求。李群等从走访调研中发现,身体状况较差的老年人相比身体状况较好的老年人对社区养老服务的满意度更高,这是因为目前社区开展的养老服务大多针对年龄较大、身体状况较差的老年群体,而那些低龄、身体状况尚佳的老年人对养老服务的需求得不到满足,导致供不应求。

资金困境也成为影响社区养老服务顺利开展的"拦路虎"。社区资金

---

① HSIEH, CHING-HSING. A concept analysis of social capital within a health context[J]. Nursing forum, 2008(3):151-159.

② EWING S, THOMAS J. Digital futures 2012: the internet in Australia[M]. Melbourne: Social Science Electronic Publishing, 2012.

③ AXTELLTHOMPSON L M. Consumer directed health care: ethical limits to choice and responsibility[J]. Journal of medicine & philosophy, 2005, 30(2): 207-226.

④ 杨宏. 鞍山市社区养老服务的现状及发展对策[J]. 辽宁经济, 2008(10): 26-27.

来源主要分为政府财政补贴、社会援助和社区有偿服务三种，而每种渠道都有一定的局限性：第一，政府财政补贴的统计口径范围广、用途多样，除用于社区治安、环境绿化和文化建设等方面外，真正用于社区养老服务的部分非常少；第二，社会援助资金主要来源于社会爱心人士捐赠和福利彩票收入，受外界影响因素较大，风险也较高；第三，由于社区养老服务的公共产品性质，社区养老能够提供的有偿服务范围有限，无法通过提供更多样的服务获得更多营利性收入[1]。另外，我国民间组织力量薄弱，平均一个民间组织需要承担起3000人的养老服务，而在美国该数字是200人[2]，这导致了服务供给不足，收入有限。因此，各种筹资渠道的局限性制约着社区养老服务设备和内容的更新，导致供给需求的错位。

社区养老服务专业人才的短缺也成为社区养老发展的掣肘因素。专业人员的缺乏不仅表现在量的方面，还表现在质的方面。数量方面的缺乏主要是因为现阶段养老护理人员工资较低、工作强度大、风险高以及社会保障机制缺乏。质量方面的不足主要表现在社区工作人员的构成上。一般来说，社区养老服务人员包括专职工作者、兼职工作者及志愿者。专职工作者大部分是由政府任命的社区工作者，管理社区事务，并未接受过专业的养老护理培训，所提供的服务内容和范围十分有限；兼职工作者和志愿者队伍主要由社会爱心人士和学生群体组成，同样缺乏相关的护理意识和专业性[3]。然而，能力较强的专业人员由于养老服务待遇较低、发展前景不佳而不愿进入社区，进一步加大了社区养老发展的难度[4]。

朱慧认为，市民观念淡薄是导致社区养老服务发展缓慢的深层次原因。由于社区管理部门对社区养老服务的宣传工作没有给予足够的重视，造成社区居民的互助性意识和志愿者意识薄弱[5]。我国历史悠久的"孝文

---

[1] 刘明慧. 智能化社区养老模式的探索研究[J]. 法制与社会, 2017(10): 160–161.
[2] 刘国萍. 现阶段我国城市社区养老模式存在的问题与对策研究[D]. 杭州: 浙江财经学院, 2013.
[3] 卞文忠, 秦玉峰. 黑龙江省城市社区服务存在的问题及对策[J]. 商业经济, 2006(9): 7–9.
[4] 赵聪锐, 周玉萍. 城市社区养老模式探讨:城市社区老年照顾有关问题分析[J]. 山西高等学校社会科学学报, 2011, 23(2): 44–46.
[5] 朱慧. 我国社区养老服务文献综述[J]. 劳动保障世界(理论版), 2012(1): 77–80.

化",形成了家庭养老的传统方式,"养儿防老"的观念在每个家庭中根深蒂固。许多老年人对社区养老这个概念还很模糊,尤其体现在偏远的农村和山村地区。"家本位文化"在中国历代家庭传承中留下了不可磨灭的印记。赡养老人是传统家庭中极为重要的一部分,也是数千年来孝道文化的具体体现。李国梁通过研究发现,92.4%的农村居民和90%的城镇居民仍持有"百善孝为先"的观念,认为只有家庭养老才能体现对老年人的孝顺①。

在社区养老服务的政策设计上,我国大部分地区还停留在顶层设计阶段,而社区养老服务内容复杂,各地区情况各不相同,因此对法律条文的设置也较为笼统,可操作性不强。此外,政策文件只针对方向性做出指导,并未落实到社区养老服务的供给、购买、运营等具体细节上,也没有完善的评估标准和监管体系②。由于社区养老服务涉及民政、卫生、财政甚至土地住建等多机构,业务范围广、内容复杂,因而部门之间缺乏配合协调。社区养老服务在我国尚处于发展初期,缺乏相关法律规定,各部门的职责及责任主体不明确,导致社区养老发展进程缓慢滞后。

3.2.3 社区养老需求研究

国内外对社区养老的需求研究主要集中在两方面:一是社区养老需求的内容;二是社区养老需求的影响因素。

3.2.3.1 社区养老需求的内容

西方的社区养老强调多元主体参与,主要包括正式照护资源(Formal Resource)和非正式照护资源(Informal Resource)。正式照护资源由政府、非营利组织、营利机构和志愿者构成,非正式照护资源则由老年人的家人朋友构成。非正式照护涉及的老年人群体大多是健康状况好的低龄老年人,而对健康状况较差的高龄老年人来说,其家庭成员在背负工作压力的

---

① 李国梁. 城乡居民养老观念比较研究[J]. 四川理工学院学报(社会科学版),2017,32(3):16-36.
② 庞立强. 当前我国社区养老服务存在的问题与对策[D]. 武汉:华中师范大学,2017.

同时还要承担起照料责任①，很难为老年人提供专业有效的养老服务。Gomes 等通过对英格兰威尔士地区 1974—2012 年老人死亡率趋势和死亡原因进行分析，预测老年人对社区养老中心的需求在 2012 年后会急速增长②。Meinow 等通过对社区养老调查研究发现，身体机能和认知能力越差的老年人对社区养老服务的需求和依赖越强③。虽然老年人一般通过非正式照护资源实现养老，但越来越多的美国老年人倾向选择正式的社区养老资源。随着地域联系的加强，老年人的子女纷纷外出求学工作，同老年人居住在一起的概率越来越小；医疗技术的进步、人口平均寿命的增加又导致老年群体规模扩大；婚育观念发生改变，家庭规模小型化趋势明显；职场的公平化使更多女性脱离了"全职"照护家庭的角色，投身劳动力市场，这些都导致了非正式照护资源的弱化，加剧了人们对社区养老这类正式照护资源的需求。在西班牙，随着女性参与劳动的比例越来越大，子女一方面缺少照护老年人的时间，另一方面也出于生活习惯等原因不愿与老人同住，这也导致了对社区照护资源需求的增加④。除疾病治疗外，精神关怀也是养老服务需求的重要组成部分。Stein 等通过对德国 1179 位 75 岁以上老年人进行研究发现，抑郁症是老年人晚年常见的精神障碍。虽伴随着失能或半失能状态，他们却对医院、精神疾病机构有着心理上的抗拒，这部分老年群体所需要的社区照护更为复杂特殊⑤。Barnay 等在对法国社区养老服务和居家养老服务进行的对比研究中发现，接受社区养老服务的

---

① HONG T, MCROY S. Caring for and keeping the elderly in their homes[J]. Chinese nursing research, 2015,2 (2-3): 31-34.

② GOMES B, HIGGINSON I J. Where people die (1974-2030): past trends, future projections and implications for care[J]. Palliative medicine, 2008,22 (1): 33-41.

③ MEINOW B, PARKER M G, THORSLUND M. Complex health problems and mortality among the oldest old in Sweden: decreased risk for men between 1992 and 2002[J]. European journal of ageing, 2010,7 (2): 81-90.

④ OTERO Á, YÉBENES M J G D, RODRÍGUEZLASO Á, et al. Unmet home care needs among community-dwelling elderly people in Spain[J]. Aging clinical & experimental research, 2003,15 (3): 234-242.

⑤ STEIN J, PABST A, WEYERER S, et al. Unmet care needs of the oldest old with late-life depression: a comparison of patient, caring relative and general practitioner perceptions - results of the age-moode study[J]. Journal of affective disorders, 2016(205):182-189.

老年人患抑郁症的风险更小[①]。社区养老通过帮助老年人增进社交、拓展人际关系，使其认知能力有所提高，改善其精神状况。在日本，社区养老服务人员通过介入和干预，缓解老年人的心理压力，大大降低了老年人口的自杀率[②]。还有学者对女性老年群体进行了单独研究，发现较男性而言，女性老年人由于寿命普遍较长，因而更容易经历丧失感、受到情感的冲击而患上精神疾病。因此，社区养老服务对于女性老年人来说更是一种必要的干预手段和养老方式[③]。

中国已成为全世界老年人口最多、老龄化速度最快的国家之一。联合国统计显示，到 21 世纪中叶，中国超过 60 岁的老年人口将突破 5 亿人，养老服务的巨大需求将持续释放。随着家庭功能弱化、家庭规模缩小，对社区养老服务的需求将逐渐超越传统的家庭养老服务和机构养老服务。家庭小型化、空巢化趋势弱化了家庭养老功能，也催生了老年群体对社区养老功能和服务形式的多样化需求[④]。邓莉莉等针对广西城市老年人对社区养老的需求进行了全面调研，发现目前老年人对社区养老的需求主要集中在日常生活照料上，其中对陪护照料、日托服务的需求最高，其次是医疗保健服务，其中对健康护理、家庭病床和疾病防治的需求居多[⑤]。在上海市和石家庄市的社区养老发展实践中，老年人对医疗救助的需求程度最高，体现在陪同就医和健康体检上[⑥][⑦]。然而，在北京市的抽样调查中，老

[①] BARNAY T, JUIN S. Does home care for dependent elderly people improve their mental health? [J]. Journal of health economics, 2016(45):149–160.

[②] NAGAYA Y, DAWSON A. Community-based care of the elderly in rural Japan: a review of nurse-led interventions and experiences[J]. Journal of community health, 2014,39 (5):1020–1028.

[③] MALATESTA V J. Introduction: the need to address older women's mental health issues[J]. Women aging, 2007,19 (1–2): 1–12.

[④] 刘晓梅. 我国社会养老服务面临的形势及路径选择[J]. 人口研究, 2012,36 (5): 104–112.

[⑤] 邓莉莉,周可达. 城市社区居家养老服务研究:以广西为例[J]. 学术论坛, 2014,37 (12): 133–137.

[⑥] 章晓懿,刘帮成. 社区居家养老服务质量模型研究:以上海市为例[J]. 中国人口科学, 2011(3): 83–92.

[⑦] 耿永志. 社区居家养老服务中心建设存在的问题:以石家庄市老年人抽样调查为基础[J]. 现代经济探讨, 2013(5): 79–82.

年人对上门就诊就医和康复治疗的需求却排在第一位①。景天魁指出，我国社会经济的不断发展使老年人对养老服务需求更加多元化、分层化②。胡宏伟等认为当老年人在物质生活方面的需求得到满足后，对精神慰藉的渴求将会超越日常生活的基础照护需求③。杨黎源通过对宁波市社区养老参与者的访谈发现，老年人在退休后将经历社会角色的转变，从参与者变成旁观者，社会联系从紧密变成闲散。其间，往往会伴有寂寞感和空虚感，如果精神层面的压力得不到排解，老年人患上精神疾病的风险便会增加。因此，在社区开展老年体育文化运动是最佳的选择④。在我国农村老年人的社区养老需求中，对日常生活照护和基本医疗护理的需求要比精神文化方面的需求更为迫切。李伟对河南6个地级市进行了抽样调查研究，指出虽然现阶段农村社区养老提供的服务内容涵盖了生活供养、医疗健康和精神文化服务⑤，但大多数老年人还处于对生活供养服务的需求阶段。此外，有学者分别对甘肃和江苏地区农村社区养老进行了研究，发现老年人最需要的是医疗服务⑥和临终关怀服务⑦。

3.2.3.2 社区养老需求的影响因素

国外学者大多将社区养老需求和参与意愿影响因素结合在一起研究，得出的大致结论是人们对社区养老的需求主要受自身环境因素、自然环境因素以及社会环境因素的影响⑧。

---

① 史薇，谢宇. 家庭养老资源对城市老年人居家养老服务需求的影响研究：以北京市为例[J]. 西北人口，2014(4)：88-94.

② 景天魁. 创建和发展社区综合养老服务体系[J]. 苏州大学学报(哲学社会科学版)，2015(1)：29-33.

③ 胡宏伟，李玉娇，张亚蓉. 健康状况、社会保障与居家养老精神慰藉需求关系的实证研究[J]. 西华大学学报(哲学社会科学版)，2011，30(4)：91-98.

④ 杨黎源. 从生活保障到精神健康：社会文化养老服务的发展路径与政策支持：以宁波为例[J]. 四川行政学院学报，2015(3)：56-59.

⑤ 李伟. 农村社会养老服务需求现状及对策的实证研究[J]. 社会保障研究，2012(2)：29-35.

⑥ 王振军. 农村社会养老服务需求意愿的实证分析：基于甘肃563位老人问卷调查[J]. 西北人口，2016，37(1)：117-122.

⑦ 张国平. 农村老年人居家养老服务的需求及其影响因素分析：基于江苏省的社会调查[J]. 人口与发展，2014，20(2)：95-101.

⑧ MICHAEL A, SALLY K, TIM W, et al. Environmental influences on healthy and active ageing: a systematic review[J]. Ageing & society, 2014, 34(4): 590-622.

自身环境因素包括年龄、性别、种族、受教育程度等。年龄越大导致罹患慢性疾病的可能性越大，对社区养老的医疗项目的需求越大，依赖程度也越高。特别是在能为老年人提供补充医疗服务的社区，患有慢性疾病的高龄老年人数量在不断增加[1][2]。性别和种族也是影响社区养老需求的重要因素。Arcury 等对 200 名 65 岁以上的非裔美国人和美国白人做了对比研究，发现美国白人群体更愿意接受和选择社区养老[3]。在亚裔美国人和美国白人的对比研究中，美国白人群体表现出更高的社区养老选择倾向。研究还发现，女性老年人比男性老年人更愿意选择社区养老[4][5]。受教育程度的差异对社区养老需求的影响体现在老年人的自我管理意识方面[6]。受教育程度越高的老年人对老年疾病的预防越有前瞻意识，更愿意在早期选择预防性社区养老。此外，受教育程度越高的老年人对社区养老政策的把控和信息接受能力越强，越倾向于选择社区养老[7]。

Michael 等认为，包括气候、污染程度、交通状况、公共设施便利程度等在内的自然环境因素会影响老年人的决策行为[8]。社区养老需求已被证实同社区的公共区域开放程度、娱乐设施便利程度、环境整洁程度、社区

---

[1] ARCURY T A, SUERKEN C K, GRZYWACZ J G, et al. Complementary and alternative medicine use among older adults: ethnic variation[J]. Ethnicity & disease, 2006, 16 (3): 723 - 731.

[2] ASTIN J A, PELLETIER K R, MARIE A, et al. Complementary and alternative medicine use among elderly persons: one - year analysis of a blue shield medicare supplement[J]. Journals of gerontology, 2000, 55 (1): 4 - 9.

[3] ARCURY T A, GRZYWACZ J G, NEIBERG R H, et al. Older adults'self - management of daily symptoms: complementary therapies, self - care, and medical care[J]. Journal of aging & health, 2012, 24 (4): 569 - 597.

[4] ARCURY T A, STAFFORD J M, BELL R A, et al. The association of health and functional status with private and public religious practice among rural, ethnically diverse, older adults with diabetes[J]. Journal of rural health, 2007, 23 (3): 246 - 253.

[5] NAJM W, REINSCH S, HOEHLER F, et al. Use of complementary and alternative medicine among the ethnic elderly[J]. Altern ther health med, 2003, 9 (3): 50 - 57.

[6] THORNE S, PATERSON B, RUSSELL C, et al. Complementary/Alternative medicine in chronic illness as informed self - care decision making[J]. International journal of nursing studies, 2002, 39 (7): 671 - 683.

[7] HALM E, HOROWITZ C, LEVENTHAL E A, et al. Living with chronic illness: a contextualised, self - regulation approach[M]. London: Sage, 2004.

[8] MICHAEL A, SALLY K, TIM W, et al. Environmental influences on healthy and active ageing: a systematic review[J]. Ageing & society, 2014, 34 (4): 590 - 622.

治安水平等呈显著相关关系①。还有学者通过研究发现，社区购物出行的便利会促进老年人选择该社区养老②。宜居的自然生活环境也是老年人选择社区养老的重点考虑因素，冷热适宜的气候、依山傍水的郊区环境等都是老年人的首选③④⑤。

人们谁都不能割裂自己同社会千丝万缕的联系，老年人在退休以后往往更加在意自己的社会关系网络。研究表明，老年人家庭财政状况、社会经济地位等会影响其对养老方式的选择⑥。家庭财政收入、社会经济地位越高的老年人越倾向于选择社区养老，从而感受不一样的晚年生活。老年人在选择养老方式时一般会受到子女、亲人、邻居和朋友的影响。如果同住一个社区的老年朋友或邻居都认为社区养老好，那么老年人选择社区养老的概率就要大于其他养老服务方式。社会存在感是影响老年人选择社区养老的关键因素。不少研究表明，老年人认为在社区中养老能够通过同其他人的交流以及老年人之间的互帮互助获得愉悦感和存在感，这也增强了老年人选择社区养老的意愿⑦⑧。此外，积极的政策导向和支持也会影响老年人对社区养老的选择。Dietz 等认为，社会保障政策向社区养老的倾斜，能够提高社区养老的质量，增加服务内容和功能，也能促进社区养老新技

---

① ARCURY T A, SUERKEN C K, GRZYWACZ J G, et al. Complementary and alternative medicine use among older adults: ethnic variation[J]. Ethnicity & disease, 2006,16 (3): 723 – 731.

② BR C, SL W. Environmental and behavioral circumstances associated with falls at home among healthy elderly individuals. Atlanta FICSIT Group[J]. Archives of physical medicine and rehabilitation, 1997,78 (2): 179 – 186.

③ DAY R. Local environments and older people's health: dimensions from a comparative qualitative study in Scotland[J]. Health & place, 2008,14 (2): 299 – 312.

④ GRANt B C. Retirement villages: more than enclaves for the aged[J]. Activities, adaptation and aging, 2007,31 (2): 37 – 55.

⑤ BOWLING A, BARBER J, MORRIS R, et al. Do perceptions of neighbourhood environment influence health? baseline findings from a british survey of aging[J]. Journal of epidemiology & community health, 2006,60 (6): 476 – 483.

⑥ BECKETT M, GOLDMAN N, WEINSTEIN M, et al. Social environment, life challenge, and health among the elderly in Taiwan[J]. Social science & medicine, 2002,55 (2): 191 – 209.

⑦ AVLUND K, LUND R, HOLSTEIN B E, et al. Social relations as determinant of onset of disability in aging[J]. Arch gerontol geriatr, 2004,38 (1): 85 – 99.

⑧ KOBETZ E, DANIEL M, EARP A. Neighborhood poverty and self – reported health among low – income, rural women, 50 years and older[J]. Health & place, 2003,9 (3): 263 – 271.

术的开发，进而吸引更多老年人的参与[①]。

国内学者对社区养老需求影响因素的研究成果颇丰，研究视角包括人口特征、家庭照护资源、社会经济地位等。

人口特征包括性别、年龄、婚姻状况、健康状况等个人特征。大部分研究者认为性别是社区养老需求的重要影响因素[②]。有学者研究发现，之所以女性老年人比男性老年人更愿意选择社区养老，是因为女性原本就担任照顾家庭的角色，选择社区养老的目的是获得除生活护理以外的服务[③]。因此，相较于男性老年人，女性老年人对社区养老的质量和内容的需求更高[④]。年龄因素的影响已被学界广泛认可，但尚未明确影响路径，也缺乏针对年龄因素进行的专门研究。年龄因素对社区养老需求的影响，主要体现在不同年龄阶段的老年人对社区养老有着不同的需求。由于身体机能随着年龄增长逐渐衰退，老年人对养老服务保障的需要将逐渐增加，传统居家养老无法完全覆盖老年人的各种需求，因此老年人只能选择社区养老等方式来保障其晚年生活[⑤]。田北海等通过横断面调研数据发现，相较于高龄老年人，低龄老年人对文化精神服务的需求更高，而随着年龄增长，其对医疗救助和健康保健服务的需求将超过精神文化服务需求[⑥]。婚姻状况对老年人选择社区养老有着显著影响[⑦]。有学者研究发现，独身和丧偶老年人更倾向于选择社区养老来排遣孤独感，需求主要包括日间托管、日常

[①] DIETZ R D, HAURIN D R. The social and private micro – level consequences of homeownership [J]. Journal of urban economics, 2003, 54 (3): 401 – 450.

[②] 龙书芹, 风笑天. 城市居民的养老意愿及其影响因素：对江苏四城市老年生活状况的调查分析[J]. 南京社会科学, 2007(1): 98 – 105.

[③] 陶涛, 丛聪. 老年人养老方式选择的影响因素分析：以北京市西城区为例[J]. 人口与经济, 2014(3): 15 – 22.

[④] 苏映宇. 性别视角的城镇居民居家养老方式选择研究：基于福州市的实证分析[J]. 社会保障研究, 2013(6): 27 – 36.

[⑤] 刘艺容, 彭宇. 湖南省社区居家养老的需求分析：以对部分老年人口的调研数据为基础[J]. 消费经济, 2012(2): 63 – 66.

[⑥] 田北海, 雷华, 钟涨宝. 生活境遇与养老意愿：农村老年人家庭养老偏好影响因素的实证分析[J]. 中国农村观察, 2012(2): 74 – 85.

[⑦] 张争艳, 王化波. 珠海市老年人口养老意愿及影响因素分析[J]. 人口学刊, 2016, 38 (1): 88 – 94.

清洁、陪同聊天、心理咨询等服务①。在健康状况方面,学界已提出两种明确的衡量方法,即老年人的主观健康程度和生活自理能力健康测量表②。李兆友等通过对辽宁省的实证研究发现,生活自理能力越差以及罹患疾病程度越重的老年人对社区养老的依赖性越大③。陈志科等的研究显示,老年人罹患疾病的情况会对社区养老需求产生显著影响,老年人的健康状况越差,就越倾向于选择社区养老④。

  在农耕文化的影响下,家庭是基本生产单位,中国自古以来便受到传统家庭养老观念的深刻影响。然而,随着社会的进步,家庭功能弱化、家庭规模缩小导致家庭养老资源的发展受到极大的限制。由于社区养老以不离开家庭生活环境为原则,提供从基础生活护理到精神关怀的养老服务,因而能较容易地被老年人所接受。大部分研究显示,目前中国的家庭居住结构多是子女在成年后搬离父母家,另立门户。显然,老年人的家庭照护受到影响,催生了对社区养老的需求。在城市社区养老研究中,有学者认为子女数量不会对老年人选择社区养老产生影响⑤,但在农村地区,儿子的数量成为老年人选择社区养老的影响因素⑥,女儿的数量则没有影响⑦。

  人们做出某种决策时会受社会经济地位的影响。老年人在选择社区养老时,同样会受其社会经济地位的影响。本书主要通过收入水平、职业和受教育程度三个指标来反映社会经济地位的影响。学界已有丰富的研究表明,老年人收入水平越高,对社区养老的需求越大,因为当高收入群体对

---

① 周苗. 我国老年人口婚姻分化现象及其对养老问题的意涵:基于2010年中国综合社会调查数据的实证分析[J]. 西北人口,2015(4):68-74.

② 吴芳,李艳. 老年人社区养老需求影响因素研究述评[J]. 老龄科学研究,2016,4(12):17-24.

③ 李兆友,郑吉友. 农村社区居家养老服务需求强度的实证分析:基于辽宁省S镇农村老年人的问卷调查[J]. 社会保障研究,2016(5):18-26.

④ 陈志科,马少珍. 老年人居家养老服务需求的影响因素研究:基于湖南省的社会调查[J]. 中南大学学报(社会科学版),2012,18(3):26-30.

⑤ 王静. 农村老人社区养老服务的选择及影响因素研究:基于江苏省调查数据[J]. 劳动保障世界,2015(S1):53-55.

⑥ 李放,樊禹彤,赵光. 农村老人居家养老服务需求影响因素的实证分析[J]. 河北大学学报(哲学社会科学版),2013,38(5):68-72.

⑦ 田北海,王彩云. 城乡老年人社会养老服务需求特征及其影响因素:基于对家庭养老替代机制的分析[J]. 中国农村观察,2014,(4):2-17.

基本生活服务的需求被满足后,其更在意精神生活质量的提高。张国平的研究显示,社区养老中的精神文化服务受老年人收入水平的影响较其他因素更大①。李敏认为,收入水平与社区养老需求呈"V"形线性相关,意味着收入中等偏上的老年人对社区养老的需求最高②。职业因素与社区养老需求具有一定相关性,职业的稳定性越高、职业社会地位越高的老年人对社区养老的需求越高。还有学者发现老年人退休前所在单位的性质,会对其养老方式的选择产生影响③。关于受教育程度对社区养老需求的影响,学界有着基本一致的观点,认为受教育程度对社区养老需求具有正向预测作用④⑤,即受教育程度越高的老年人,对于新事物的接受能力越强,对精神关怀的需求也越高,因此更乐意尝试社区养老方式。

3.2.4 社区养老服务递送研究

Grönroos 指出,共同生产是服务递送过程的核心要素。运用到养老服务实践中,也就是说养老服务是一种生产与消费同时进行的公共服务⑥。社区养老服务递送并非简单的递送任务,而是"合作生产"的过程⑦。在整个递送过程中,老年人作为服务参与者,与社区养老服务提供者一起完成服务的过程,并体验服务过程中产生的效果⑧。社区养老服务的递送过程管理是学界研究的重点,因为老年人的需求涉及日常生活、医疗卫生乃至精神文化等多方面,只有社会组织和政府机构协同配合,才能针对不同

---

① 张国平. 农村老年人居家养老服务的需求及其影响因素分析:基于江苏省的社会调查[J]. 人口与发展,2014,20(2):95-101.

② 李敏. 社区居家养老意愿的影响因素研究:以北京为例[J]. 人口与发展,2014,20(2):102-106.

③ 王琼. 城市社区居家养老服务需求及其影响因素:基于全国性的城市老年人口调查数据[J]. 人口研究,2016,40(1):98-112.

④ 贾云竹. 北京市城市老年人对社区助老服务的需求研究[J]. 人口研究,2002,26(2):44-48.

⑤ 张丽萍. 老年人口居住安排与居住意愿研究[J]. 人口学刊,2012(6):25-33.

⑥ GRÖNROOS C. Service management and marketing – customer management in service competition[J]. John wiley & sons, 2007.

⑦ PESTOFF V. Co-production, the third sector and the delivery of public services[J]. Public management review, 2006, 8(4):493-501.

⑧ 邓锁. 社会服务递送的网络逻辑与组织实践:基于美国社会组织的个案研究[J]. 社会科学,2014(6):84-92.

的需求提供差异化服务，并且对服务质量进行监督和管理。Griffiths 在报告中首次提出了"照护管理"（Care Management）和"照护管理人"（Care Manager）的概念，成为最早针对社区服务递送过程管理进行研究的学者。照护管理人通过评估社区的服务需求来设计社区养老服务包，服务包的另一端联系着社会服务机构、卫生部门、志愿者和商业机构，通过整合提供者的资源，快速有效并且成本低廉地提供养老服务①。Gilbert 将关于社会服务递送的评价标准定义为连续性、可及性和负责性②。同时，又有学者提出公共管理理论起源于科学管理中的制造业，这是将公共服务视作产品而非服务③。由此看来，基于生产—消费视角下对社区养老服务进行评估的研究是不够全面的。Bitner 等认为，目前政府将过多精力耗费在服务设计而非递送过程上，这意味着在服务设计层面我们过度考虑，而未着眼于实际的服务质量及其带来的影响④。巴塞尔指数（Barthel Index）是目前广为运用的老年依赖性评估指数。然而，有学者认为，随着社区养老服务涉及范围的多元化，不同类型的服务需要不同类别的评估标准⑤。不同国家的学者针对不同人群的需求对社区养老服务进行了分项研究⑥⑦，为社区养老服务递送过程的机制建设提供了不少实践帮助。很快，社区养老服务包式的递送方式在实践中得到了检验。Capitman 等通过观察发现，社区养老机构通过与医院配合，对社区内的慢性老年疾病患者进行前期干预治疗，

---

① 朱浩. 城市社区养老服务的递送机制研究[D]. 杭州:浙江大学,2015.
② GILBERT N. Transformation of the welfare state[M]. Oxford: Oxford University Press,2002.
③ LUSCH R F, VARGO S L, O'BRIEN M. Competing through service: insights from service – dominant logic[J]. Journal of retailing, 2007,83（1）:5 – 18.
④ BITNER M J, OSTROM A L, MORGAN F N. Service blueprinting: a practical technique for service innovation[J]. California management review, 2008,50（3）:66 – 94.
⑤ LEICESTER M C, POLLOCK A M. Community care in south thames (west) region: is needs assessment working? [J]. Public health, 1996,110（2）:109 – 113.
⑥ HERRMAN H, HARVEY C. Community care for people with psychosis: outcomes and needs for care[J]. Int rev psychiatry, 2005,17（2）:89 – 95.
⑦ SONO T, OSHIMA I, ITO J. Family needs and related factors in caring for a family member with mental illness: adopting assertive community treatment in Japan where family caregivers play a large role in community care[J]. Psychiatry & clinical neurosciences, 2008,62（5）:584 – 590.

让其能在社区中接受基础医疗护理，从而提高老年患者的康复率[①]。该种模式通过集中提供照护和医疗诊断，将碎片化临时性的需求与服务资源整合，既节省了时间也节约了开支[②]。

公共服务的递送一般分为三种：政府主导，自上而下；市场主导，自下而上；社区主导，多组织间互动。我国的社区养老服务递送机制以社区为平台，通过家人亲友、政府、民间组织和志愿者等为社区内老年人提供照护服务。因为服务及时、费用低廉且能满足老年人不愿改变居住环境的要求，所以受到老年人的青睐。社区养老服务递送现状是一种政府主导、社区和其他社会组织参与的自上而下的递送模式，虽未脱离政府治理的范畴，但也逐步转向政府、企业、社区等多方合作治理模式[③]。学界已经认识到，研究社区养老服务的递送方式有助于完善服务内容的设计，满足老年人的差异化需求。王思斌指出，社会服务递送是社会政策实施的重要构成，从决策到服务提供再到需求满足的过程是一种连续的状态。在这种状态中，通常有政策制定者、社会工作者和服务接受者的参与[④]。张康之将社区养老服务的递送机制理解为一种混合型治理，它不再是以政府为中心、由社会自治力量辅助的，而是政府与社会自治力量的合作治理[⑤]。然而在我国的实践中，社区养老服务在递送环节还存在着信息不对称、资源分散化等诸多问题。

社区居委会在中国社区养老服务中承担了重要的社会角色。但在实证研究中，社区居委会作为社会组织在养老服务递送中的参与程度不高，并且作为服务提供和服务接受两方的中介者意识不强，导致在社区养老服务递送过程中信息传递缺失和不对称，造成信息宣传不到位、老年人对专业

[①] CAPITMAN J A, HASKINS B, BERNSTEIN J. Case management approaches in coordinated community – oriented long – term care demonstrations[J]. Gerontologist, 1986,26（4）：398 – 404.

[②] SHANNON G R, WILBER K H, ALLEN D. Reductions in costly healthcare service utilization：findings from the care advocate program[J]. Journal of the American geriatrics society, 2006,54（7）：1102 – 1107.

[③] 敬义嘉. 合作治理：再造公共服务的逻辑[M]. 天津：天津人民出版社,2009.

[④] 王思斌. 社会政策实施与社会工作的发展[J]. 江苏社会科学, 2006(2)：49 – 54.

[⑤] 张康之. 走向合作治理的历史进程[J]. 湖南社会科学, 2006(4)：31 – 36.

服务功能的了解不全面以及相关组织间的功能缺乏制度衔接。西方社区养老服务的递送机制主要以专业组织为主导，从服务的提供到递送都由专业的社工组织牵头，政府负责递送服务的后端，即服务质量的监督和评估。目前，中国的社区养老服务递送机制虽逐渐呈现多主体参与趋势，但仍以政府为主导力量[1]。尽管越来越多的社会组织和企业已成为社区养老服务递送机制的参与方，但我国仍存在"以计划性服务为导向"这一特点[2]，即根据政策内容设计服务而非完全从老年人的实际需求出发。自我国步入老龄化社会起，中央政府就开始建立养老服务体系。从主要形式和政策支持来看，目前居家、机构养老服务都有一定的局限性，未来的养老服务将逐渐走向以社区养老服务为主导、更多社会性元素加入的模式。姚俊认为，养老服务的本质在于如何让老年人接受高质量、高满意度的服务，从而真正解决老年人的养老需求。如果从养老服务递送视角来设计服务内容，就能有效促进政府、社区、社会组织、企业等的合作与互补，从而发挥社会资本的作用，提高社区养老服务的质量[3]。资源分散化的问题表现为各养老社区资源通常不对外开放，缺乏调配机制，政府、社会组织、企业和家庭等多方之间缺乏有效链接平台。此外，管理条块的分割使不同类型的政务部门分管不同的服务内容，难以实现资源共享。近年来，依托"互联网+"的社区养老服务正逐步开启一个全新的局面，社区养老服务递送机制的信息传递缺失问题或能被互联网技术及时、迅速、准确地解决。将科技和信息技术嵌入社区养老服务可发挥互联网的集成效用，将碎片化、分散化的服务资源重新聚集[4]，以解决养老服务资源整合难、服务供需不匹配、效率低下等问题[5]。

---

① SCHEYETT A D E. Community practice in adult health and mental health settings[M]. Thousand Oaks, CA: Sage, 2005.

② 丁志宏, 王莉莉. 我国社区居家养老服务均等化研究[J]. 人口学刊, 2011(5): 83–88.

③ 姚俊. "多支柱"社会养老服务政策的理念与设计研究：基于服务递送的视角[J]. 现代经济探讨, 2015(7): 48–52.

④ 童星. 发展社区居家养老服务以应对老龄化[J]. 探索与争鸣, 2015(8): 69–72.

⑤ 潘峰, 宋峰. 互联网+社区养老：智能养老新思维[J]. 学习与实践, 2015(9): 99–105.

3.2.5 社区养老研究述评

通过文献梳理,本书发现国内外对社区养老的主流研究集中在社区养老模式、社区养老优势及困境、社区养老需求和社区养老服务递送几个方面。在国内外的社区养老实践中,研究者们均从不同角度提出了社区养老现阶段的问题和对策。然而,由于国情不同,我国社区养老的道路能否借鉴西方的成功模式尚未可知,因此还需尽快摸索出一条本土化发展的道路。

3.3 多元主体参与社区养老的研究

3.3.1 多元主体参与社区养老的分工研究

社区养老是社会治理和公共服务的重要内容。政府将社会治理和公共服务的部分权力让渡给各类型社会组织和公众,通过多元主体参与、多类型协调合作的方式解决仅由政府治理或仅由市场调节所带来的问题。不同阶层的群众对公共服务的需要差异较大,如何保证不同层次的社会群体都能相对公平地获得社会养老服务,是地方政府当下需要重点考虑的问题。屈群苹指出,只有明确各参与主体的权责以及分工范围,才能实现良好的合作。也就是说,只有根据社区养老服务的不同性质和类别,寻找与其相匹配的供给主体,才能明确不同主体的相关职责,形成良好的互动机制[①]。彭华民等指出,多元主体参与是福利多元分析的一种范式,旨在通过制度安排完成福利国家向福利社会的转变[②]。在社区养老中,传统的由国家全面承担养老责任的模式将向多渠道多主体提供养老服务的模式转变,这种转变强调的是家庭、市场和其他非正式组织的参与,以及养老资源的多元化和层次化。还有学者从养老资源角度解释了多元主体的分工,认为社区养老资源分别存在于政府、社会主体和家庭中。家庭养老资源传承自传统

---

① 屈群苹. 复合治理视域下的城市社区养老服务供给[J]. 中南大学学报(社会科学版),2015(5):105-110.

② 彭华民,黄叶青. 福利多元主义:福利提供从国家到多元部门的转型[J]. 南开学报(哲学社会科学版),2006(6):40-48.

的中国养老方式，属于非正式养老资源①。随着家庭结构和社会结构的变迁，社区养老的准公共产品性质决定了政府必然承担起最基本的公民养老保障责任。由于政府面临复杂的社会问题，精力、物力和财力都受到严重制约，因此社会组织将替代政府行使一部分养老职责。在研究多元主体参与社区养老的分工问题前，需要厘清社区养老服务的性质和类型。Walsh等认为，社区养老应该是混合福利理念下各部门的资源整合。社区养老作为一种准公共产品，其养老资源的提供者不仅有政府，还有其他社会组织和家庭，对不同参与主体进行分工实质是对社区养老服务资源的分类再整合②。张奇林等赞同了这种观点，他们认为政府在社区养老中的职责是宏观层面的政策制定和监管，社区非营利组织和志愿者组织负责日常基本的护理服务，专业组织则应根据老年人的不同需求提供高水平的专业护理服务③。只有根据不同组织的特点进行职责划分，才能更有效地实现社区养老服务体系的全面均衡发展。

3.3.2 多元主体参与社区养老的实践研究

关于多元主体参与社区养老的实践，国内外学者大多从多元主体参与的重要性、目前主要模式及其局限性等方面进行了研究。在社区养老多元参与的重要性方面，Mcmullin等认为社区养老的多元参与能将赋权原则付诸实践④。在社会工作和养老服务领域，不同主体的反馈有益于创造更加包容、公平的公共服务环境。多元主体参与的协作共治模式有助于形成社会组织之间的相互依存关系，也有利于提高老年人的生活质量和社会福祉水平，实现积极老龄化的目标⑤。世界卫生组织的政策框架中，积极应对

---

① 陈立，许阳飞. 基于资源整合的城市社区养老服务多元主体供给研究[J]. 攀枝花学院学报，2015,32（6）：39-42.
② WALSH K, O'SHEA E. Responding to rural social care needs: older people empowering themselves, others and their community[J]. Health & place, 2008,14（4）：795-805.
③ 张奇林，赵青. 我国社区居家养老模式发展探析[J]. 东北大学学报（社会科学版），2011, 13（5）：416-420.
④ MCMULLIN C, DUROSE C, RICHARDSON L. Designing public policy for co-production: theory, practice and change[J]. Local government studies, 2016(4): 659-661.
⑤ THOMAS W, BLANCHARD J. Moving beyond place: aging in community[J]. Generations, 2009,33（2）：12-17.

老龄化的一项重要建议是加强社会参与[1],因为社会参与已被证实与老年人的死亡率[2]、发病率[3]和生活质量[4]有着极大的相关性。Wuthnow指出,社会参与不仅限于老年群体的参与,志愿者服务也可被视为社会参与的一部分,通过志愿者提供基本的社区养老服务能够缓解政府的压力,也能创造更好的社区环境[5]。老龄化的发展促进了民族融合。Patel对由专业人士支持和创建的ME服务组织进行研究,发现ME服务组织不仅能满足多元文化背景下的老年群体需求,还能够通过活动消除歧视和排斥,并且能为拥有不同语言文字、宗教信仰和精神习俗的老年群体提供帮助[6]。

除社会组织外,老年人个体也是社区养老的重要参与者。Williams等认为,就传统的社区养老服务参与主体而言,老年人被视为服务的被动接受者。在英国威尔士,政府鼓励老年人参与社区养老。老年人的意愿和反馈声音被视作对地方政府行为的检验,可以很好地衡量服务的有效性。此外,加强老年群体的参与能提高其社会适应能力[7]。

计划经济体制下的中国政府是全能型政府,既是社会服务的提供者也是生产者,甚至还是监管者。政府全包型公共服务不仅在数量上无法满足需要,而且在服务质量上大打折扣,极大地影响了政府工作效率。政府是社会公共管理的主要责任者,要将有限的资源最大限度地利用,而非事无巨细地分散其有限的精力。这时,社会组织的作用就凸显了出来。由于政府需要集中精力对社会进行宏观治理,因此由专业的社会组织提供公共服

---

[1] World Health Organization. Active ageing: a police framework[R]. Geneva: WHO, 2002.

[2] BERKMAN L F. The role of social relations in health promotion[J]. Psychosomatic medicine, 1995, 57(3): 245-254.

[3] BERKMAN L F, GLASS T, BRISSETTE I, et al. From social integration to health: Durkheim in the new millennium[J]. Social science & medicine, 2000, 51(6): 843-857.

[4] LEVASSEUR M, DESROSIERS J C T. Subjective quality-of-life predictors for older adults with physical disabilities[J]. American journal of physical medicine & rehabilitation, 2008, 87(10): 830-841.

[5] WUTHNOW R. Chapter five: conviction and community: acts of compassion caring for others and helping ourselves[M]. Princeton: Princeton University Press, 1991.

[6] PATEL N. Migration, ethnicity, aging and social work practice[J]. International encyclopedia of the social & behavioral sciences, 2015(3): 440-445.

[7] WILLIAMS I, HATTTON-YEO A. Ageing well in wales: a national movement[J]. Working with older people, 2015, 19(4): 170-176.

务,既可使政府集中精力完成对整个社会的总体规划,又保证了公共服务供给的数量和质量。政府由社区养老服务的生产者转变为政策制定者、服务购买者和监管者,社会组织以服务提供者的身份参与其中,更能提升社区养老服务的质量和效率。

日益增长的养老需求也是推动社区养老多元主体参与的重要力量。一方面,随着经济水平和认知水平的提高,老年人对养老服务内容和形式的需求也趋于多样化;另一方面,人口平均寿命的延长,也增加了对养老服务资源的需求。吴春认为,社会组织在我国经历了较长时期的发展,目前很多社会组织能够独立承担起一定的社会责任,提供社会公共服务,不少专业性的社会组织受到了社会公众的广泛认可[1]。针对老年群体提供的社区养老服务必将越来越专业化和细分化,社会组织参与社区养老也是社会转型的必然要求。

在对社区养老多元参与模式及其局限性的具体研究中,国内外学者基于不同视角呈现了丰富的研究成果。Leahy 认为,老龄化最主要的问题是老年人面临的健康挑战。她从残疾老年人护理角度分析了爱尔兰的社会组织参与问题。爱尔兰对社区养老和残疾老年人护理有着严格的区分,由不同的社会组织进行分工合作,残疾老年人护理主要由专业的护理、医疗机构承担[2]。Putnam 也指出,在社区养老中,不同年龄段的老年群体会有不同的养老需求,服务提供组织和专业培训机构对此应予以重视[3]。在社区养老实践中,许多社会组织和企业并未被纳入卫生保健系统,而大多数时候,恰恰是这些社会组织能够弥补公共服务的缺失。然而,社会组织与当地政府在建立合作伙伴关系上正面临着一些障碍,包括缺乏提供者意识、与社区卫生保健中心的关系不明确等。通过对洛杉矶圣巴纳巴斯老年服务

---

[1] 吴春. 社会组织参与社区公共服务供给的困境与破解[J]. 理论学习, 2012(3): 48-51.

[2] LEAHY A. Too many "false dichotomies"? Investigating the division between ageing and disability in social care services in Ireland: a study with statutory and non-statutory organisations[J]. Journal of aging studies, 2018(44): 34-44.

[3] PUTNAM M. Perceptions of difference between aging and disability service systems consumers: implications for policy initiatives to rebalance long-term care[J]. Journal of gerontological social work, 2011, 54 (3): 325-342.

中心（SBSS）和皇后护理健康中心（QCHC）的访谈研究，Han等认为，为了提高非营利组织等对社区养老的参与程度，需要加强其与社区的联系[1]。美国的NORC项目是一个以社区为载体、各类社会组织参与其中且取得了成功的社区养老服务项目。该项目建立在马萨诸塞州波士顿的灯塔山社区，目前由超过100家卫生服务中心、医疗保健机构和健康教育机构等组成，这些组织帮助老年居民适应当地的生活[2]。虽然这是一个非营利性项目，但在资金来源上，该项目的倡导者已获得私人慈善机构和地方政府的资金，以支持将该模式扩展至纽约等地区[3]。不少学者都对NORC项目进行了研究和验证，以期从中探索出一种具有普遍适用性的创新的社区养老方式。Giorgio等用5年时间观察了瑞士某州的45个养老护理院样本，他们发现公共养老护理院的运营成本相较于私人非营利组织的成本更高，并且这种成本差异主要由结构性而非管理成本决定。造成这些现象的原因可能是公共性质的机构面临的政治约束更大，而私人非营利组织则有更多的自由裁量权[4]。

高新技术的运用为社区养老带来了更多机会。以互联网技术为核心的智能家居技术，能够提高老年人的独立性[5]。随着老年消费需求的增加，智能家居也成为养老方式变革的核心和关键。因此，社区养老也亟待那些掌握智能家居技术的企业和专业组织参与其中以弥补政府的不足。Ehrenhard等通过对荷兰养老服务智能家居进行研究发现，企业由于持有核心技术获得了垄断性利益而不愿意共享技术，因此智能家居在社区养老普及率

---

[1] HAN M A, KWON I, REYES C E, et al. Creating a "wellness pathway" between health care providers and community - based organizations to improve the health of older adults[J]. Journal of clinical gerontology & geriatrics, 2015,6(4): 111-114.

[2] GREENFIELD E A, SCHARLACH A, LEHNING A J, et al. A conceptual framework for examining the promise of the norc program and village models to promote aging in place[J]. Journal of Aging Studies, 2012,26(3): 273-284.

[3] ALTMAN A. The New York norc - supportive service program[J]. Journal of Jewish communal service, 2006,81(3-4): 195-200.

[4] GIORGIO L D, FILIPPINI M, MASIERO G. Structural and managerial cost differences in nonprofit nursing homes[J]. Economic modelling, 2015(51): 289-298.

[5] BARLOW J, BAYER S, CURRY R. Implementing complex innovations in fluid multi - stakeholder environments: experiences of "telecare"[J]. Technovation, 2006,26(3): 396-406.

较低。此外,政府在智能家居的市场规范、执行标准、隐私保护和资助试点等方面的计划和发展还较为滞后[1]。

我国学者李小兰认为社区养老主要的发展模式可以归纳为"医养结合"模式、"互联网+"模式、"休闲养生"模式和"房地产"模式[2],每一种模式都由不同的社会组织和企业参与,并提供相关的专业性服务。还有学者将多元主体参与下的社区养老模式分为"社区连锁照护"模式、"互联网+智慧养老"模式、"驿站式养老"模式、"全生态养老"模式[3]。汪大海等研究了我国首个民间组织兴办的、具有非营利组织性质的鹤童养老院运营模式,发现正是因为养老院秉持了福利多元主义的理念,突破传统的由政府全部或主要参与养老服务的模式,才赢得了当地老年人的信任与青睐,这也为我国多元主体参与社区养老模式发展提供了有益经验。

在企业参与社区养老的实践中,张馨月指出,企业遵循市场原则提供与社区养老相关的配套服务和产品,部分企业通过捐赠的形式来为社区养老提供财力和物力支持。福建省海都公众公司的案例体现了社会企业参与社区养老的重要性,其成功的关键在于企业作为核心主体,将自主研发的云呼叫技术运用于社区养老,并通过与政府、社区、志愿者组织、服务提供商和家庭的协同,将风险管控、资源保障和监督管理等每一个环节都落到实处[4]。何景梅等认为,物业企业在参与社区养老上有着得天独厚的优势,原因在于:其一,物业企业的工作环境本身就在小区内,有提供服务的便捷条件;其二,物业管理的员工本身从事的安保、保洁、维修等工作也是社区养老服务的主要内容;其三,物业企业与社区联系紧密,可以聘

---

[1] EHRENHARD M, KIJL B, NIEUWENHUIS L. Market adoption barriers of multi – stakeholder technology: smart homes for the aging population[J]. Technological forecasting & social change, 2014, (89):306 – 315.

[2] 李小兰. 我国民营养老服务业发展研究[D]. 福州:福建师范大学,2016.

[3] 周青梅. 基于PPP模式应用和社会组织建设的我国养老服务供给研究[J]. 山东青年政治学院学报, 2017(6): 24 – 29.

[4] 周红云,谷千乔,胡浩钰. 多元协同视角下社会企业供给社区居家养老服务研究:以海都公众公司为例[J]. 当代经济, 2017(23): 85 – 87.

用社区非正规就业群体,极大地降低了企业的成本开支[1]。

目前在我国社区养老实践中,社会组织、企业、社会公众等的参与程度还远远不够。蔡斌通过对南京市三家参与社区养老的非营利组织的调研,发现现阶段多元主体在参与过程中受内外两方面的掣肘[2]。从外部来看,社会组织由于性质不同,受到不同管理主体的监管。我国养老服务系统往往涉及民政、财政等多个部门,非营利组织同企业一样受到不同监管机构的管理,因而在养老服务的统筹安排上缺乏有效的沟通和协作[3]。社区养老的餐饮服务存在民政、食药监、工商、税务等部门多头管理的局面,其结果是在出现问题时,作为牵头与主管的民政部门难以调动和协调其他部门的资源,从而导致社会组织的利益遭受损失[4]。宛亚琴指出,我国非营利组织建设的法律制度尚不完善,保障相对薄弱。在实践中,非营利组织受政府行为的影响较大,缺乏独立自主性和创新活力[5]。在政策方面,宛亚琴通过对比光明村和长桥助餐中心的发展以及政策支持情况,发现同为政府合作的参与者,只有非营利组织可以享受到政府的场地支持和后期发展的水电优惠等,而具有企业性质的社区养老组织却无法享受此类待遇,并且这些方面的开支过大直接导致了亏损局面。政策的倾斜挫伤了企业参与的积极性[6]。还有学者指出,在推进社区养老建设中,社区利用闲置土地建设服务中心时,通常因为涉及的管理部门过多而难以达成统一意见。统筹机制的缺乏往往导致需求项目搁浅或是重复性建设浪费。从内部来看,"4050"年龄结构层次的人员较多,在传统观念下养老服务被认为层次不高、缺乏技术性,因此大多数从业人员缺少专业知识体系。相较

---

[1] 何景梅,马云俊,王海燕.浅议物业企业参与居家养老服务的意义[J].经济研究导刊,2014(19):25-26.
[2] 蔡斌.非营利组织参与城市社区养老服务的现状、问题及对策[D].南京:南京大学,2017.
[3] 陈成文,陈舒.从"碎片化"困境看我国城市养老服务体系的制度建设[J].城市发展研究,2017(12):76-82.
[4] 钟慧澜,章晓懿.激励相容与共同创业:养老服务中政府与社会企业合作供给模式研究[J].上海行政学院学报,2015,16(5):31-40.
[5] 宛亚琴.非营利组织参与居家养老服务探析[J].江南论坛,2018(4):39-40.
[6] 钟慧澜,章晓懿.激励相容与共同创业:养老服务中政府与社会企业合作供给模式研究[J].上海行政学院学报,2015,16(5):31-40.

于国外志愿者，我国志愿者服务意识较为淡薄，正规培训体系和参与流程制度不健全。朱冬梅认为，一些社会组织内部建设不规范、制度存在缺失，导致其过度追求经济利益而忽视公共利益，极大地影响了公众对社会组织的信任①。

3.3.3 多元参与主体与地方政府关系研究

面对日益复杂的社会经济环境，各国政府都意识到公共管理问题需要更多依靠社会组织和公众的参与。通过文献整理发现，在社区养老中地方政府与各参与主体之间存在着非常微妙的关系。行政管理组织在承接公共服务时受到一定限制，而消费者更关注并强调服务多元化，各国地方政府受制于自身条件无法满足社会公众的全部需求②。

一些国家的地方政府选择以平等合作的方式，将社会力量纳入公共服务的供给体系，还有一部分地方政府逐渐退出，将提供公共服务的权力交给社会组织③。Boger 等认为，社区养老作为一项复杂的社会治理问题，不能只依靠某个专门性部门提供有效的解决方案，而是需要一种跨学科、专业与部门的创新和协作④，这种平等合作的伙伴关系更能提高各参与主体的积极性。Sixsmith 等在对加拿大老年人经济适用房的研究中发现，政府通过与社区、服务组织和老年人建立伙伴关系，更容易将各方利益置于共同愿景与价值观中，从而就努力的目标和方向达成一致⑤。早在 16 世纪，英国政府就与社会组织建立起长期合作关系，在《伊丽莎白济贫法》中可明确找到政府与社会慈善机构合作共同承担社会公共服务的证据。在养老服务的供给中，英国政府除在财政资金上予以支持外，还通过赠予、采购、投资三种形式向社会组织提供激励措施。澳大利亚地方政府在社区养

---

① 朱冬梅. 养老服务需求多元化视角下的社会组织建设[J]. 山东社会科学, 2013(4): 48 – 51.
② 萨拉蒙. 新政府治理与公共行为的工具：对中国的启示[J]. 中国行政管理, 2009(11): 100 – 106.
③ 王浦劬. 政府向社会组织购买公共服务研究[M]. 北京：北京大学出版社, 2010.
④ BOGER J, JACKSON P, MULVENNA M, et al. Principles for fostering the transdisciplinary development of assistive technologies[J]. Disabil rehabil assist technol, 2017, 12 (5): 480 – 490.
⑤ SIXSMITH J, FANG M L, WOOLRYCH R, et al. Ageing well in the right place: partnership working with older people[J]. Working with older people, 2017, 21 (1): 40 – 48.

老等公共服务方面，同样采取与社会组织合作的模式，但澳大利亚的社会组织多为非营利组织。Lasker 等指出，地方政府行为如果能公平公正地将公共服务所需要的技术和资源结合起来，构建一个概念化场景，协调不同主体的利益，就能实现由政府主导、多方参与的社会协作模式[①]。法国的社会保障支出占 GDP 的 29%，在分权化运动后地方政府承担了主要的公共服务职能。由于地方政府资金压力和政府部门员工人数限制，养老需求又大大超越了政府供给能力，因此地方政府以立法的形式鼓励社会组织参与社会服务的提供。政府作为社会服务的主导者，承担着除直接提供服务以外的所有责任。同样实行地方政府主导模式的还有美国。美国的大部分社区养老服务由非营利组织提供，但不同的是，支持社会组织的资金不只来自地方政府，还包括公益信托组织，这些组织不提供服务只提供资金支持。因此，美国地方政府很少有激励外包服务的总体措施，只有在税收政策上会适当予以公益信托组织免缴所得税的优待。

秦艳艳等认为，我国地方政府在社区养老中的主导地位是不可或缺的，地方政府行为代表社会发展的方向和趋势，能充分调动社会资源，增强其他参与主体的信心，为社区养老的发展提供保障基础[②]。虽然提供满足公众需求的公共服务是地方政府的职能和责任，但并不意味着地方政府要包揽从生产到管理的所有过程，如何利用有限的资源为公众提供高效满意的服务才是政府的职责所在。雷玉明等将全国社区养老试点城市南京市作为研究对象进行了深入调研。他们指出，尽管南京市政府意识到应该尽快建立地方政府、市场、非政府组织及家庭的多元主体参与、共同治理的养老模式，但在具体实践中对资金、技术和信息等资源缺乏有效整合，难以借助外力来推动社区养老的发展[③]。韦宇红认为，地方政府还需要在实践中厘清和其他参与主体的关系，虽然我国地方政府的职责定位是引导者

---

① LASKER R D, WEISS E S, MILLER R. Partnership synergy: a practical framework for studying and strengthening the collaborative advantage[J]. Milbank quarterly, 2001,79(2): 179-205.
② 秦艳艳,邬沧萍. 我国城市社区居家养老服务体系中政府职能分析[J]. 兰州学刊, 2012(1): 123-127.
③ 雷玉明,曹博,李静. 公共服务型政府视野中城市社区养老合作共治模式:以南京市玄武区为例[J]. 华中农业大学学报(社会科学版), 2013(4): 113-118.

和监管者，但在实践中地方政府仍缺乏对社区养老财力资源、人力资源、物力资源和组织资源的调控安排能力①。包青年等也指出，地方政府对社区养老的干预较为直接和具体，导致目前很多地方政府行为与社区行为之间并无明显区分，社区养老带有浓厚的行政色彩，因此难以从供需关系上真正推动社区养老发展②。总而言之，我国社区养老应该形成地方政府主导、多元主体积极参与的协调发展局面。但目前地方政府尚未形成关于社会养老资源的正确认识，即养老资源既不属于政府也不属于某一组织，而是属于社会③。政府应通过调动和管理，将分散于社会组织、企业等的资源有效集中并进行合理分配，服务于社会公众，而不是与其他组织争夺社会资源。

3.3.4 多元主体参与社区养老研究述评

多元主体参与社区养老已不是新的研究话题，已有研究大多集中在三个方面，即多元主体参与社区养老的分工、多元主体参与社区养老的实践以及多元参与主体与地方政府的关系。这些研究表明，参与社区养老的企业和社会组织因其营利方式和组织性质的不同而提供不同的服务。然而在我国的实践中，企业和社会组织参与社区养老尚未受到较为平等的政策待遇，导致部分企业在参与时因成本过高、投资回报周期长而却步。此外，地方政府与参与主体间关系的不明晰也是多元参与局面进展缓慢的原因。同时，一些参与主体对政府的依赖性过高，致使社区养老服务在供给方面受到较多限制。

3.4 地方政府行为影响多元主体参与社区养老研究述评

本章通过对地方政府行为、社区养老及多元主体参与社区养老三方面的研究进行回顾和梳理，发现已有研究还存在进一步完善的空间。

---

① 韦宇红. 我国城市社区养老服务资源有效供给问题研究[J]. 理论导刊，2012(6)：12-14.
② 包青年，赵海林. 政府主导、社会参与下的社区居家养老：以 s 社区为例的个案研究[J]. 学理论，2011(2)：88-89.
③ 孙燕. 养老服务社会化：政府、社区、社会组织三方合作的实践模式[J]. 学会，2010(12)：7-10.

第一，已有研究对地方政府的具体行为分类尚不清晰，在不同的社会治理领域有着不同的理解和阐释，缺少较为统一的界定。

第二，对公共治理中地方政府行为的研究多采取自上而下的研究路径。目前，检验政府行为有效性的机制是对政府行为绩效的评估，绩效评估标准设置的主体是地方政府的上级机关或中央政府，缺少自下而上的评价路径，评估结果有时不能真正代表群众的真实反馈和需求。

第三，社区养老发展需要走一条政府主导、多元主体参与的协作发展道路。已有研究虽发现了我国各主体参与社区养老的现实困境，却并未从政策制度等层面提出建议与对策。个别研究提出的一些对策只针对困境的表面现象，并没有进一步探寻其本质原因，也没有深入挖掘多元主体的参与动机与影响机制。

第四，已有研究提出的促进形成政府主导、多元主体参与的社区养老局面的对策较为宏观和宽泛，操作性和执行性不强。

第4章 地方政府行为影响多元主体参与社区养老意愿理论模型构建

通过对国内外已有研究的回顾，本书较完整地梳理了地方政府行为对多元主体参与社区养老的影响因素。以行为公共管理学中的"政府行为—公民体验"双轮模型和经济学中的效用价值理论为基础，本章将这些影响因素进一步理论化、系统化，并将各因素串联结合，建立更具有直观解释性的概念模型——BUI 模型，并对该概念模型的内涵进行详细阐释，针对不同的参与主体分别构建子概念模型。

4.1 研究主体要素内涵与维度划分

4.1.1 地方政府行为内涵与维度划分

政府在国家的发展中起着举足轻重的作用，作为公民意志的代表者，政府必然通过履行其职责来回应和满足公民诉求。政府行为则是政府履行其职责的具体过程和体现，即政府行为是政府职责的具体执行。由于中国式分权制度的安排，中国地方政府在一定范围内有自主分配资源的权力，以根据当地发展情况因地制宜地推动社会经济发展[①]。

政府，尤其是地方政府，作为公共行政组织，肩负着执行中央政府政策要求的职责，其行为在本质上必须体现公正性。地方政府行为的公正性主要通过公共产品的供给、公共权力的表现、公共精神的弘扬和公共领域

---

① 李明，刘彬. 中国式分权与地方政府行为：一个综述[J]. 新疆财经大学学报，2015(1)：11-22.

的规范管理来体现①。欧文·休斯指出，由于公共产品和服务的特殊性，政府在社会管理领域扮演了生产者、提供者和安排者的角色：一是政府负责包揽所有公共产品和服务的供给，成为直接生产者；二是政府不直接提供公共产品，而是通过资源整合，帮助和支持产品与服务的提供者，政府只作为规划者和引导者，"掌舵"而非"划船"；三是政府通过制度和政策安排来指定公共产品和服务的提供者而不具体执行②。研究政府行为势必离不开研究人的行为，人是构成社会活动的主体。因此，人的行为构成所有社会行为的基础，对政府行为的探究也离不开对人的行为的分析。刘瑞等认为，在我国特有的国情下，将西方经济学中"政府理性人假设"作为分析政府行为的基础是不科学的，对我国地方政府行为的分析应基于公共利益，具有公共性③。从公共性角度出发，地方政府行为是指地方政府为推动社会经济发展提供的公共产品和制度安排。从行为动机出发，地方政府行为是一系列行为的集合，是地方政府实现统治阶级利益、表达公民意志的经济行为、社会行为和政治行为的总称。陈振明指出，地方政府行为的表现基于政府角色的转换，在市场经济中政府通常扮演着公共产品的提供者、宏观调控者、外部效应消除者、收入再分配者和秩序维护者等角色④。政府的具体行为包括公共产品和服务的提供、制度规范的建设和资源的再分配。王斌斌从政府的公共职能出发，认为地方政府行为主要可以分为两个方面：第一，制定公共政策，维护公共秩序；第二，在社会保障领域制定公共产品⑤。

近年来，学者在社会事务领域对地方政府行为的具体内容研究也取得了丰硕的成果。甘炜等从政府对养老机构的投资角度，将地方政府行为归

---

① 王春福. 多元治理模式与政府行为的公正性[J]. 理论探讨，2012(2)：139-143.
② 休斯. 公共管理导论[M]. 张成福，马子博，译. 北京：中国人民大学出版社，2015.
③ 刘瑞，吴振兴. 政府人是公共人而非经济人[J]. 中国人民大学学报，2001，15(2)：72-77.
④ 陈振明. 公共管理学：一种不同于传统行政学的研究途径[M]. 2版. 北京：中国人民大学出版社，2003.
⑤ 王斌斌. 地方政府行为对新能源产业发展的影响机制研究[D]. 大连：东北财经大学，2012.

纳为政策环境、政策变动、税收优惠、政府投资及监管行为[1]。滑心怡从社区养老服务需求视角将地方政府行为区分为政策制定、财政支持、监督管理和舆论引导[2]。廖楚晖在探究城镇居民的机构养老意愿时提到地方政府行为包含养老制度运行、机构服务监管和社会引导[3]。另有学者从企业的社会责任培育视角出发，认为在社会事务中，地方政府行为应分为规制行为、协调行为、倡导行为和监管行为[4]。邓锁认为，地方政府行为的出发点在于结合社区发展满足居民需要。政府行为主要包含指导和调控，指导体现在制订基于各类社区发展特点和满足居民需要的计划；调控则表现为运用行政手段，组织和协调社区中不同组织与成员的合作，形成条块结合、上下合力的共同发展局面[5]。还有学者认为，在社区发展中地方政府行为主要包含两方面：一是建立合法的制度框架，制定支持政策，保障社区发展的良好政策环境并规范发展方向；二是通过投入（财政资助）直接支持社区服务的发展[6]。

综上所述，以社会利益为本的公益性是政府行为最主要的体现。地方政府行为主要包括公共产品和服务的供给、公共政策的制定以及在社会公共治理过程中的约束规范和监管。因此，本书将社区养老中地方政府行为区分为公共政策供给行为、公共资源供给行为及监管机制建立行为。

（1）公共政策供给行为

公共政策供给行为是指在社区养老中，政府通过制定政策推动社区养老发展，并且在财政、税收、土地等方面出台优惠政策以吸引多元参与者的加入。

---

[1] 甘炜，李梦雪，刘千亦. 政府行为对民间资本养老机构投资意愿的影响[J]. 财政研究，2015(10): 58-66.

[2] 滑心怡. 社区居家养老中的政府行为研究：以邯郸市丛台区永新里社区居家养老服务为例[D]. 郑州：郑州大学，2017.

[3] 廖楚晖. 政府行为影响城镇居民机构养老意愿的实证研究[J]. 财政研究，2014(8): 53-55.

[4] 冯道军. 企业社会责任建设中的政府行为研究[D]. 武汉：华中师范大学，2014.

[5] 邓锁. 社区服务研究：近十五年以来的发展和评析[J]. 甘肃社会科学，2000(4): 64-67.

[6] 关信平，张丹. 论我国社区服务的福利性及其资源调动途径[J]. 中国社会工作，1997(6): 38-39.

(2) 公共资源供给行为

公共资源供给行为是指公共产品和公共服务的提供。前者主要表现为社区养老的基础设施建设，由政府直接提供或采用合作购买等方式；后者则具体表现为社区养老参与主体的准入办理、相关资质认定、贷款担保服务等。

(3) 监管机制建立行为

监管机制建立行为是指地方政府在推动社区养老发展的过程中，建立独立于政府、多元参与主体之外的第三方监管机制，对多元参与主体的服务供给标准、资金使用、信息公开等多方面进行监管评估，保障参与主体的利益。

4.1.2 社区养老多元参与主体内涵与维度划分

近年来，我国老年人口数量激增。《2016年社会服务发展统计公报》显示，截至2016年底，我国60岁及以上老年人口23086万人，占总人口的16.7%，其中65岁及以上人口15003万人，占总人口的10.8%，这意味着我国的老龄化程度已相当严重。在未来很长一段时间里，我国老年人口数量将会保持较高的增长率，因而我国将成为老龄化速度最快的国家之一。显然，如何应对人口老龄化给国家发展带来的严峻挑战以及如何保证每一个老年人能在晚年享受到公平公正的养老服务和待遇，成为亟待解决的问题。我国老龄化进程明显加快，但由国家和家庭承担养老责任的传统形式还未能成功转型以适应如此严峻的老龄化局面。自古以来，我国民众对以家庭为纽带的亲缘和地缘关系非常重视，难以迅速接受将养老责任从家庭完全剥离的状况，这也给我国家庭和社会对老年人的供养提出了新的难题。

社区养老作为我国养老服务体系发展中的一大支柱，其中流砥柱的作用越发凸显。社区养老既能满足老年人在家庭中生活的愿望，也能为老年人提供医疗卫生、文化娱乐、心理健康等多方面的养老服务。站在社会发展的高度来看，社区养老一方面缓解了政府的财政压力，另一方面解决了子女照护老年人的后顾之忧，使其能专心投入工作从而更有利于社会的和谐稳定。《中国老龄社会与养老保障发展报告（2015）》指出，目前我国养老产业面临成本提高和利润下降的态势，必须找到资源配置的最佳模式，即社会合作模式①。社区养老的社会合作之路必须由多元主体共同参与，只有通过国家、社会组织、企业和个人的团结协作，才能将社区养老推向良性健康发展的轨道。2016年，民政部、财政部印发的《关于中央财政支持开展居家和社区养老服务改革试点工作的通知》提出政府主导、社会参与的基本原则，并指出政府通过培育并打造一批品牌化、连锁化、规模化的龙头社会组织或机构、企业，使社会力量成为提供居家和社区养老服务的主体。2017年，民政部等13部门印发的《关于加快推进养老服务业放管服改革的通知》提出社区养老发展的总体要求，如坚持问题导向，进一步调动社会力量参与养老服务业发展的积极性，降低创业准入的制度性成本，营造公平规范的发展环境，为培育和打造龙头社会组织与企业提供良好的政策和市场环境等。

　　针对社区养老的多元参与主体，目前学界多从服务供给角度进行研究。张馨月认为，城市社区养老的多元参与主体包括政府、企业与非营利组织②。政府作为社区养老发展的基础，主要承担政策制定和引导其他主体参与的责任，非营利组织和企业则作为社会责任的承担者，为社区养老提供必要的场所和物质资源。姜玉贞则指出，社区养老参与主体应包含政府、市场及社会组织③。学者更多地从社区养老需求视角进行研究，并未将公众作为社区养老的参与主体进行整体考虑。近年来，不少学者坚持这样一种观点——个人也是社区养老的参与主体之一。蔡霞对社区养老参与主体的问题进行探究时，将参与主体归纳为政府、社会组织、企业和个人④。就参与角色而言，个人一方面可以成为养老服务的提供者，另一方面也是养老服务的接受者。张旭升在研究了养老服务多元参与主体的行动

---

① 杨燕绥. 中国老龄社会与养老保障发展报告(2015)[M]. 北京:清华大学出版社,2015.
② 张馨月. 我国城市社区养老参与主体研究[J]. 领导科学论坛, 2015(13):10-11.
③ 姜玉贞. 社区居家养老服务多元供给主体治理困境及其应对[J]. 东岳论丛, 2017,38(10):45-53.
④ 蔡霞. 社区居家养老服务参与问题研究[J]. 改革与开放, 2017(3):78-80.

逻辑后指出，参与主体从参与行为上大致可分为两类，即服务提供者和服务接受者。服务提供者为政府、民间养老组织和个体服务递送者[①]。其中，个体服务递送者多依赖于社区或某一社会组织，统一接受其安排。

本书将社区养老参与主体中的个体服务递送者界定为依附社会组织的社区养老服务供给主体，将公众界定为养老服务接受主体。此外，结合我国国家层面的政策文件以及学界对我国社区养老多元参与主体的界定，本书将地方政府视作社区养老服务发展的主导者，探究其行为对其他多元参与主体——企业、社会组织和公众的影响。

4.2 概念模型与假设

在社区养老服务中，各参与主体的参与行为意愿在不同程度上受到地方政府行为的影响。地方政府行为通过影响其他多元主体获取的效用，进一步影响其参与社区养老的行为意愿。

4.2.1 概念模型构建的理论基础

有研究认为，传统公共管理理论框架存在一定瑕疵，往往注重宏观而忽略微观，对个体行为的关注程度不够。具体来说，就是在研究政治过程和政府行为时普遍缺乏对人类行为认知的研究。为完善和丰富公共管理的研究范式，行为公共管理学应运而生。行为公共管理学理论将心理学的研究方法引入公共管理学科，聚焦政府行为输出与公民体验反馈，并提出了"政府行为—公民体验"的双轮模型（见图4-1）。

该模型开启了基于微观个体对公共管理行为进行探究的全新视角，目的在于通过特定公共管理情境下的个体行为分析，做出相应的预测和控制[②]。从双轮模型中能够形象地看出，代表政府行为的"大轮"和公民体验的"小轮"在犹如自行车链条一般的机制中运行，政府行为以公共政策和公共服务的形式输出，同时公民通过对政府行为的认知和感受来反馈。

---

① 张旭升. 政府购买居家养老服务参与主体的行动逻辑研究[D]. 南京：南京大学，2011.
② 张书维，李纾. 行为公共管理学探新：内容、方法与趋势[J]. 公共行政评论，2018(1)：7-36,219.

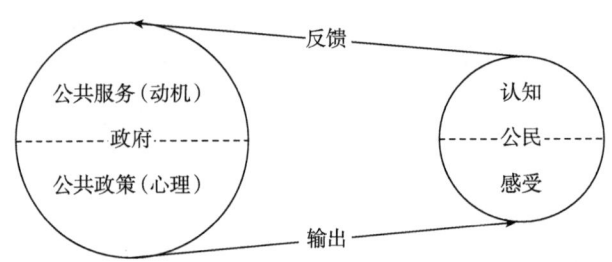

图 4-1　"政府行为—公民体验"的双轮模型图

资料来源：张书维，李纾. 行为公共管理学探新：内容、方法与趋势［J］. 公共行政评论，2018（1）：10。

反馈既包含积极反馈，如积极响应、参与合作等[①]，也包含消极反馈，如消极言论和行为反抗[②]。值得注意的是，政府更在意那些负面消极的反馈，因其一方面能反映出公共管理决策的失误或偏差，另一方面能显示公众对滥用职权、腐败行为等的不满[③]。因此在社区养老中，多元参与主体对地方政府行为的感知体验和反馈，能够检验地方政府行为对既定目的的达成程度，并不断对政府行为的方向性和针对性进行修正，提高政府行为的执行效力。

Greenwood 等认为，对特定主体的行为意愿的分析能反映其对目标的追逐趋势[④]。艾伯特·O. 赫希曼提出，面对组织行为导致绩效衰减时，参与成员可以选择退出或者呼吁。这与效用价值理论中的成本—收益分析蕴含的原理有着极为相似之处，即成员或参与者采取相应行为的成本与预期收益会对其行为选择产生影响。

社区养老是我国社会化养老体系的重要组成部分，一直以来地方政府都鼓励和支持社会力量的参与。然而，在我国社区养老发展中，企业作为

---

① 张书维，景怀斌. 政治信任的制度：文化归因及政府合作效应［J］. 武汉大学学报（哲学社会科学版），2014，67（5）：77-84.

② DEVEREUX P J, WEISBROD B A. Does satisfaction with local public services affect complaints (voice) and geographic mobility (exit)［J］. Public finance review, 2014,34（2）：123-147.

③ WANG E P, ZHANG S W, ZHOU J, et al. Administrative errors and discontent: the case studies of mass incidents in China［J］. Asia-Pacific studies, 2014,1（1）：31-43.

④ GREENWOOD D, LEVIN M. An introduction to action research: social research for social change［M］. Los Angeles, CA: Sage, 1998.

参与主体正面临着公益性和营利性无法兼顾的尴尬境地。相较于非营利组织,企业参与社区养老的主要目的在于营利。在许多企业看来,参与社区养老成本较高,回报周期较长,如果离开政策的支持,难以长期维持运营。因此,大部分企业的参与积极性主要受其成本和投资回报的影响。我国在社区养老发展中强调了社会组织的重要作用。长期以来,我国大多数社会组织在事务执行上从属于政府机构,发挥着为政府补缺的作用。但在资金来源上,除了政府直接购买和委托服务等方式,社会组织大多在资金拨款上与政府脱离了关系,较少获得政策性补贴和支持。因此,许多社会组织依然需要靠提供额外的专业服务获得收益,维持基本运营[1]。

无论是企业还是社会组织,在社会发展的进程中都需要不断满足自身发展的需要。根据理性选择理论和成本—收益分析法,各主体在参与社区养老的过程中也在追求自身利益最大化。地方政府作为社区养老的引导者和推动者,目的在于通过一系列政府行为鼓励支持多元参与主体团结协作。企业、社会组织作为参与主体,其参与意愿在不同程度上受到地方政府行为的影响。地方政府行为通过影响参与主体获取的效用,进一步影响各主体的参与意愿。因此,本书在"政府行为—公民体验"双轮模型的思路引导下,构建出社区养老服务中地方政府行为影响多元主体参与社区养老意愿概念模型(BUI模型)的基本框架(见图4-2)。

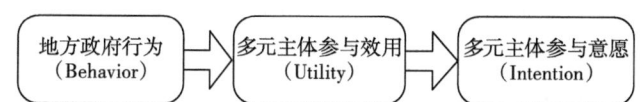

图4-2 地方政府行为影响多元主体参与社区养老意愿概念模型(BUI模型)的基本框架

资料来源:笔者绘制。

4.2.2 概念模型的内涵阐释及研究假设

地方政府行为影响多元主体参与社区养老意愿概念模型(BUI模型)主要分为三部分,即地方政府行为、多元主体参与效用、多元主体参与意

---

[1] 汪华. 合作何以可能:专业社会服务组织与基层社区行政力量的关系建构[J]. 社会科学, 2015(3): 82-89.

愿。基于文献梳理和前期访谈，本书将社区养老中的地方政府行为具体界定为公共政策供给行为、公共资源供给行为及监管机制建立行为，将多元主体具体界定为企业、社会组织和公众（见表 4-1）。

表 4-1 地方政府行为分类与多元主体分类界定

地方政府行为	公共政策供给行为
	公共资源供给行为
	监管机制建立行为
多元主体	企业
	社会组织
	公众

资料来源：笔者绘制。

4.2.2.1 地方政府行为影响多元主体参与效用的假设

在现代社会的公共事务管理中，地方政府更多地扮演着引导者和协调者的角色。企业、社会组织等在以地方政府为主导的社会治理中是重要的参与力量，其积极参与不仅有利于自身的发展壮大，更有利于增强对公共事务的治理能力，满足社会多元化的需求。因此，地方政府作为代表人民利益的行政机构，对吸引多元主体参与社会治理非常重视[1][2]。研究法团主义的学者认为，政府应与社会组织建立密切的合作关系，以实现社会经济的发展和繁荣[3][4]。简单来说，政府在无法完美实现自己的目标时，需要依靠其他社会组织来帮助其完成。对于是否参与社会事务管理，企业、社会组织和公众群体有着不同的考虑。基于理性选择理论，无论任何组织和个人，其行为都是理性的，都是以自身的利益和效用为出发点。倘若政府在社会治理中是基于社会公共利益的，那么政府又是如何通过政府行为来影

---

[1] CHUNG J Y, LEE J, HEATH R L. Public relations aspects of brand attitudes and customer activity[J]. Public relations review, 2013, 39 (5): 432-439.

[2] MCKEEVER B W. From awareness to advocacy: understanding nonprofit communication, participation, and support[J]. Journal of public relations research, 2013, 25 (4): 307-328.

[3] WHITING S H. The politics of NGO development in China[J]. Voluntas international journal of voluntary & nonprofit organizations, 1991, 2 (2): 16-48.

[4] GOLDSTEIN S M. China in transition: the political foundations of incremental reform[J]. China quarterly, 1995, 144 (144): 1105-1131.

第4章 地方政府行为影响多元主体参与社区养老意愿理论模型构建

响这些多元主体的参与行为呢？

从正向激励来看，政府从政策支持、公共资源供给等方面来增加参与主体的效用，增强获得感。傅金鹏研究发现，在地方政府主导的公益创投项目中，社会组织普遍根据社区公益需求设计项目，以期获取政府资助[①]。邓亚娅等通过对合作社参与可追溯行为的影响因素进行调查，发现在有政策优惠和政策扶持的前提下，参与主体普遍认为参与行为的效用得到提升[②]。在社会公共治理领域中，社会组织、企业等的效用不仅包括获取政府的资金援助、稀缺性关键性资源的支持，还包括树立良好的社会形象、提高社会和公众的认可度等[③]。社会组织为实现社会公益目的，应更好把握政策的方向性，更快了解社会需求，以便结合自身特点拓展新的服务领域，实现企业效用最大化。有研究发现，在低碳排放的大背景下，政府通过财政税收等政策对低碳制造商进行引导。制造商在政府行为的引导下，对比低碳政策带来的经济效益选择最优生产方案。制造商响应政府低碳环保政策，一方面可通过政府的奖励政策获取经济收益，另一方面能够在社会树立环保形象，提高企业竞争力，实现长远发展[④]。

从负向激励来看，监管和惩罚等措施也是规范市场和保障社会公平的基石。社会组织作为重要的社会力量，承担着维护自身权益和社会利益的责任。在政社分开的情境下，政府对社会治理的监管渠道越多、越透明，社会组织就越愿意参与社会事务的管理[⑤]。Davidoff 和 Arnstein 等通过个案访谈得出较为一致的结论：居民非常关注政府具体政策的执行效果以及执

[①] 傅金鹏. 社会组织提供公共服务的问责工具分析：以地方公益创投为例[J]. 中国行政管理, 2013(10)：36-41.
[②] 邓亚娅, 薛雨婷. 政府扶持政策对合作社参与可追溯行为的影响分析：基于江西省的调查数据[J]. 江西农业, 2018(4)：113-115.
[③] 高海虹. 政府购买社会组织服务的利益相关者分析[J]. 理论探讨, 2014(1)：158-161.
[④] 徐朗, 汪传旭, 杨清荃. 低碳背景下政府财税行为对制造商决策影响[J]. 工业工程, 2016, 19(3)：30-36.
[⑤] 周玉琴. 公民社会：制约政府权力的第三道防线[J]. 行政论坛, 2007(5)：93-97.

行过程中的监管机制是否合理,因为这与他们的生活状况息息相关①②。何寿奎指出,由于缺乏相关的监督和管理流程,社会组织和企业虽接受了政府的政策和资源支持,但并未将公共服务和产品的供给落到实处,从而给公众的利益带来损害,因此政府需要建立相对完善的监管评估机制,规范多元主体的行为。高海虹针对这一点也表示,对于公众而言,对公共事务、公共管理的关注和参与需要有效的途径,政府的监管机制越完善规范,公众的社会公平感的感知程度越高,对公众的参与行为越有利③。基于已有研究的梳理分析,参与主体的效用主要由两方面构成:一是获得的良好的社会形象、声誉和公众的认可等收益;二是需要付出的时间和金钱等成本。

综上分析,本书做出以下假设:

H_1:地方政府公共政策供给行为影响参与主体收益

H_2:地方政府公共资源供给行为影响参与主体收益

H_3:地方政府监管机制建立行为影响参与主体收益

H_4:地方政府公共政策供给行为影响参与主体成本

H_5:地方政府公共资源供给行为影响参与主体成本

H_6:地方政府监管机制建立行为影响参与主体成本

4.2.2.2 多元主体参与效用影响多元主体参与意愿的假设

在社会治理中,政府寻求多种方式吸引和鼓励社会组织、企业和公众的参与。研究表明,任何形式的参与行为都会以付出代价为前提,因此所付出的时间、精力、金钱等成本都将成为社会组织、企业和公众参与行为的重要影响因素。早在 1988 年,Cavusgil 等就发现了货币激励对促进公共

---

① DAVIDOFF P. Advocacy and pluralism in planning[J]. A reader in planning theory, 1973,31(4):277-296.

② ARNSTEIN S R. A ladder of citizen participation[J]. Journal of the American institute of planners, 1969,35(4):216-224.

③ 高海虹. 政府购买社会组织服务的利益相关者分析[J]. 理论探讨, 2014(1):158-161.

参与的有效性①。从理性选择理论视角出发，公众、社会组织、企业都是自身利益的追求者，理性的个体或组织会做出能实现效用最大化的决策。公众、社会组织、企业是否愿意参与社会公共事务和公共治理，也是基于利益的考量②。赵宇峰等通过调查问卷的形式，对公民公共事务的参与意愿进行了分析。结果显示，在影响公民的参与行为的因素中，公民权利和自身利益所占比例为35.3%。尤其在中西部及广大农村地区，更多的公民表示参与公共事务会占用时间和精力，在没有涉及自身利益的情况下不愿参与③。鉴于社区养老服务的供给呈现显著外部性特征，社会组织承担养老服务的成本和损耗较大。此外，由于养老服务需求趋于多元化，社会组织参与养老服务的投入风险也较大。在投资回报和风险补偿机制尚不完善的情况下，社会组织参与养老服务的积极性不高④。

在公共资源的供给中，社会组织和企业能够通过参与社区养老获取一定的稀缺公共资源，从而为自身发展带来好处。追求利益最大化是组织发展的最本质特征，然而一味在市场环境中追求经济利益也容易受到经济周期波动的影响，收益会随之增减。不同于市场经济活动，政府提供公共产品和服务获得的公益性收入相对较稳定。同时，社会组织和企业越来越重视社会责任，除了追求当下的利益，还会考虑通过履行社会责任树立良好的公众形象，这也将成为企业和社会组织宣传自身品牌的良好途径。

社会组织和企业参与公共资源的供给还能拉近与政府的距离，更容易在与政府的协商谈判中争取到更大的权益⑤。Fan 等用两种规范解释了参与

---

① CAVUSGIL S T, ELVEY – KIRK L A. Mail survey response behavior: a conceptualization of motivating factors and an empirical study[J]. European journal of marketing, 1998, 32 (11/12): 1165 – 1192.

② 邱梦华. 利益、认同与制度：城市基层社会组织的生长研究[J]. 上海大学学报（社会科学版）, 2015, 32 (3): 97 – 106.

③ 赵宇峰, 廖仕梅. 公民参与和政府行为有效性的提升[J]. 江苏行政学院学报, 2011(2): 103 – 107.

④ 何寿奎. 社会组织参与养老服务供给困境成因与治理对策研究[J]. 现代经济探讨, 2016(8): 5 – 9.

⑤ 田玉麒. 公共服务协同供给：基本内涵、社会效用与影响因素[J]. 云南社会科学, 2015(3): 7 – 13.

意愿的效用激励，即市场规范和社会规范。市场规范如前所述属于经济性因素，涉及参与者的成本和收益。社会规范则是指人们基于某些社会规则为社会做出贡献从而获得心理上的成就感，例如利他主义、礼貌和互惠[①]，通常并非以经济性来衡量受社会规范支配的行为，而是以一种主观上的心理感受。Bruning等从对话概念视角，发现社会身份的认同对公众和社会组织参与社会事务的行为产生积极的影响[②]。Gold等则采取实证手段，利用系统动力学模型对英国企业、社会组织和公民参与社区贫困治理的合作机制与作用路径进行了研究。他们发现，公共关系、声誉形象等非物质效用对社会多元参与主体有激励作用[③]。还有学者从共生理论视角解释了在社会治理过程中政府和社会组织之间的资源交互关系。我国进入社会主义市场经济体制以来，社会组织除对经济利益的追求外，还要考虑参与社会治理时承担的社会责任[④]。通过对城市社区积极分子的案例研究发现，社区积极分子参与社区公共事务和公共治理的目的在于追求社会报酬，包括荣誉、政治关心、社会交往等方面[⑤]。

综上分析，本书做出以下假设：

H_7：参与收益影响参与主体的参与意愿

H_8：参与成本影响参与主体的参与意愿

综上所述，本书构建出地方政府行为影响多元主体参与社区养老意愿概念模型——BUI模型（见图4-3）。

[①] HEYMAN J, DAN A. Effort for payment: a tale of two markets[J]. Psychological science, 2004, 15 (11): 787-793.

[②] BRUNING S D, DIALS M, SHIRKA A. Using dialogue to build organization - public relationships, engage publics, and positively affect organizational outcomes[J]. Public relations review, 2008, 34 (1): 25-31.

[③] GOLD S, MUTHURI J N, REINER G. Collective action for tackling "wicked" social problems: a system dynamics model for corporate community involvement[J]. Journal of cleaner production, 2018 (179): 662-673.

[④] 刘志辉. 政府与社会组织对称性互惠共生关系构建：基于国家治理能力现代化视角的分析[J]. 天津行政学院学报, 2017, 19 (3): 16-23.

[⑤] 李辉. 社会报酬与中国城市社区积极分子：上海市s社区楼组长群体的个案研究[J]. 社会, 2008, 28 (1): 97-117.

第 4 章　地方政府行为影响多元主体参与社区养老意愿理论模型构建

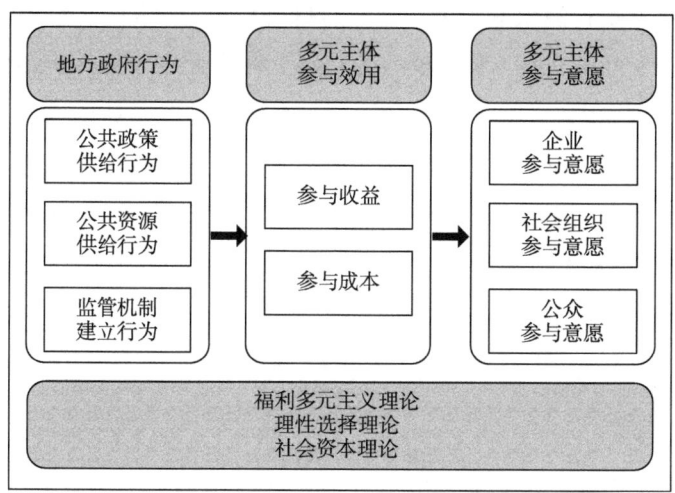

图 4-3　地方政府行为影响多元主体参与社区养老意愿概念模型（BUI 模型）
资料来源：笔者绘制。

4.2.3　分类构建子研究概念模型

在地方政府行为影响多元主体参与社区养老意愿的具体实践中，由于多元主体所处的角色位置不同，其付出的成本和获得的收益也有所不同。本书虽在前文对效用进行了区分，但未针对公众、企业、社会组织等参与主体进一步做出细分。对于公众来说，在参与公共事务时更多考虑的是个体利益和自我价值的实现，而企业和社会组织除了对经济利益的追求外，更看重的是社会形象和名誉[①]。对于参与主体的角色来说，公众在参与过程中多为公共服务的接受者，大多从公共服务是否满足自己的需求方面进行评判，也有部分公众从接受服务所需要付出的成本方面进行考虑[②]。与此相对，企业、社会组织等非个体参与主体从提供公共服务产生的效用价值方面进行评判，主要受生产服务的成本、生产服务过程中与政府沟通的

---

　　① 吴志敏. 城市公共危机治理下公众主动参与有效性研究：基于协同治理视角[J]. 学术界，2018（2）：159-169.
　　② EVANS L, MAIO G R, CORNER A, et al. Self-interest and pro-environmental behaviour[J]. Nature climate change, 2013, 3（2）：122-125.

话语权，以及是否能获取社会认可、口碑等影响①。因此，基于多元主体的不同效用，本书在基本概念模型的基础上对多元主体进一步细分，分别构建了三个子概念模型，即地方政府行为影响企业参与社区养老意愿概念模型（BUEI 模型）、地方政府行为影响社会组织参与社区养老意愿概念模型（BUSOI 模型）和地方政府行为影响公众参与社区养老意愿概念模型（BUPI 模型）。本书将在后面章节分别对三个子概念模型进行实证研究和验证（见图 4-4、图 4-5、图 4-6）。

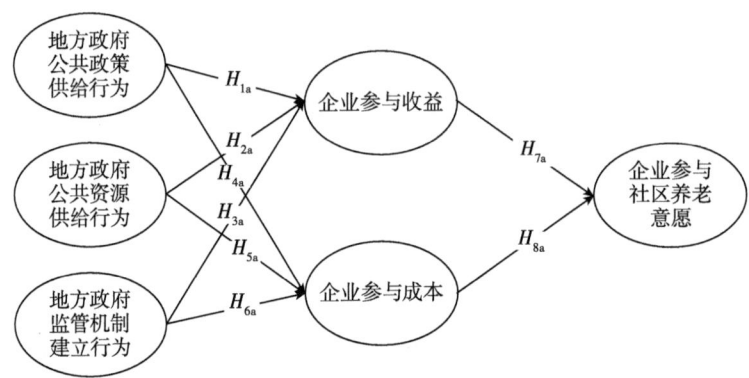

图 4-4　地方政府行为影响企业参与社区养老意愿概念模型（BUEI 模型）
资料来源：笔者绘制。

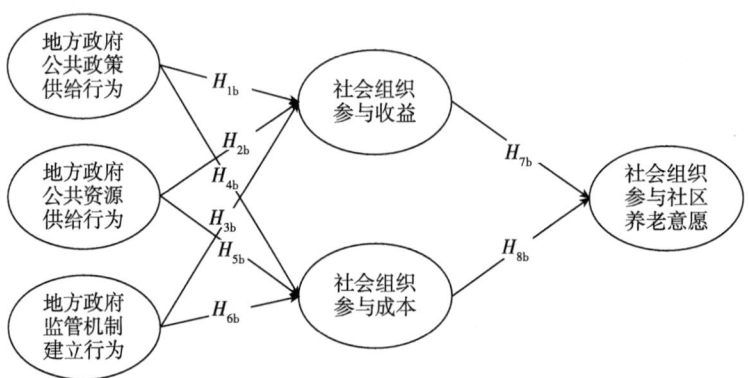

图 4-5　地方政府行为影响社会组织参与社区养老意愿概念模型（BUSOI 模型）
资料来源：笔者绘制。

---

①　萨瓦斯. 民营化与公私部门的伙伴关系［M］. 周志忍, 译. 北京：中国人民大学出版社, 2002.

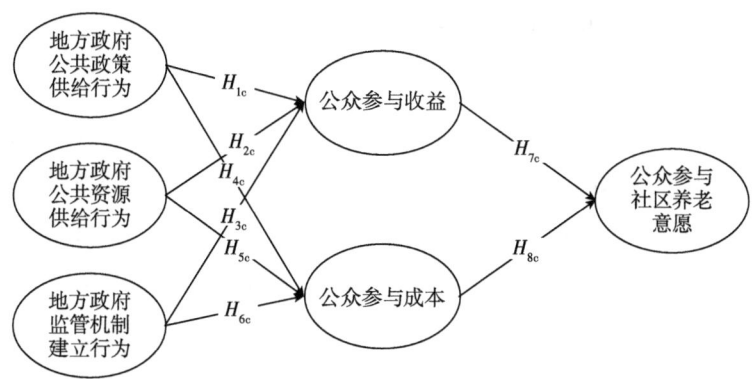

图 4-6　地方政府行为影响公众参与社区养老意愿概念模型（BUPI 模型）
资料来源：笔者绘制。

4.3　关于样本选择的说明

4.3.1　地方政府概念与样本选择

中国的地方政府一般分为省级政府、地市级政府、县级政府和乡级政府四级，四级政府在管理职能上又有着不同层次的差异。谢庆奎指出，中央政府进行最高层次和级别的决策，省级政府作为中央政府和其他下级地方政府沟通的桥梁与枢纽，主要承担传递中央政策思想、沟通和高层管理的任务。省级以下的地市级、县级和乡级政府则对省级政府的政策思想进行解读和具体落实，主要承担执行任务①。总体来看，中央—省级—省级以下政府机关分别从宏观—中观—微观的视角履行各自职能。在社区养老中承担政策解读与落实责任的主要是省级以下的地方政府。因此，本书在选取样本时考虑到社区养老的微观性特征，选定地市级地方政府作为研究对象，以期更为合理地探讨和解释地方政府行为对多元主体参与社区养老意愿的影响。

---

① 谢庆奎. 中国政府的府际关系研究[J]. 北京大学学报(哲学社会科学版),2000(1):26-34.

4.3.2 成都市社区养老的典型性分析

本书选取四川省成都市作为研究地方政府行为的样本区域，主要基于三方面原因。第一，城市区域文化特征。作为省会城市，成都市是四川省乃至整个西部地区的政治、经济和文化中心。成都市在西部地区多极核的发展格局中处于核心地位，为全省建设西部经济发展高地大局发挥"交通主枢纽、产业主支撑、城市主引擎、开放主阵地"的重要功能。成都市极具发展潜力的同时也极为开放，基于其较高的经济发展水平、优越的地理位置、多民族聚居的社会背景和多元化社会文化思想，把成都市社区养老服务作为研究对象探索社区养老服务发展的现状与问题，能从多层次和多角度研究社区养老服务，进而为其他城市提供借鉴和经验。第二，城市老龄化及人口特征。1982年，在维也纳举办的第一届老龄问题世界大会确定了老龄化的标准，即60岁及以上老年人口占总人口比例超过10%，则意味着该国家或地区进入了严重老龄化社会。截至2016年12月31日，成都市户籍人口中，60岁以上老年人口为2995268人，占户籍人口总数的21.41%，远超10%的严重老龄化标准，可以说成都市是一个老龄化极为严重的城市。成都市常住人口超过千万人，随着城镇化进程的加快，农村人口涌入城市的数量大幅提高，老年人口的数量增加，成都市社会老龄化的严重程度加剧，因而成都市面临着更严重的养老问题。研究成都市社区养老服务，一方面能够为其他严重老龄化城市提供借鉴参考，另一方面也为尚未步入严重老龄化的城市的养老服务问题提供思路和预防措施。第三，社区养老发展特征。近年来，成都市政府高度重视社区养老服务的发展，自2015年先后出台了《成都市人民政府关于加快养老服务业创新发展的实施意见》（成府发〔2015〕6号）、《成都市民政局、财政局关于加快推进社区养老院建设工作的通知》（成民发〔2016〕31号）、《成都市民政局关于印发〈成都市社区日间照料中心管理办法〉的通知》（成民发〔2016〕63号）、《成都市民政局、财政局关于印发成都市居家和社区养老服务改革试点方案的通知》（成民发〔2017〕38号）等政策文件，在制度建设、财政开支管理、队伍建设以及社会意识培养方面都取得了丰硕成果。在社区养老服务的实践中，相比 2015 年，截至 2016 年底，全市共有养老机构 477 家，增加了 168 家；床位 112494 张，增加了 23300 张，床位数占老年人口的比例为 3.76%。同时，成都市社区养老服务还关注老年人群体的权利维护，截至 2016 年底，共建成 23 个法律援助中心、517 个法律援助工作站、4445 个法律援助联络点，为符合法律援助条件的老年人提供法律援助的覆盖面达到 100%。总体来看，成都市虽初步建立起较为完善的社区养老服务体系，但在社区养老服务发展中，成都市试点社区仍然普遍存在"重物质轻精神""重整体轻个性"的问题。因此，以成都市为研究对象进行分析，对全国城市社区养老服务的建设发展有着较为普遍的探索意义。

第5章 地方政府行为影响企业参与社区养老意愿的实证研究

地方政府的职责不仅在于推动地区经济的发展，还包括保障公共福利、建设文化环境、落实环境保护、推进安全保障等，政府必须承担起更多的社会责任。在老龄化趋势席卷全球的今天，地方政府在面临家庭养老功能弱化、公共财力和物力有限的情况下，必须尽快寻找出路来缓解老龄化带来的社会危机。同时，企业作为社会发展中的重要组成部分也应当积极承担起社会养老的责任，履行企业的社会责任。

5.1 变量定义与测量

本章的子概念模型阐释了地方政府行为如何通过影响企业参与社区养老效用，进一步影响企业参与社区养老意愿。子模型包含地方政府行为、企业参与社区养老效用、企业参与社区养老意愿三个变量。

5.1.1 地方政府行为

地方政府作为社区养老的推动者和引导者，把握着政策方向，掌握着稀缺公共资源。地方政府通过实施公共政策供给、公共资源供给和监管机制建立等行为鼓励和支持企业进入社区养老领域。地方政府的公共政策供给行为主要通过财政补贴、税收优惠、融资贷款、市场准入等政策支持企业进入[1][2]。公共

---

[1] 杜剑,汤晓建,杜东英. 政府行为、融资环境与融资意愿:基于贵州中小企业融资数据分析[J]. 会计之友,2014(10):59-63.

[2] 古祖雪. 论企业行为与政府行为的关系:关于社会主义市场经济体制的哲学思考[J]. 湖南社会科学,1993(6):37-41.

资源供给行为主要通过公共产品和服务的传递来实现,具体表现为地方政府通过供给场所资源、协调社区资源、提供人才资源、优化审批流程等方式鼓励企业参与社区养老[①]。监管机制建立行为是指地方政府为保证社区养老参与主体拥有良好的市场环境而设立的监督管理机制,具体表现为地方政府的养老服务运营制度、养老服务评估机制、资金使用披露制度、同业竞争监督机制[②③④]。由此形成地方政府公共政策供给行为、公共资源供给行为和监管机制建立行为的测量题项(见表5-1、表5-2、表5-3)。

表5-1 地方政府公共政策供给行为的测量题项——企业参与

编码	测量题项	题项来源
1	地方政府具有完善的财政补贴政策	杜剑等(2014)、古祖雪(1993)
2	地方政府具有完善的税收优惠政策	
3	地方政府具有完善的融资贷款政策	
4	地方政府具有完善的市场准入政策	

资料来源:笔者绘制。

表5-2 地方政府公共资源供给行为的测量题项——企业参与

编码	测量题项	题项来源
5	地方政府能够供给场所资源	姜玉贞(2017)、郭林(2014)
6	地方政府能够协调社区资源	
7	地方政府能够提供人才资源	
8	地方政府能够优化审批流程	

资料来源:笔者绘制。

---

① 郭林.民营资本参与养老服务体系建设的研究现状与思考[J].华中师范大学学报(人文社会科学版),2014,53(2):29-34.

② 马海刚,耿晔强.中部地区乡镇企业绩效的影响因素分析:基于结构方程模型的实证研究[J].中国农村经济,2008(5):56-64.

③ 王露,仲伟俊,梅姝娥.企业参与公共产品技术创新的方式研究[J].软科学,2012,27(7):6-10.

④ 侯惠荣.以"互联网+"促进居家养老服务业供给侧改革[J].中央社会主义学院学报,2016(6):94-99.

表5–3 地方政府监管机制建立行为的测量题项——企业参与

编码	测量题项	题项来源
9	地方政府具有完善的养老服务运营制度	姜玉贞（2017）、王露等（2012）、侯惠荣（2016）
10	地方政府具有完善的养老服务评估机制	
11	地方政府具有完善的资金使用披露制度	
12	地方政府具有完善的同业竞争监督机制	

资料来源：笔者绘制。

5.1.2 企业参与社区养老效用

企业参与社区养老效用可分为两部分。第一，企业参与社区养老所获得的收益。企业参与社区养老所获收益不仅体现在经济利益上，还表现为提升社会形象、提高口碑声誉以及加强政治地位。第二，企业参与社区养老所付出的成本。企业是市场主体，营利是首要目标，现阶段我国社区养老服务属于投资高、回报期长的行业，企业在进入养老领域时必然考虑成本问题。由此形成企业参与社区养老的收益和成本的测量题项（见表5–4、表5–5）。

表5–4 企业参与社区养老收益的测量题项

编码	测量题项	题项来源
13	参与社区养老能增加经济利益	高海虹（2014）、Golan（2006）
14	参与社区养老能提升社会形象	
15	参与社区养老能提高口碑声誉	
16	参与社区养老能加强政治地位	

资料来源：笔者绘制。

表5–5 企业参与社区养老成本的测量题项

编码	测量题项	题项来源
17	参与社区养老能降低管理运营成本	杨燕绥（2015）、邓汉慧等（2015）、访谈整理
18	参与社区养老能减少资源获取成本	
19	参与社区养老能降低市场进入成本	
20	参与社区养老能减少社会关系维护成本	

资料来源：笔者绘制。

5.1.3 企业参与社区养老意愿

参与意愿是参与行为的前提，因此本书对各主体参与意愿进行测量。参与意愿越强代表参与行为可能性越高。在其他领域的研究中，这种测量方法已被不少学者使用过并取得了不错的效果。郑小勇在对行业协会影响企业参与合作的因素研究中，应用了企业的参与意愿来进行实证研究[①]。秦涛等以效用价值理论为基础分析了林业企业参与森林保险的影响因素，同样应用参与意愿进行实证研究[②]。对于参与意愿的测量，已有研究为本书提供了丰富的参考和借鉴。王露等在对企业参与公共产品创新机制的研究中发现企业参与意愿可以通过是否与政府合作、研发投入、后期服务持续性等方面来衡量[③]。由此形成企业参与社区养老意愿的测量题项（见表5-6）。

表5-6 企业参与社区养老意愿的测量题项

编码	测量题项	题项来源
21	本单位愿意积极参与社区养老	郑小勇（2008）、秦涛等（2014）、王露等（2012）
22	本单位愿意加大投入参与社区养老	
23	本单位愿意把参与社区养老作为长期工作	

资料来源：笔者绘制。

5.2 预测试及量表检验

在正式测试前应对测试量表进行预测试，经成都市社会福利与养老服务协会及成都市民政局工作人员推荐，笔者选择了3家在成都市当地较为活跃的，曾在四川国际健康和养老产业博览会注册参展，涉及医疗、科技、家政、地产等各方面老龄服务的企业作为预测试调查样本，针对其企业管理者、部门主管发放问卷，共计90份，回收有效问卷83份（样本量$N=83$）。根据问卷结果，用SPSS软件将相关数据计算后对量表问题进行纯化处理，删除Item-Total相关系数较低的个别题项后，其他测量题项基本符合正式测试问卷所需要求。在满足了以上要求后，组织本研究专业领

---

① 郑小勇. 行业协会对集群企业外生性集体行动的作用机理研究[J]. 社会学研究, 2008(6): 108-130.

② 秦涛, 顾雪松, 邓晶, 等. 林业企业的森林保险参与意愿与决策行为研究: 基于福建省林业企业的调研[J]. 农业经济问题, 2014, 35(10): 95-102.

③ 王露, 仲伟俊, 梅姝娥. 企业参与公共产品技术创新的方式研究[J]. 软科学, 2012, 27(7): 6-10.

域有关学者和专家成立焦点小组，通过面对面访谈形式与部分被试人员再次进行深度交流，进一步梳理原调查问卷中各题项语句表述，修订完善语义使被试人员更容易理解。经过上述操作步骤，最终形成用于正式测试的测量题项（见表5-7）。问卷对所有测量题项均采用李克特7点量表形式，即用数字1代表"非常不同意"、数字7代表"非常同意"，获取被试人员关于地方政府公共政策供给行为、地方政府公共资源供给行为、地方政府监管机制建立行为、参与主体收益、参与主体成本和参与社区养老意愿的直接信息反馈。

表5-7 正式测试量表——企业参与

潜变量	测量题项	Item-Total 相关系数	Cronbach's α	正式编号
地方政府公共政策供给行为	XA1：地方政府具有完善的财政补贴政策	0.859	0.909	XA1
	XA2：地方政府具有完善的税收优惠政策	0.850		XA2
	XA3：地方政府具有完善的融资贷款政策	0.708		XA3
	XA4：地方政府具有完善的市场准入政策	0.768		XA4
地方政府公共资源供给行为	XB1：地方政府能够供给场所资源	0.796	0.847	XB1
	XB2：地方政府能够协调社区资源	0.657		XB2
	XB3：地方政府能够提供人才资源	0.698		XB3
	XB4：地方政府能够优化审批流程	0.653		XB4
地方政府监管机制建立行为	XC1：地方政府具有完善的养老服务运营制度	0.742	0.892	XC1
	XC2：地方政府具有完善的养老服务评估机制	0.782		XC2
	XC3：地方政府具有完善的资金使用披露制度	0.812		XC3
	XC4：地方政府具有完善的同业竞争监督机制	0.714		XC4
参与主体收益	YA1：参与社区养老能增加经济利益	0.757	0.890	YA1
	YA2：参与社区养老能提升社会形象	0.703		YA2
	YA3：参与社区养老能提高口碑声誉	0.795		YA3
	YA4：参与社区养老能加强政治地位	0.785		YA4
参与主体成本	YB1：参与社区养老能降低管理运营成本	0.836	0.900	YB1
	YB2：参与社区养老能减少资源获取成本	0.713		YB2
	YB3：参与社区养老能降低市场进入成本	0.834		YB3
	YB4：参与社区养老能减少社会关系维护成本	0.738		YB4

续表

潜变量	测量题项	Item-Total 相关系数	Cronbach's α	正式编号
参与社区养老意愿	ZZ1：本单位愿意积极参与社区养老	0.734	0.884	ZZ1
	ZZ2：本单位愿意加大投入参与社区养老	0.814		ZZ2
	ZZ3：本单位愿意把参与社区养老作为长期工作	0.781		ZZ3

资料来源：笔者绘制。

5.3 正式测试样本和数据

在选取正式测试样本的过程中，由于缺乏社区养老相关公开数据库和企业资料，笔者经成都市社会福利与养老服务协会推荐并在成都市民政局有关处室工作人员的帮助下，根据成都市企业黄页登记信息，初步选择了成都市锦江区、青羊区、金牛区、武侯区、成华区和高新区共82家卫生、社保、福利相关企业。经过筛选，选取了主营业务为养老产品及服务、对成都市6大主城区区域覆盖范围较为均衡的24家企业作为正式测试样本。实地调研于2016年1—2月展开，邀请公共管理专业本科大三学生作为研究助理，对选取的24家企业中高层管理人员进行了访谈，共发放问卷200份，回收有效问卷171份，回收率达85.5%，有效样本量达到测量题项数量的5倍，在样本完整性和有效性上符合要求。正式测试调查问卷的样本人口统计量表如表5-8所示。

表5-8 样本人口统计量表——企业参与

人口统计变量	变量取值	人数/人	百分比/%
性别	男性	83	48.5
	女性	88	51.5
年龄	30岁及以下	42	24.6
	31~40岁	70	40.9
	41~50岁	38	22.2
	51~60岁	21	12.3
	61岁及以上	0	0

续表

人口统计变量	变量取值	人数/人	百分比/%
受教育水平	高中及以下	5	2.9
	大专及本科	137	80.1
	研究生及以上	29	17.0
职务	中层管理人员	129	75.4
	高层管理人员	42	24.6
税前月均收入	5000 元及以下	3	1.8
	5001~6000 元	44	25.7
	6001~8000 元	68	39.8
	8001 元及以上	56	32.7

资料来源：笔者绘制。

5.4 信度和效度检验

由于本书主要通过文献梳理和焦点小组访谈最终形成测量量表的题项，因此需要对概念模型中的自变量和因变量进行探索性因子分析（Exploratory Factor Analysis，EFA）。在进行 EFA 检验之前，本书采用 KMO 度量（Kaiser – Meyer – Olkin Measure of Sampling Adequacy）和 Bartlett's 球形度检验（Bartlett's Sphericity Test）来检验样本数据是否适合做因子分析。本书使用 SPSS 20 软件对测量量表的自变量和因变量进行分析，得到的样本 KMO 值为 0.914，表明样本数据良好；Bartlett's 球形度检验结果显示，自由度为 253，卡方值为 3209.971（$p = 0.000$），表明样本数据适合进行 EFA 检验（见表 5 – 9）。

表 5 – 9　KMO 度量和 Bartlett's 球形度检验结果表——企业参与

Kaiser – Meyer – Olkin 度量		0.914
Bartlett's 球形度检验	卡方值	3209.971
	df	253
	Sig.	0.000

资料来源：笔者绘制。

首先，本书采用主成分分析（Principal Components Analysis）方法提取因子，对初始因子进行有效探索，并使用方差最大正交旋转法（Varimax

对因子分组进行合理解释。经旋转后保留因子载荷大于0.5的测量题项，得到因子载荷矩阵（见表5-10）。

表5-10 因子载荷矩阵表——企业参与

潜变量	测量题项	成分					
		1	2	3	4	5	6
地方政府监管机制建立行为	XC3	0.788					
	XC2	0.776					
	XC1	0.691					
	XC4	0.635					
参与主体成本	YB2		0.818				
	YB1		0.815				
	YB3		0.799				
	YB4		0.765				
地方政府公共政策供给行为	XA2			0.763			
	XA1			0.738			
	XA3			0.731			
	XA4			0.642			
参与社区养老意愿	ZZ2				0.838		
	ZZ1				0.778		
	ZZ3				0.723		
地方政府公共资源供给行为	XB1					0.817	
	XB4					0.735	
	XB2					0.672	
	XB3					0.618	
参与主体收益	YA4						0.828
	YA3						0.754
	YA1						0.562
	YA2						0.521

资料来源：笔者绘制。

其次，采用Anderson等提出的经典分析方法对样本数据进行验证性因子分析（Confirmative Factor Analysis，CFA），用来检测样本数据的信度和效度①。使用 Mplus 7 软件对样本数据进行分析②，得出数据结果：χ^2 = 497.140（df = 215），p = 0.000。拟合指标中，检验结果：χ^2/df = 2.310，CFI = 0.910，TLI = 0.907，$RMSEA$ = 0.068，$SRMR$ = 0.056。对比评判标准：χ^2/df < 3，CFI > 0.900，TLI > 0.900，$RMSEA$ < 0.080，$SRMR$ < 0.080，表明模型整体拟合效果较好（见表 5 – 11）③。

表 5 – 11　CFA 拟合指标表——企业参与

	χ^2/df	CFI	TLI	RMSEA	SRMR
评判标准	<3	>0.900	>0.900	<0.080	<0.080
检验结果	2.310	0.910	0.907	0.068	0.056

资料来源：笔者绘制。

再次，检查样本数据测量的信度和聚敛效度（见表 5 – 12）。结果显示，所有潜变量的建构信度（Composite Reliability, CR）均高于 0.70，表明样本数据测量具有较好的信度。另外，测量题项的观察变量与所对应的潜变量的标准化因子载荷（λ）均高于 0.70，并且 t 值在 p = 0.000 的置信水平下显著，每一个潜变量的平均方差抽取量（Average Variance Extracted, AVE）均高于 0.50，表明样本数据测量具有较好的聚敛效度。

表 5 – 12　信度和聚敛效度表——企业参与

潜变量	测量题项	λ	t 值	CR	AVE
地方政府 公共政策供给行为	XA1	0.922	56.163	0.913	0.725
	XA2	0.891	45.168		
	XA3	0.746	20.111		
	XA4	0.837	31.831		
地方政府 公共资源供给行为	XB1	0.840	26.881	0.861	0.609
	XB2	0.758	19.650		
	XB3	0.805	23.493		
	XB4	0.712	16.027		

---

① ANDERSON J C, GERBING D W. Structural equation modeling in practice : a review and recommended two – step approach[J]. Psychological bulletin, 1988,103（3）: 411 – 423.

② MUTHEN L, MUTHEN B. Mplus user's guide[M]. Los Angeles, CA: Muthen & Muthen, 2010.

③ HAIR J F, BLACK W C, BABIN B J, et al. Multivariate data analysis [M]. Beijing: China Machine Press, 2011.

续表

潜变量	测量题项	λ	t值	CR	AVE
地方政府监管机制建立行为	XC1	0.799	24.658	0.895	0.680
	XC2	0.852	32.583		
	XC3	0.868	35.172		
	XC4	0.776	22.154		
参与主体收益	YA1	0.826	27.816	0.893	0.677
	YA2	0.758	20.523		
	YA3	0.869	34.878		
	YA4	0.833	28.667		
参与主体成本	YB1	0.915	51.501	0.902	0.701
	YB2	0.727	18.535		
	YB3	0.925	54.692		
	YB4	0.762	21.596		
参与社区养老意愿	ZZ1	0.793	23.444	0.885	0.721
	ZZ2	0.876	35.186		
	ZZ3	0.875	34.786		

资料来源：笔者绘制。

最后，检查测量的辨别效度（见表5-13）。结果显示，每一个潜变量的 AVE 平方根均大于该潜变量与其他潜变量之间的相关系数，表明样本数据测量具有较好的辨别效度。

表5-13　辨别效度表——企业参与

	地方政府公共政策供给行为	地方政府公共资源供给行为	地方政府监管机制建立行为	参与主体收益	参与主体成本	参与社区养老意愿
地方政府公共政策供给行为	0.852					
地方政府公共资源供给行为	0.734	0.780				
地方政府监管机制建立行为	0.750	0.752	0.825			
参与主体收益	0.696	0.642	0.647	0.822		
参与主体成本	0.546	0.503	0.588	0.657	0.837	
参与社区养老意愿	0.527	0.485	0.622	0.775	0.629	0.849

资料来源：笔者绘制。

注：对角线上的数值为各潜变量的 AVE 的平方根，对角线下的数值为潜变量之间的相关系数。

5.5 假设检验

本书主要使用 Mplus 7 软件对样本数据进行分析。结果显示，概念模型整体拟合指标为 $\chi^2 = 525.497$（$df=219$），$p=0.000$。拟合指标中，检验结果：$\chi^2/df=2.400$，$CFI=0.903$，$TLI=0.902$，$RMSEA=0.073$，$SRMR=0.069$。对比评判标准：$\chi^2/df<3$，$CFI>0.900$，$TLI>0.900$，$RMSEA<0.080$，$SRMR<0.080$，表明概念模型整体拟合效果较好（见表5-14）。

表 5-14 概念模型整体拟合指标表——企业参与

	χ^2/df	CFI	TLI	RMSEA	SRMR
评判标准	<3	>0.900	>0.900	<0.080	<0.080
检验结果	2.400	0.903	0.902	0.073	0.069

资料来源：笔者绘制。

再使用 Mplus 7 软件分析样本数据，得到概念模型路径分析指标（见表5-15）。

表 5-15 概念模型路径分析指标表——企业参与

假设路径	标准化路径系数 β	p 值	假设检验结果
地方政府公共政策供给行为→参与主体收益	0.214	0.004	接受
地方政府公共资源供给行为→参与主体收益	0.253	0.007	接受
地方政府监管机制建立行为→参与主体收益	0.403	0.003	接受
地方政府公共政策供给行为→参与主体成本	0.378	0.001	接受
地方政府公共资源供给行为→参与主体成本	0.167	0.012	接受
地方政府监管机制建立行为→参与主体成本	0.260	0.005	接受
参与主体收益→参与社区养老意愿	0.256	0.000	接受
参与主体成本→参与社区养老意愿	0.629	0.001	接受

资料来源：笔者绘制。

根据观察变量与所对应的潜变量的标准化因子载荷（λ）（见表5-16）及潜变量之间标准化路径系数（β）对应指标值，形成概念模型检验结果图（见图5-1）。

表 5-16 标准化因子载荷表——企业参与

潜变量	测量题项	λ
地方政府 公共政策供给行为	XA1	0.920
	XA2	0.891
	XA3	0.746
	XA4	0.838
地方政府 公共资源供给行为	XB1	0.837
	XB2	0.760
	XB3	0.808
	XB4	0.708
地方政府 监管机制建立行为	XC1	0.800
	XC2	0.854
	XC3	0.863
	XC4	0.775
参与主体收益	YA1	0.827
	YA2	0.748
	YA3	0.873
	YA4	0.837
参与主体成本	YB1	0.921
	YB2	0.724
	YB3	0.920
	YB4	0.761
参与社区养老意愿	ZZ1	0.783
	ZZ2	0.873
	ZZ3	0.872

资料来源：笔者绘制。

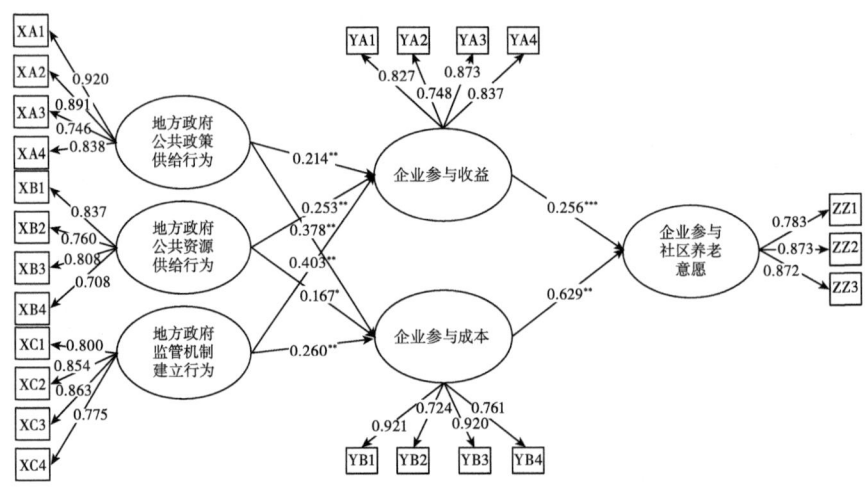

图 5-1 地方政府行为影响企业参与社区养老意愿概念模型（BUEI 模型）检验结果
资料来源：笔者绘制。
注：＊＊＊、＊＊、＊分别表示回归系数在 $p<0.001$、$p<0.01$、$p<0.05$ 的置信水平下显著。

概念模型拟合指标结果显示，对于企业而言，地方政府公共政策供给行为对参与主体收益的影响路径系数 $\beta=0.214$ （$p<0.01$），地方政府公共资源供给行为对参与主体收益的影响路径系数 $\beta=0.253$ （$p<0.01$），地方政府监管机制建立行为对参与主体收益的影响路径系数 $\beta=0.403$ （$p<0.01$），原假设 H_{1a}、H_{2a}、H_{3a} 均得到实证数据检验支持。地方政府公共政策供给行为对参与主体成本的影响路径系数 $\beta=0.378$ （$p<0.01$），地方政府公共资源供给行为对参与主体成本的影响路径系数 $\beta=0.167$ （$p<0.05$），地方政府监管机制建立行为对参与主体成本的影响路径系数 $\beta=0.260$ （$p<0.01$），原假设 H_{4a}、H_{5a}、H_{6a} 均得到实证数据检验支持。同时，参与主体收益对参与社区养老意愿的影响路径系数 $\beta=0.256$ （$p<0.001$），参与主体成本对参与社区养老意愿的影响路径系数 $\beta=0.629$ （$p<0.01$），原假设 H_{7a}、H_{8a} 也均得到实证数据检验支持。因此，地方政府行为对企业参与社区养老效用具有显著的正向影响，企业参与社区养老效用又进一步正向影响企业参与社区养老意愿，说明地方政府行为能够通过效用传导来促进企业积极参与社区养老。

5.6　实证研究结论

研究结果显示，地方政府的公共政策供给行为、公共资源供给行为和监管机制建立行为均对企业参与社区养老所获得的效用具有正向影响，表明地方政府的一系列行为能够为企业参与带来收益的增加和成本的减少。为了达成合作，政府会通过政策行为，迎合参与主体的利益诉求，利用正向激励使参与主体的收益增加，或是利用负面激励规范企业行为，降低经营风险。因此，若企业感知到政府行为能提高收益或降低成本，则企业参与社区养老的意愿会大幅提高。

第6章 地方政府行为影响社会组织参与社区养老意愿的实证研究

本书在前面章节对社会组织的内涵进行了界定，这里的社会组织是指除企业以外的所有非营利性社会组织。在公共服务社会化进程中，政府为更好地在宏观领域实现政策引导、进行总体把控，逐渐将原本全部承担的提供公共服务的责任转移给企业和社会组织。政府在社区养老的发展中积极寻求与社会资本的合作，因此社会组织也成为政府鼓励和培育的主要社会力量。

6.1 变量定义与测量

6.1.1 地方政府行为

在社区养老中，社会组织与企业一样，也是受地方政府重视的参与主体。因此，地方政府行为的表现形式整体上是相似的，只是在具体的政策内容上有所不同，如财政补贴额度、税收比例、公共资源的具体供给等。本章为了保持模型中因子测量的一致性，尽量保持测量题项的一致性和完整性，将沿用上一章关于地方政府行为的测量题项（见表6-1、表6-2、表6-3）。

表6-1 地方政府公共政策供给行为的测量题项——社会组织参与

编码	测量题项	题项来源
1	地方政府具有完善的财政补贴政策	杜剑等（2014）、古祖雪（1993）
2	地方政府具有完善的税收优惠政策	
3	地方政府具有完善的融资贷款政策	
4	地方政府具有完善的市场准入政策	

资料来源：笔者绘制。

表6-2 地方政府公共资源供给行为的测量题项——社会组织参与

编码	测量题项	题项来源
5	地方政府能够供给场所资源	姜玉贞（2017）、郭林（2014）
6	地方政府能够协调社区资源	
7	地方政府能够提供人才资源	
8	地方政府能够优化审批流程	

资料来源：笔者绘制。

表6-3 地方政府监管机制建立行为的测量题项——社会组织参与

编码	测量题项	题项来源
9	地方政府具有完善的养老服务运营制度	姜玉贞（2017）、王露等（2012）、侯惠荣（2016）
10	地方政府具有完善的养老服务评估机制	
11	地方政府具有完善的资金使用披露制度	
12	地方政府具有完善的同业竞争监督机制	

资料来源：笔者绘制。

6.1.2 社会组织参与社区养老效用

根据效用价值理论，行为主体在做出决策时往往受到主观意识的影响。其主观意识依赖于对所处环境和未来发展的期望，一般用获取的利益和产生的损失来衡量。在传统观念中，社会组织参与社区养老是履行其应有的职责，但社会组织的生存和发展离不开资金和资源的支持，因此效用价值理论能较好地诠释其参与社区养老的动机和意愿。社会组织在其生存和发展中，与企业一样要考虑运营成本和收益问题[①]。相较于企业，社会组织的收益主要来自社会各界的捐赠和政府的财政支持[②]，因此社会组织可能只对维持其运营的收益较为关注，而对超出部分的利润关注较少。社会组织在与政府的合作中，更多的是关注社会形象的提升、公益性责任的

[①] 田玉麒. 公共服务协同供给：基本内涵、社会效用与影响因素[J]. 云南社会科学, 2015 (3): 7-13.

[②] 徐祖荣. 社会组织与公共服务主体多元化：基于浙江的研究[J]. 理论与改革, 2009 (1): 35-38.

落实①，以及社会治理话语权的获取等②。由此形成社会组织参与社区养老的收益和成本的测量题项（见表6－4、表6－5）。

表6－4 社会组织参与社区养老收益的测量题项

编码	测量题项	题项来源
13	参与社区养老能获取捐赠收益	徐祖荣（2009）、田玉麒（2015）、肖建华等（2010）、刘志辉（2017）、Bruning et al.（2008）
14	参与社区养老能提升社会形象	
15	参与社区养老能落实公益性责任	
16	参与社区养老能获取治理话语权	

资料来源：笔者绘制。

表6－5 社会组织参与社区养老成本的测量题项

编码	测量题项	题项来源
17	参与社区养老能降低管理运营成本	杨燕绥（2015）、邓汉慧等（2015）、访谈整理
18	参与社区养老能减少资源获取成本	
19	参与社区养老能降低市场进入成本	
20	参与社区养老能减少社会关系维护成本	

资料来源：笔者绘制。

6.1.3 社会组织参与社区养老意愿

社会组织因其特有的公益性、服务性、灵活性等特点，在社区养老中扮演着政府和市场不能替代的角色。在社区载体中，虽然社会组织提供养老服务有着得天独厚的基础性优势，但是在社会资源的获取上却能力有限。政府与社会组织通过合作来发展社区养老服务，既能缓解政府的压力也能在一定程度上满足社会组织自身的发展需求。社会组织在社区养老中的参与行为表现为养老服务的管理递送、服务人员的投入和服务内容的设计③。借鉴上一章的研究方法，由此形成社会组织参与社区养老意愿的测

---

① 刘志辉. 政府与社会组织对称性互惠共生关系构建：基于国家治理能力现代化视角的分析[J]. 天津行政学院学报，2017,19（3）：16－23.

② BRUNING S D, DIALS M, SHIRKA A. Using dialogue to build organization－public relationships, engage publics, and positively affect organizational outcomes[J]. Public relations review, 2008,34（1）：25－31.

③ 李长远. 社会组织参与居家养老服务的困境及政策支持：基于资源依赖的视角[J]. 内蒙古社会科学（汉文版），2015,36（4）：166－170.

量题项（见表 6-6）。

表 6-6 社会组织参与社区养老意愿的测量题项

编码	测量题项	题项来源
21	本单位愿意积极参与社区养老	郑小勇（2008）、秦涛等（2014）、王露等（2012）
22	本单位愿意加大投入参与社区养老	
23	本单位愿意把参与社区养老作为长期工作	

资料来源：笔者绘制。

6.2 预测试及量表检验

在正式测试之前需要进行预测试，对测量题项进行最后的修订和完善。经成都市社会福利与养老服务协会推荐，笔者分别联系了 4 家在成都市当地较为活跃的、关爱老人的社会组织，向有关单位各级管理人员共计发放问卷 70 份，回收有效问卷 67 份（样本量 $N=67$）。根据问卷结果，用 SPSS 软件将相关数据计算后对量表问题进行纯化处理，删除 Item - Total 相关系数较低的个别题项后，其他测量题项基本符合正式测试问卷所需要求。接着，组织本研究专业领域有关学者和专家成立焦点小组，通过面对面访谈形式与部分被试人员再次进行深度交流，进一步梳理原调查问卷中各题项语句表述，修订完善语义使被试人员更容易理解。经过上述操作步骤，最终形成用于正式测试的测量题项（见表 6-7）。问卷对所有测量题项均采用李克特 7 点量表形式，即用数字 1 代表"非常不同意"、数字 7 代表"非常同意"，获取被试人员关于地方政府公共政策供给行为、地方政府公共资源供给行为、地方政府监管机制建立行为、参与主体收益、参与主体成本和参与社区养老意愿的直接信息反馈。

表6-7 正式测试量表——社会组织参与

潜变量	测量题项	Item-Total 相关系数	Cronbach's α	正式编号
地方政府公共政策供给行为	XA1：地方政府具有完善的财政补贴政策	0.854	0.789	XA1
	XA2：地方政府具有完善的税收优惠政策	0.849		XA2
	XA3：地方政府具有完善的融资贷款政策	0.720		XA3
	XA4：地方政府具有完善的市场准入政策	0.569		删除
地方政府公共资源供给行为	XB1：地方政府能够供给场所资源	0.794	0.772	XB1
	XB2：地方政府能够协调社区资源	0.646		XB2
	XB3：地方政府能够提供人才资源	0.704		XB3
	XB4：地方政府能够优化审批流程	0.531		删除
地方政府监管机制建立行为	XC1：地方政府具有完善的养老服务运营制度	0.756	0.728	XC1
	XC2：地方政府具有完善的养老服务评估机制	0.785		XC2
	XC3：地方政府具有完善的资金使用披露制度	0.525		删除
	XC4：地方政府具有完善的同业竞争监督机制	0.726		XC3
参与主体收益	YA1：参与社区养老能获取捐赠收益	0.756	0.888	YA1
	YA2：参与社区养老能提升社会形象	0.689		YA2
	YA3：参与社区养老能落实公益性责任	0.783		YA3
	YA4：参与社区养老能获取治理话语权	0.786		YA4
参与主体成本	YB1：参与社区养老能降低管理运营成本	0.829	0.895	YB1
	YB2：参与社区养老能减少资源获取成本	0.724		YB2
	YB3：参与社区养老能降低市场进入成本	0.828		YB3
	YB4：参与社区养老能减少社会关系维护成本	0.704		YB4
参与社区养老意愿	ZZ1：本单位愿意积极参与社区养老	0.735	0.884	ZZ1
	ZZ2：本单位愿意加大投入参与社区养老	0.818		ZZ2
	ZZ3：本单位愿意把参与社区养老作为长期工作	0.785		ZZ3

资料来源：笔者绘制。

6.3 正式测试样本和数据

在选取正式测试样本的过程中，由于缺乏社区养老相关公开数据库和社会组织资料，笔者在成都市民政局相关工作人员的帮助下，将目标锁定为成都市6个主城区内社会组织评估等级为3A级别以上的106个社会组织。经过对社会组织工作主要内容和范围的甄选，选择了38家成都市主城区内人口较多或老龄人口占比较大,在运营中主要通过政府扶持、资助、委托、购买等多种方式提供社区养老服务的社会组织为研究样本,于2016年1—2月进行了实地调研,对各所选单位中层管理人员和高级别干部分别进行访谈,并邀请公共管理专业本科大三学生作为研究助理协助发放问卷300份,回收有效问卷252份,回收率达84.0%,有效样本量达到测量题项数量的5倍,符合样本完整性和有效性要求。正式测试调查问卷的样本人口统计量表如表6-8所示。

表6-8 样本人口统计量表——社会组织参与

人口统计变量	变量取值	人数/人	百分比/%
性别	男性	102	40.5
	女性	150	59.5
年龄	30岁及以下	52	20.6
	31~40岁	120	47.6
	41~50岁	36	14.3
	51~60岁	38	15.1
	61岁及以上	6	2.4
受教育水平	高中及以下	26	10.3
	大专及本科	210	83.3
	研究生及以上	16	6.3
职务	中层管理人员	174	69.0
	高层管理人员	78	31.0
税前月均收入	5000元及以下	30	11.9
	5001~6000元	86	34.1
	6001~8000元	72	28.6
	8001元及以上	64	25.4

资料来源:笔者绘制。

6.4 信度和效度检验

同样,对概念模型中的自变量和因变量进行探索性因子分析(EFA)。在进行EFA检验之前,本书采用KMO度量和Bartlett's球形度检验来检验样本数据是否适合做因子分析。本书使用SPSS 20软件对测量量表的自变量和因变量进行分析，得到的样本 KMO 值为 0.908，表明样本数据良好；Bartlett's 球形度检验结果显示，自由度为 190，卡方值为 1922.736（$p = 0.000$），表明样本数据适合进行 EFA 检验（见表 6-9）。

表 6-9　KMO 度量和 Bartlett's 球形度检验结果表——社会组织参与

Kaiser-Meyer-Olkin 度量		0.908
Bartlett's 球形度检验	卡方值	1922.736
	df	190
	Sig.	0.000

资料来源：笔者绘制。

首先，本书采用主成分分析方法提取因子，对初始因子进行有效探索，并使用方差最大正交旋转法对因子分组进行合理解释。经旋转后保留因子载荷大于 0.5 的测量题项，得到因子载荷矩阵（见表 6-10）。

表 6-10　因子载荷矩阵表——社会组织参与

潜变量	测量题项	成分					
		1	2	3	4	5	6
参与主体成本	YB3	0.825					
	YB1	0.825					
	YB2	0.824					
	YB4	0.762					
地方政府公共政策供给行为	XA3		0.804				
	XA2		0.749				
	XA1		0.735				
参与主体收益	YA4			0.836			
	YA3			0.762			
	YA1			0.602			
	YA2			0.549			
地方政府监管机制建立行为	XC2				0.775		
	XC1				0.742		
	XC3				0.737		
参与社区养老意愿	ZZ2					0.844	
	ZZ1					0.794	
	ZZ3					0.739	

续表

潜变量	测量题项	成分					
		1	2	3	4	5	6
地方政府公共资源供给行为	XB1						0.790
	XB3						0.712
	XB2						0.704

资料来源：笔者绘制。

其次，采用 Anderson 等提出的经典分析方法对样本数据进行验证性因子分析（CFA），用来检测样本数据的信度和效度[1]。通过 Mplus 7 软件对样本数据进行分析[2]，得出数据结果：χ^2 = 235.346（df = 155），p = 0.000。拟合指标中，检验结果：χ^2/df = 1.520，CFI = 0.957，TLI = 0.947，$RMSEA$ = 0.064，$SRMR$ = 0.046。对比判断标准：χ^2/df < 3，CFI > 0.900，TLI > 0.900，$RMSEA$ < 0.080，$SRMR$ < 0.080，表明模型整体拟合效果较好（见表 6 - 11）[3]。

表 6 - 11 CFA 拟合指标表——社会组织参与

	χ^2/df	CFI	TLI	$RMSEA$	$SRMR$
评判标准	< 3	> 0.900	> 0.900	< 0.080	< 0.080
检验结果	1.520	0.957	0.947	0.064	0.046

资料来源：笔者绘制。

再次，检查样本数据测量的信度和聚敛效度（见表 6 - 12）。结果显示，所有潜变量的建构信度（CR）均高于 0.70，表明样本数据测量具有较好的信度。另外，测量题项的观察变量与所对应的潜变量的标准化因子载荷（λ）均高于 0.70，并且 t 值在 p = 0.000 的置信水平下显著，每一个潜变量的平均方差抽取量（AVE）均高于 0.50，表明样本数据测量具有较好的聚敛效度。

---

[1] ANDERSON J C, GERBING D W. Structural equation modeling in practice : a review and recommended two - step approach[J]. Psychological bulletin, 1988,103（3）：411 - 423.
[2] MUTHEN L, MUTHEN B. Mplus user's guide[M]. Los Angeles,CA：Muthen & Muthen,2010.
[3] HAIR J F, BLACK W C, BABIN B J,et al. Multivariate data analysis [M]. Beijing：China Machine Press,2011.

表 6-12　信度和聚敛效度表——社会组织参与

潜变量	测量题项	λ	t值	CR	AVE
地方政府公共政策供给行为	XA1	0.917	40.448	0.897	0.744
	XA2	0.900	37.048		
	XA3	0.763	18.257		
地方政府公共资源供给行为	XB1	0.800	19.319	0.844	0.643
	XB2	0.795	19.059		
	XB3	0.811	20.364		
地方政府监管机制建立行为	XC1	0.798	19.981	0.890	0.729
	XC2	0.873	30.671		
	XC3	0.888	33.053		
参与主体收益	YA1	0.813	22.085	0.889	0.669
	YA2	0.735	15.849		
	YA3	0.872	29.967		
	YA4	0.844	25.915		
参与主体成本	YB1	0.917	43.711	0.898	0.690
	YB2	0.740	16.806		
	YB3	0.921	44.799		
	YB4	0.724	15.666		
参与社区养老意愿	ZZ1	0.789	19.732	0.887	0.723
	ZZ2	0.878	30.001		
	ZZ3	0.881	30.159		

资料来源：笔者绘制。

最后，检查测量的辨别效度（见表 6-13）。结果显示，每一个潜变量的 AVE 平方根均大于该潜变量与其他潜变量之间的相关系数，表明样本数据测量具有较好的辨别效度。

表 6-13　辨别效度表——社会组织参与

	地方政府公共政策供给行为	地方政府公共资源供给行为	地方政府监管机制建立行为	参与主体收益	参与主体成本	参与社区养老意愿
地方政府公共政策供给行为	0.863					
地方政府公共资源供给行为	0.721	0.802				

续表

	地方政府公共政策供给行为	地方政府公共资源供给行为	地方政府监管机制建立行为	参与主体收益	参与主体成本	参与社区养老意愿
地方政府监管机制建立行为	0.708	0.797	0.854			
参与主体收益	0.693	0.663	0.637	0.818		
参与主体成本	0.474	0.534	0.551	0.610	0.831	
参与社区养老意愿	0.505	0.552	0.596	0.749	0.586	0.850

资料来源：笔者绘制。

注：对角线上的数值为各潜变量的 AVE 的平方根，对角线下的数值为潜变量之间的相关系数。

6.5　假设检验

本书主要使用 Mplus 7 软件对样本数据进行分析。结果显示，概念模型整体拟合指标为 $\chi^2 = 250.433$（$df = 159$），$p = 0.000$。拟合指标中，检验结果：$\chi^2/df = 1.580$，$CFI = 0.951$，$TLI = 0.942$，$RMSEA = 0.068$，$SRMR = 0.061$。对比判断标准：$\chi^2/df < 3$，$CFI > 0.900$，$TLI > 0.900$，$RMSEA < 0.080$，$SRMR < 0.080$，表明概念模型整体拟合效果较好（见表 6-14）。

表 6-14　概念模型整体拟合指标表——社会组织参与

	χ^2/df	CFI	TLI	RMSEA	SRMR
评判标准	<3	>0.900	>0.900	<0.080	<0.080
检验结果	1.580	0.951	0.942	0.068	0.061

资料来源：笔者绘制。

再使用 Mplus 7 软件进行样本数据分析，得到概念模型路径分析指标（见表 6-15）。

表 6-15　概念模型路径分析指标表——社会组织参与

假设路径	标准化路径系数 β	p 值	假设检验结果
地方政府公共政策供给行为→参与主体收益	0.193	0.013	接受
地方政府公共资源供给行为→参与主体收益	0.252	0.006	接受
地方政府监管机制建立行为→参与主体收益	0.295	0.000	接受
地方政府公共政策供给行为→参与主体成本	0.178	0.003	接受

续表

假设路径	标准化路径系数 β	p 值	假设检验结果
地方政府公共资源供给行为→参与主体成本	0.269	0.000	接受
地方政府监管机制建立行为→参与主体成本	0.371	0.000	接受
参与主体收益→参与社区养老意愿	0.428	0.000	接受
参与主体成本→参与社区养老意愿	0.342	0.000	接受

资料来源：笔者绘制。

根据观察变量与所对应的潜变量的标准化因子载荷（λ）（见表 6-16）及潜变量之间标准化路径系数（β）对应指标值，形成概念模型检验结果图（见图 6-1）。

表 6-16　标准化因子载荷表——社会组织参与

潜变量	测量题项	λ
地方政府公共政策供给行为	XA1	0.916
	XA2	0.901
	XA3	0.763
地方政府公共资源供给行为	XB1	0.795
	XB2	0.795
	XB3	0.812
地方政府监管机制建立行为	XC1	0.789
	XC2	0.875
	XC3	0.885
参与主体收益	YA1	0.813
	YA2	0.725
	YA3	0.875
	YA4	0.847
参与主体成本	YB1	0.922
	YB2	0.738
	YB3	0.918
	YB4	0.723
参与社区养老意愿	ZZ1	0.782
	ZZ2	0.877
	ZZ3	0.877

资料来源：笔者绘制。

第6章 地方政府行为影响社会组织参与社区养老意愿的实证研究

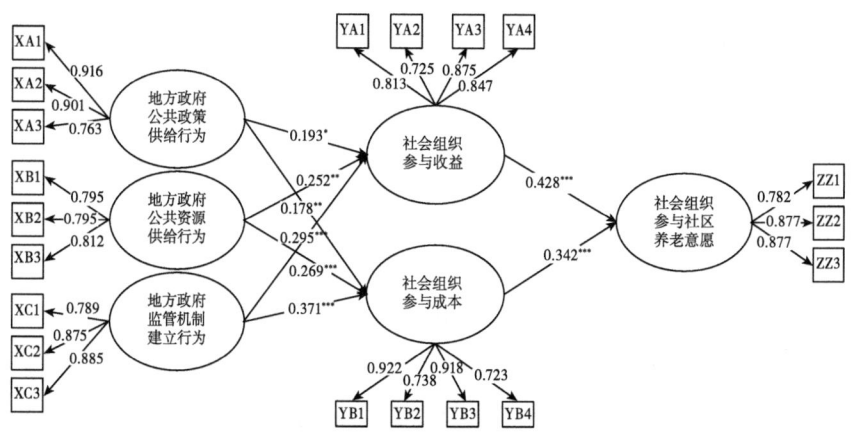

图6-1 地方政府行为影响社会组织参与社区养老意愿概念模型
（BUSOI模型）检验结果

资料来源：笔者绘制。

注：＊＊＊、＊＊、＊分别表示回归系数在 $p<0.001$、$p<0.01$、$p<0.05$ 的置信水平下显著。

概念模型拟合指标结果显示，对于社会组织而言，地方政府公共政策供给行为对参与主体收益的影响路径系数 $\beta=0.193$（$p<0.05$），地方政府公共资源供给行为对参与主体收益的影响路径系数 $\beta=0.252$（$p<0.01$），地方政府监管机制建立行为对参与主体收益的影响路径系数 $\beta=0.295$（$p<0.001$），原假设 H_{1b}、H_{2b}、H_{3b} 均得到实证数据检验支持。地方政府公共政策供给行为对参与主体成本的影响路径系数 $\beta=0.178$（$p<0.01$），地方政府公共资源供给行为对参与主体成本的影响路径系数 $\beta=0.269$（$p<0.001$），地方政府监管机制建立行为对参与主体成本的影响路径系数 $\beta=0.371$（$p<0.001$），原假设 H_{4b}、H_{5b}、H_{6b} 均得到实证数据检验支持。同时，参与主体收益对参与社区养老意愿的影响路径系数 $\beta=0.428$（$p<0.001$），参与主体成本对参与社区养老意愿的影响路径系数 $\beta=0.342$（$p<0.001$），原假设 H_{7b}、H_{8b} 均得到实证数据检验支持。因此，地方政府行为对社会组织参与社区养老效用具有显著的正向影响，社会组织参与社区养老效用又进一步正向影响社会组织参与社区养老意愿，说明地方政府行为能够通过效用传导来促进社会组织积极参与社区养老。

6.6 实证研究结论

研究结果显示，地方政府的公共政策供给行为、公共资源供给行为和监管机制建立行为对社会组织在获取捐赠收益、提升社会形象、落实公益性责任、获取治理话语权等方面的效用有着正向显著影响。这一结论也恰好与法团主义学者对社会组织和政府关系的观点不谋而合，他们认为，政府应与社会组织建立密切的合作关系，以实现社会经济的发展和繁荣。理性选择理论的"理性人假设"也证明了，无论何种社会组织，往往根据所获取的效用而做出决策。在社区养老中，政府行为能为社会组织带来更高效、便捷获取效用的途径，社会组织便会更积极做出参与行为。

第 7 章 地方政府行为影响公众参与社区养老意愿的实证研究

随着政府职能的转变,提升公共服务的质量已成为政府在社会转型中的重要任务。在各地探索公共治理和政府职能转变中,公众作为参与主体发挥了非常重要的作用。一方面政府需要公众参与缓解政府压力,另一方面公众参与也能及时反映公共治理和服务供给的有效性,同时公众还能作为政府行为的监督者,及时解决政府行为错位问题。在社区养老的参与实践中,公众作为养老服务的接受者,对地方政府行为的作用和效果的感知是不同于其他服务提供主体的。本章的第一部分研究了地方政府行为对公众参与社区养老意愿的直接影响;第二部分在此基础上进行了补充研究,进一步挖掘了社区因素对公众参与社区养老意愿的间接作用和影响。

7.1 地方政府行为对公众参与社区养老意愿的直接影响研究

7.1.1 变量定义与测量

7.1.1.1 地方政府行为

社区养老作为我国借鉴国外的养老方式,尚处于不断探索和改进阶段。地方政府为了推广社区养老、鼓励公众参与,主要从公共政策供给、公共资源供给和监管机制建立三方面做出了努力。不同于参与社区养老的企业和社会组织,公众大多是作为社区养老服务的接受者和使用者,地方政府行为对公众参与的作用在表现形式上也不尽相同。

在公共政策供给方面,公众作为个体的参与者,更在意的是和自身相关的利益。社区养老本就是服务于特定的群体，但我国目前普及式福利模式在现实中难以执行，政府考虑到资源的利用性和有效性，会根据公众不同的家庭结构、身体状况和需求等因素来区分不同的福利范围和标准①。不同的公众群体因其不同的特征享受不同的福利政策。公众参与社区养老的目的在于获取有别于传统养老方式的优势，如结识新朋友、通过社区文娱活动丰富晚年生活等②。因此，针对社区养老精神文化建设和宜居养老环境建设的政策会对公众的参与体验产生影响。此外，社区养老方式对于大多数老年人来说较为新颖，尤其在企业和社会组织的多元主体介入下，法律意识不足的老年人容易遭遇侵权，这也反过来影响了老年人参与社区养老的积极性③。对相对弱势的老年群体来说，权益保护政策的出台提供了心理保障和现实保障。

在公共资源供给方面，地方政府以社区为依托和载体，为公众提供必要的养老场所，例如社区托老所、老年活动中心、老年康复中心等④。考虑到社区养老的特殊性和专业性需求，地方政府往往会通过培训专业的社会工作人员、招募志愿者或服务外包等方式为社区养老提供人力资源支持⑤。老年人作为社区养老特定的服务对象，大多在身体健康方面有特殊的医疗需求。杜鹏等基于2014年中国老年社会追踪调查指出，地方政府在社区医疗资源供给方面已取得了非常大的成就，城镇社区医疗资源的覆盖率已经达到了85.93%⑥。

在监管机制建立方面，由于引入了多元参与主体，政府需要对服务标准

---

① 赵向红. 社区照顾养老福利政策：逻辑、分析框架与构建思路[J]. 社会科学家，2017(5)：65-70.
② 汪波，李坤. 国家养老政策计量分析：主题、态势与发展[J]. 中国行政管理，2018(4)：105-110.
③ 张连民，张益刚. 我国老年人权益保障的现状、问题与对策：以日照市为例[J]. 城市发展研究，2011,18(3)：117-124.
④ 陈友华，吴凯. 社区养老服务的规划与设计：以南京市为例[J]. 人口学刊，2008(1)：42-48.
⑤ 陈英姿，满海霞. 中国养老公共服务供给研究[J]. 人口学刊，2013,35(1)：22-26.
⑥ 杜鹏，孙鹃娟，张文娟，等. 中国老年人的养老需求及家庭和社会养老资源现状：基于2014年中国老年社会追踪调查的分析[J]. 人口研究，2016,40(6)：49-61.

和服务质量进行规范,通过对服务机构的有效监管,维护公众的利益①。此外,地方政府为了更好满足公众的多元化服务需求,在不断探索和创新社区养老服务内容与模式上必须肩负起管理和监督的责任。程成在对社区养老的"时间银行"创新模式研究中指出,地方政府在"时间银行"模式运营前就做好了具体实施方案,特别是运行模式的管理流程和监督机制,以消除公众对新模式的担忧②。因此,针对公众参与,本书对地方政府具体行为进行了不同的定义并形成测量题项(见表7-1、表7-2、表7-3)。

表7-1 地方政府公共政策供给行为的测量题项——公众参与

编码	测量题项	题项来源
1	地方政府具有完善的福利普及政策	赵向红(2017)、汪波等(2018)、张连民等(2011)
2	地方政府具有完善的人文关怀政策	
3	地方政府具有完善的权益保障政策	

资料来源:笔者绘制。

表7-2 地方政府公共资源供给行为的测量题项——公众参与

编码	测量题项	题项来源
4	地方政府能够供给服务场所资源	陈英姿等(2013)、杜鹏等(2016)
5	地方政府能够提供专业化人力资源	
6	地方政府能够提供医疗技术资源	

资料来源:笔者绘制。

表7-3 地方政府监管机制建立行为的测量题项——公众参与

编码	测量题项	题项来源
7	地方政府具有完善的服务流程管理制度	赵婷婷(2013)、程成(2015)
8	地方政府具有完善的服务评估机制	
9	地方政府具有完善的服务质量保障机制	

资料来源:笔者绘制。

7.1.1.2 公众参与社区养老效用

根据效用价值理论,效用可分为收益和成本两方面。在公众参与社区养老所获取的收益方面,杨晓冬等认为养老服务内容的规范性、服务种类

---

① 赵婷婷. 我国城镇养老服务机构的问题研究[D]. 天津:南开大学,2013.
② 程成. 基于时间银行的居家互助养老模式研究[D]. 西安:西安建筑科技大学,2015.

的多样性都能影响公众的满意度①。Sirgy 等指出，养老服务及设施的可及性被认为是关键属性，为社区养老满意度的衡量做出重要贡献。此外，老年群体在社区养老设施的易用性方面也有着较高的体验感和效用反馈（如社区无障碍设施）②。公众参与社区养老所付出的成本主要体现在其获取社区养老服务的价格和时间上。研究表明，选择社区养老服务的老年人受其经济独立性因素影响较大，老年人对初次购买的价格和持续使用的花费较为在意③。康越等认为目前需要选择社区养老的群体大多是离退休人员，工资较低且储蓄较少，因此对社区养老的花费和长期支付能力考虑更多④。上述成本对于老年人来说属于直接成本，参与社区养老还需要考虑所付出的间接成本，如子女或亲属对老年人的照护时间成本是否比其他养老方式更少；选择社区养老是否能减少因疾病复发或因护理不当造成的就医成本等⑤。通过对已有研究的总结和梳理，形成公众参与社区养老的收益和成本的测量题项（见表7-4、表7-5）。

表7-4 公众参与社区养老收益的测量题项

编码	测量题项	题项来源
10	参与社区养老能获取更高质量的养老服务	杨晓冬等（2016）、Sirgy et al.（2002）
11	参与社区养老能获取更多种类的养老服务	
12	参与社区养老能获取更简单易用的养老服务	
13	参与社区养老能更容易获取养老服务	

资料来源：笔者绘制。

---

① 杨晓冬,武永祥,姚嘉玉. 面向用户满意的养老社区服务体系构建[J]. 中国软科学, 2016 (3): 175-183.

② SIRGY M J, CORNWELL T. How neighborhood features affect quality of life[J]. Social indicators research, 2002,59 (1): 79-114.

③ 颜秉秋,高晓路. 城市老年人居家养老满意度的影响因子与社区差异[J]. 地理研究, 2013,32 (7): 1269-1279.

④ 康越,李丹. 我国高龄老人养老问题及对策研究:以北京市高龄老人养老服务体系为例[J]. 西南民族大学学报（人文社科版）, 2018(3): 9-14.

⑤ 邓颖,吴先萍,李宁秀,等. 不同养老模式的养老成本及成本—效用分析[J]. 预防医学情报杂志, 2004,20 (4): 373-376.

表7-5 公众参与社区养老成本的测量题项

编码	测量题项	题项来源
14	参与社区养老能降低养老成本	颜秉秋等（2013）、邓颖等（2004）
15	参与社区养老能降低养老长期支付成本	
16	参与社区养老能减少子女亲属照护时间成本	
17	参与社区养老能减少意外就医成本	

资料来源：笔者绘制。

7.1.1.3 公众参与社区养老意愿

许多学者在研究个体参与行为时使用参与意愿作为测量指标，在社区养老中，公众的参与意愿能较好地反映公众的参与行为[①]。对公众参与意愿的测量，学界也有不同的方法。黎东升等研究农民再就业培训的参与意愿时，将参与意愿界定为是和非的问题，包括"愿意"和"不愿意"[②]。丁志宏等在研究城市老年人参与"时间银行"的意愿时，用参与的态度特征来区分，包括是否愿意参与养老服务、是否愿意了解"时间银行"等[③]。本书在已有文献对参与意愿测量的研究基础上，形成公众参与社区养老意愿的测量题项（见表7-6）。

表7-6 公众参与社区养老意愿的测量题项

编码	测量题项	题项来源
18	我愿意了解社区养老的相关信息	黎东升等（2006）、丁志宏等（2018）
19	我愿意积极参与社区养老	
20	我愿意鼓励我的朋友参与社区养老	

资料来源：笔者绘制。

7.1.2 预测试及量表检验

在预测试中，本书选择了成都市主城区内的6个街道社区作为测试样本，共计发放问卷100份，回收有效问卷83份（样本量 $N=83$）。根据问

---

① 吕学静，李佳. 流动人口养老保险参与意愿及其影响因素的实证研究:基于"有限理性"学说[J]. 人口学刊,2012(4):14-23.

② 黎东升,朱良俊,杨舟. 就业素质培训:农民参与意愿的实证分析:基于湖北荆州城郊的调查[J]. 长江大学学报(自然科学版),2006,3(11):230-233.

③ 丁志宏,杜书然,裴臻. 城市退休健康老年人参与"时间银行"的意愿及其影响因素[J]. 人口与社会,2018,34(2):33-44.

卷结果，用 SPSS 软件将相关数据计算后对量表问题进行纯化处理，删除 Item – Total 相关系数较低的个别题项后，其他测量题项基本符合正式测试问卷所需要求。随后，组织本研究专业领域有关学者和专家成立焦点小组，通过面对面访谈形式与部分被试人员再次进行深度交流，进一步梳理原调查问卷中各题项语句表达，修订完善语义使被试人员更容易理解。经过上述操作步骤，最终形成用于正式测试的测量题项（见表 7 – 7）。问卷对所有测量题项均采用李克特 7 点量表形式，即用数字 1 代表"非常不同意"、数字 7 代表"非常同意"，获取被试人员关于地方政府公共政策供给行为、地方政府公共资源供给行为、地方政府监管机制建立行为、参与主体收益、参与主体成本和参与社区养老意愿的直接信息反馈。

表 7 – 7 正式测试量表——公众参与（1）

潜变量	测量题项	Item – Total 相关系数	Cronbach's α	正式编号
地方政府公共政策供给行为	XA1：地方政府具有完善的福利普及政策	0.830	0.901	XA1
	XA2：地方政府具有完善的人文关怀政策	0.821		XA2
	XA3：地方政府具有完善的权益保障政策	0.077		XA3
地方政府公共资源供给行为	XB1：地方政府能够供给服务场所资源	0.745	0.802	XB1
	XB2：地方政府能够提供专业化人力资源	0.643		XB2
	XB3：地方政府能够提供医疗技术资源	0.622		XB3
地方政府监管机制建立行为	XC1：地方政府具有完善的服务流程管理制度	0.762	0.888	XC1
	XC2：地方政府具有完善的服务评估机制	0.788		XC2
	XC3：地方政府具有完善的服务质量保障机制	0.795		XC3
参与主体收益	YA1：参与社区养老能获取更高质量的养老服务	0.773	0.899	YA1
	YA2：参与社区养老能获取更多种类的养老服务	0.764		YA2
	YA3：参与社区养老能获取更简单易用的养老服务	0.778		YA3
	YA4：参与社区养老能更容易获取养老服务	0.784		YA4
参与主体成本	YB1：参与社区养老能降低养老成本	0.881	0.934	YB1
	YB2：参与社区养老能降低养老长期支付成本	0.828		YB2
	YB3：参与社区养老能减少子女亲属照护时间成本	0.856		YB3
	YB4：参与社区养老能减少意外就医成本	0.815		YB4

续表

潜变量	测量题项	Item－Total 相关系数	Cronbach's α	正式编号
参与社区养老意愿	ZZ1：我愿意了解社区养老的相关信息	0.804	0.929	ZZ1
	ZZ2：我愿意积极参与社区养老	0.905		ZZ2
	ZZ3：我愿意鼓励我的朋友参与社区养老	0.863		ZZ3

资料来源：笔者绘制。

7.1.3 正式测试样本和数据

在正式问卷调查的操作中，笔者得到成都市民政局有关处室工作人员和社区居委会相关工作人员的帮助，分别选择了成都市主城区范围内的锦江区宏济路社区、督院街社区，青羊区小关庙社区、羊市街社区，金牛区西南交大社区、金沙路社区，成华区双林社区、祥和里社区，武侯区洗面桥社区、大石东路社区和高新区正街社区、锦城社区共12个社区养老发展较为成熟有序的街道社区，于2016年1—2月对相关人员进行访谈，并邀请公共管理专业本科大三学生协助进行问卷调研工作。共发放问卷400份，回收有效问卷343份，回收率达85.75%，且有效样本量达到测量题项数量的5倍，在样本完整性和有效性上符合要求。正式测试调查问卷样本人口统计量表如表7－8所示。

表7－8 样本人口统计量表——公众参与（1）

人口统计变量	变量取值	人数/人	百分比/%
性别	男性	158	46.1
	女性	185	53.9
年龄	30岁及以下	8	2.3
	31~40岁	21	6.1
	41~50岁	127	37.0
	51~60岁	151	44.0
	61岁及以上	36	10.5
受教育水平	高中及以下	109	31.8
	大专及本科	213	62.1
	研究生及以上	21	6.1

续表

人口统计变量	变量取值	人数/人	百分比/%
目前的职业或退休前的职业	机关事业单位人员	34	9.9
	国有企业职工	155	45.2
	其他企业职工	110	32.1
	企业主	5	1.5
	自由职业	28	8.2
	无固定职业	11	3.2
税前月均收入	3000 元及以下	52	15.2
	3001~4000 元	51	14.9
	4001~5000 元	87	25.4
	5001~6000 元	51	14.9
	6001~8000 元	76	22.2
	8001 元及以上	26	7.6
子女人数	无	14	4.1
	1 人	317	92.4
	2 人及以上	12	3.5

资料来源：笔者绘制。

7.1.4 信度和效度检验

由于本书通过焦点小组访谈和对已有研究成果的归纳总结形成测量量表的题项，因此需要对概念模型中的自变量和因变量进行探索性因子分析（EFA）。本书采用 KMO 度量和 Bartlett's 球形度检验来检验样本数据是否适合做因子分析。本书使用 SPSS 20 软件对测量量表的自变量和因变量进行分析，得到的样本 KMO 值为 0.928，表明样本数据良好；Bartlett's 球形度检验结果显示，自由度为 190，卡方值为 5565.064（$p=0.000$），表明样本数据适合进行 EFA 检验（见表 7-9）。

表 7-9 KMO 度量和 Bartlett's 球形度检验结果表——公众参与（1）

Kaiser – Meyer – Olkin 度量		0.928
Bartlett's 球形度检验	卡方值	5565.064
	df	190
	Sig.	0.000

资料来源：笔者绘制。

本书采用主成分分析法对初始因子进行有效探索,并使用方差最大正交旋转法对因子分组进行解释。经旋转后保留因子载荷大于 0.5 的测量题项,得到因子载荷矩阵(见表 7-10)。

表 7-10 因子载荷矩阵表——公众参与(1)

潜变量	测量题项	成分					
		1	2	3	4	5	6
参与主体成本	YB2	0.831					
	YB3	0.828					
	YB1	0.820					
	YB4	0.809					
地方政府监管机制建立行为	XC2		0.906				
	XC1		0.777				
	XC3		0.775				
参与社区养老意愿	ZZ2			0.847			
	ZZ3			0.805			
	ZZ1			0.775			
参与主体收益	YA4				0.789		
	YA3				0.725		
	YA2				0.702		
	YA1				0.624		
地方政府公共政策供给行为	XA2					0.759	
	XA1					0.746	
	XA3					0.730	
地方政府公共资源供给行为	XB1						0.865
	XB3						0.709
	XB2						0.692

资料来源:笔者绘制。

为保持对不同样本研究方法的一致性和研究结果对比的有效性,本书继续使用 Anderson 等提出的经典分析方法对样本数据进行验证性因子分析(CFA),用来检测样本数据的信度和效度[1]。使用 Mplus 7 软件对样本数据

---

[1] ANDERSON J C, GERBING D W. Structural equation modeling in practice:a review and recommended two-step approach[J]. Psychological bulletin, 1988,103(3):411-423.

进行分析①,得出数据结果:$\chi^2 = 417.113$($df = 155$),$p = 0.000$。拟合指标中,检验结果:$\chi^2/df = 2.690$,$CFI = 0.949$,$TLI = 0.937$,$RMSEA = 0.065$,$SRMR = 0.039$。对比判断标准:$\chi^2/df < 3$,$CFI > 0.900$,$TLI > 0.900$,$RMSEA < 0.080$,$SRMR < 0.080$,表明模型整体拟合效果较好②(见表7-11)。

表7-11 CFA拟合指标表——公众参与(1)

	χ^2/df	CFI	TLI	RMSEA	SRMR
评判标准	<3	>0.900	>0.900	<0.080	<0.080
检验结果	2.690	0.949	0.937	0.065	0.039

资料来源:笔者绘制。

表7-12显示了样本数据测量的信度和聚敛效度,所有潜变量的建构信度(CR)均高于0.70,表明样本数据测量具有较好的信度。另外,测量题项的观察变量与所对应的潜变量的标准化因子载荷(λ)均高于0.70,并且t值在$p = 0.000$的置信水平下显著,每一个潜变量的平均方差抽取量(AVE)均高于0.50,表明样本数据测量具有较好的聚敛效度。

表7-12 信度和聚敛效度表——公众参与(1)

潜变量	测量题项	λ	t值	CR	AVE
地方政府公共政策供给行为	XA1	0.908	64.201	0.907	0.758
	XA2	0.879	54.631		
	XA3	0.823	38.947		
地方政府公共资源供给行为	XB1	0.833	30.525	0.816	0.597
	XB2	0.739	22.404		
	XB3	0.742	22.822		
地方政府监管机制建立行为	XC1	0.822	36.886	0.889	0.727
	XC2	0.856	43.413		
	XC3	0.879	48.516		

---

① MUTHEN L, MUTHEN B. Mplus user's guide[M]. Los Angeles, CA:Muthen & Muthen, 2010.
② HAIR J F, BLACK W C, BABIN B J, et al. Multivariate data analysis[M]. Beijing:China Machine Press, 2011.

续表

潜变量	测量题项	λ	t值	CR	AVE
参与主体收益	YA1	0.880	52.644	0.896	0.684
	YA2	0.804	35.400		
	YA3	0.818	37.271		
	YA4	0.804	34.441		
参与主体成本	YB1	0.941	98.509	0.934	0.780
	YB2	0.844	46.579		
	YB3	0.911	77.645		
	YB4	0.833	43.552		
参与社区养老意愿	ZZ1	0.841	46.492	0.933	0.823
	ZZ2	0.956	105.196		
	ZZ3	0.920	81.032		

资料来源：笔者绘制。

在检查测量的辨别效度过程中（见表7-13），数据显示，每一个潜变量的AVE平方根均大于该潜变量与其他潜变量之间的相关系数，说明样本数据测量具有较好的辨别效度。

表7-13 辨别效度表——公众参与（1）

	地方政府公共政策供给行为	地方政府公共资源供给行为	地方政府监管机制建立行为	参与主体收益	参与主体成本	参与社区养老意愿
地方政府公共政策供给行为	0.871					
地方政府公共资源供给行为	0.695	0.773				
地方政府监管机制建立行为	0.726	0.620	0.853			
参与主体收益	0.821	0.665	0.726	0.827		
参与主体成本	0.559	0.460	0.555	0.664	0.883	
参与社区养老意愿	0.524	0.405	0.557	0.653	0.708	0.907

资料来源：笔者绘制。

注：对角线上的数值为各潜变量的AVE的平方根，对角线下的数值为潜变量之间的相关系数。

7.1.5 假设检验

本书运用Mplus 7软件对样本数据进行分析。结果显示，概念模型整体拟合指标为$\chi^2 = 440.010$（$df = 159$），$p = 0.000$。拟合指标中，检验结果：$\chi^2/df = 2.770$，$CFI = 0.944$，$TLI = 0.933$，$RMSEA = 0.078$，$SRMR = 0.050$。对比判断标准：$\chi^2/df < 3$，$CFI > 0.900$，$TLI > 0.900$，$RMSEA < 0.080$，$SRMR < 0.080$，表明概念模型整体拟合效果较好（见表7–14）。

表7–14 概念模型整体拟合指标表——公众参与（1）

	χ^2/df	CFI	TLI	RMSEA	SRMR
评判标准	<3	>0.900	>0.900	<0.080	<0.080
检验结果	2.770	0.944	0.933	0.078	0.050

资料来源：笔者绘制。

本书通过 Mplus 7 软件对样本数据进行分析，得出概念模型路径分析指标（见表7–15）。

表7–15 概念模型路径分析指标表——公众参与（1）

假设路径	标准化路径系数 β	p 值	假设检验结果
地方政府公共政策供给行为→参与主体收益	0.054	0.516	拒绝
地方政府公共资源供给行为→参与主体收益	0.302	0.000	接受
地方政府监管机制建立行为→参与主体收益	0.323	0.000	接受
地方政府公共政策供给行为→参与主体成本	0.103	0.113	拒绝
地方政府公共资源供给行为→参与主体成本	0.248	0.000	接受
地方政府监管机制建立行为→参与主体成本	0.386	0.000	接受
参与主体收益→参与社区养老意愿	0.322	0.000	接受
参与主体成本→参与社区养老意愿	0.516	0.000	接受

资料来源：笔者绘制。

根据观察变量与所对应的潜变量的标准化因子载荷（λ）（见表7–16）及潜变量之间标准化路径系数（β）对应指标值，形成概念模型检验结果图（见图7–1）。

表7–16 标准化因子载荷表——公众参与（1）

潜变量	测量题项	λ
地方政府公共政策供给行为	XA1	0.906
	XA2	0.877
	XA3	0.823

续表

潜变量	测量题项	λ
地方政府 公共资源供给行为	XB1	0.835
	XB2	0.742
	XB3	0.737
地方政府 监管机制建立行为	XC1	0.820
	XC2	0.860
	XC3	0.874
参与主体收益	YA1	0.882
	YA2	0.806
	YA3	0.815
	YA4	0.801
参与主体成本	YB1	0.943
	YB2	0.841
	YB3	0.911
	YB4	0.832
参与社区养老意愿	ZZ1	0.837
	ZZ2	0.955
	ZZ3	0.917

资料来源：笔者绘制。

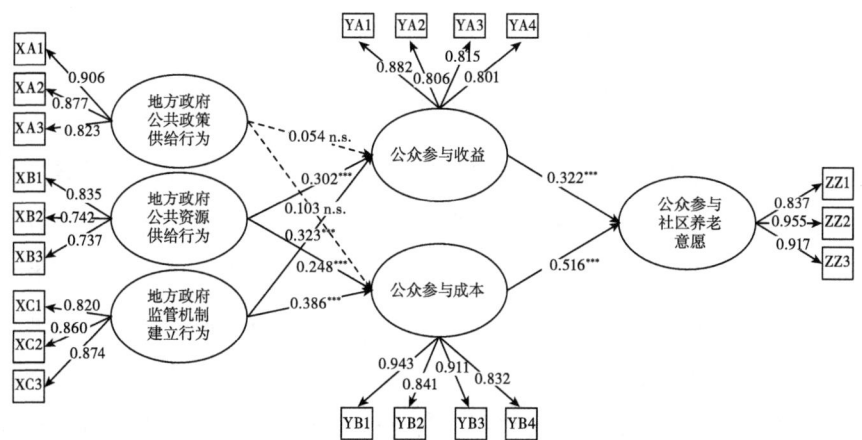

图7-1　地方政府行为影响公众参与社区养老意愿概念模型（BUPI模型）检验结果

资料来源：笔者绘制。

注：＊＊＊、＊＊、＊分别表示回归系数在 $p<0.001$、$p<0.01$、$p<0.05$ 的置信水平下显著；n.s. 表示不显著。

概念模型拟合指标结果显示，对于公众而言，地方政府公共政策供给行为对参与主体收益的影响路径系数 $\beta=0.054$（$p>0.05$），地方政府公共资源供给行为对参与主体收益的影响路径系数 $\beta=0.302$（$p<0.001$），地方政府监管机制建立行为对参与主体收益的影响路径系数 $\beta=0.323$（$p<0.001$），原假设 H_{1c} 没有得到实证数据检验支持，原假设 H_{2c}、H_{3c} 均得到实证数据检验支持。地方政府公共政策供给行为对参与主体成本的影响路径系数 $\beta=0.103$（$p>0.05$），地方政府公共资源供给行为对参与主体成本的影响路径系数 $\beta=0.248$（$p<0.001$），地方政府监管机制建立行为对参与主体成本的影响路径系数 $\beta=0.386$（$p<0.001$），原假设 H_{4c} 没有得到实证数据检验支持，H_{5c}、H_{6c} 均得到实证数据检验支持。同时，参与主体收益对参与社区养老意愿的影响路径系数 $\beta=0.322$（$p<0.001$），参与主体成本对参与社区养老意愿的影响路径系数 $\beta=0.516$（$p<0.001$），原假设 H_{7c}、H_{8c} 均得到实证数据检验支持。因此，地方政府公共政策供给行为对公众参与社区养老效用没有显著影响，但是地方政府公共资源供给行为和监管机制建立行为均对公众参与社区养老效用具有显著的正向影响，公众参与社区养老效用又进一步正向影响公众参与社区养老意愿，说明地方政府行为中的公共资源供给行为和监管机制建立行为能够通过效用传导来促进公众积极参与社区养老。

7.2　社区因素对公众参与社区养老意愿的影响研究

地方政府通过公共资源供给和监管机制建立对公众参与社区养老产生影响，但地方政府公共政策供给行为影响参与效用的假设并未得到很好的验证，说明现阶段地方政府公共政策供给行为还不能直接对公众参与效用产生作用。因此，本书做出了一个大胆的假设，地方政府的政策供给通常站在较为宏观的角度，涉及公众日常生活的细节不多，这些政策往往通过其他载体所体现，那么有必要对公众参与社区养老的影响因素进行挖掘和探讨。通过文献梳理和回顾，本书发现社区作为社区养老的载体，同时扮演着政策吸收者和执行者的角色，社区形象、社区服务质量和社区信任三个因素对公众参与社区养老产生了不同程度的影响。因此，本书将从以上三个方面构建公众参与社区养老影响因素的假设模型,进一步进行探索研究。

7.2.1 概念内涵及界定

7.2.1.1 社区形象

"社区形象"是一个复合词,由"社区"和"形象"两个词组成。社区形象一般来说是指社区能被观察到的外在表象。社区起源于城市,大部分城市社区的形象不仅有人群在某一特定区域聚集的特征,还具有丰富的人文内涵。社区形象通常也是整个城市形象的重要部分,在某种程度上社区形象是城市形象的缩影[1]。

从更微观的视角来看,社区形象主要包括社区基础设施形象、社区管理形象、社区群体形象等。社区基础设施形象反映了社区的硬件资源程度,具体包括社区的服务配套设施、环境、交通等方面;社区管理形象具体表现为社区管理组织对社区建设的组织与规划,协调各职能部门参与社区建设;社区群体形象则是社区居民的整体形象,是社区成员的政治素质、思想素质、精神素质、文化素质、道德素质等综合素质的集中反映。社区群体形象一般通过个人的言行表现出来,包括公众对社区、公共利益的认同感和归属感[2]。李力更深入地阐释了社区形象,他认为社区形象还应包含社区的区域环境形象及社区理念和价值观。良好有序的环境不仅发挥着正向积极的形象展示功能,还能激发人们的向往之情。同时,社区理念和价值观是社区形象的基础,基于不同的理念和价值观,社区在发展过程中往往具有不同的形象定位和功能定位[3]。

更多学者认为社区形象是一种情感上的理解和认知。许亚萍等在小城镇社区建设的研究中指出,小城镇社区形象反映了社区的某种本质,是通过人对社区的整体感知所表现出来的[4]。社区形象是对区域历史的展现,是经济、政治、文化共同孕育的结晶,社区形象的客观存在通过人们的主

---

[1] 曹随. 论城市形象细分[J]. 城市问题,2003(1):13-15.
[2] 韩玲. 论文明社区形象工程建设[J]. 江西社会科学,1998(8):82-84.
[3] 李力. 社区形象建设探析[J]. 理论界,2000(5):65-66.
[4] 许亚萍,朱霞. 浅议小城镇社区形象设计[J]. 小城镇建设,2003(11):88-90.

观感受来表达。Lynch 从更抽象的层面概括了社区形象的概念，他认为社区形象有可识别性、结构性、具有意义三种特征①。社区形象往往通过社区居民对社区的意识反映出来，可用居民的生活质量指标衡量，如生活满意度②、安全感③、社会治理和政治活动的参与程度④，甚至包括当个人面对问题时社区能否提供应对策略和一定扶持⑤。

本书借鉴已有文献基础，从居民对社区形象的感知角度，将社区形象界定为居民对社区的外在展现（如社区环境、社区基础服务设施），以及对社区核心理念、文化价值观念（如社区发展规划、社区素质和功能定位）的感知和认识。

7.2.1.2 社区服务质量

社区为社区服务提供了平台，被赋予了公共治理的权力。社区服务是公共服务的具体体现，是社会公共服务的缩影⑥。社区服务最早以社区照顾的形式出现在英国，目的是解决居民的基本生活温饱和贫困问题，因此社区服务也常被译作"社区照顾""社区工作"等。我国对社区服务概念的认识主要分为两种。以关信平等为代表的学者认为，社区服务只包括福利性质的服务。从社区服务的字面释义来看，应该理解为由社区提供的公共服务。社区的发展和社会的福利制度发展息息相关，因此应该坚持社区服务的公益性和福利性⑦。由于社区服务能在市场失灵条件下对社会资源

---

① LYNCH K. The image of the city[M]. Cambridge, MA: MIT Press, 1960.
② PREZZA M, COSTANTINI S. Sense of community and life satisfaction: investigation in three different territorial contexts[J]. Journal of community & applied social psychology, 1998, 8(3): 181 - 194.
③ PERKINS D D, TAYLOR R B. Ecological assessments of community disorder: their relationship to fear of crime and theoretical implications[J]. American Journal of community psychology, 1996, 24 (1): 63 - 107.
④ CHAVIS D M, WANDERSMAN A. Sense of community in the urban environment: a catalyst for participation and community development[J]. American journal of community psychology, 1990, 18 (1): 55 - 81.
⑤ BACHRACH K M, ZAUTRAA J. Coping with a community stressor: the threat of a hazardous waste facility[J]. Journal of health & social behavior, 1985, 26(2): 127 - 141.
⑥ 奥斯本, 盖布勒. 改革政府: 企业精神如何改革着公营部门[M]. 周敦仁, 译. 上海: 上海译文出版社, 1996.
⑦ 徐永祥. 论社区服务的本质属性与运行机制[J]. 华东理工大学学报（社会科学版）, 2002, 17 (4): 50 - 54.

进行再分配、提供社会最低保障，理应是我国社会福利制度体系的重要部分[1]。另一部分学者则认为，社区服务应该将福利性和营利性相结合，一方面减轻政府财政压力，另一方面也能解放社会资本，让更多企业进入社区服务行业能增强服务意识和效果。鉴于我国现阶段的发展水平，社区服务应该走一条福利服务和经营性服务相结合、无偿和有偿服务相结合的发展道路[2]。

社区服务质量的好坏决定着社区发展和城市发展。服务质量是指"传递"的服务水平和"期望"的服务水平之间的一致程度。两者一致性的程度越高，则服务质量越好。Donabedian 提出了服务质量的"结构—过程—结果"三维理论。结构是指服务中各种资源匹配效率和关系；过程是指服务运行过程中的效率和质量；结果是指服务最终输出的结果，如接受医疗治疗服务以后的健康状况[3]。感知社区服务质量源自 Parasuraman 等提出的衡量服务质量的经典评测模型——SERVQUAL 模型[4]。SERVQUAL 模型自提出以来，已在不同行业得到了广泛的研究和应用。国内学者吕维霞定义了感知行政服务质量，是指公众所感知到的行政服务表现和实际绩效水平，是对行政水平的总体评价，包括便利性、相应性、透明性、时效性、保证性等多种维度[5]。在社区服务质量研究中，部分文献将社区服务质量和客户满意度、社会规范、环境安全、组织结构等联系在一起[6][7]。基于此，本书将感知社区服务质量定义为在社区提供服务过程中，社区公众对

---

[1] 高鉴国. 城市公共社区服务的性质与目标[J]. 泰山学院学报，2003,25 (2)：61 – 65.

[2] 唐忠新. 中国城市社区建设概论[M]. 天津：天津人民出版社，2000.

[3] DONABEDIAN A. Explorations in quality assessment and monitoring[M]. Chicago：Health Administration Press,1980.

[4] PARASURAMAN A, ZEITHAML V A, BERRY L L. A conceptual model of service quality and its implications for future research[J]. Journal of marketing, 1985(49):41 – 50.

[5] 吕维霞. 公众感知政府服务质量影响因素实证研究[J]. 国家行政学院学报，2010(5)：75 – 80.

[6] HEINZE H J, JOZEFOWICZ D M H, TORO P A. Taking the youth perspective：assessment of program characteristics that promote positive development in homeless and at – risk youth[J]. Children & youth services review, 2010,32 (10)：1365 – 1372.

[7] SPIRO S E, DEKEL R, PELED E. Dimensions and correlates of client satisfaction：an evaluation of a shelter for runaway and homeless youth[J]. Research on social work practice, 2009,19 (19)：261 – 270.

服务程序、服务者态度、服务满意度等方面的评价。

7.2.1.3 社区信任

信任是人际关系的基础，也是人与人之间、机构组织之间合作的基石。Doney 等和 McKnight 等认为，信任被视为一种对另一方的诚实、可信赖和正直的信念。它涉及对被信任者的行为和动机的充分相信[1][2]。在社区建设中，社区信任能增强居民参与社区治理、解决社区问题的意愿。Wollebæk 等认为社区信任是指社区成员之间基于共同经历、互动和集体行为等因素形成的相互信任、相互支持、相互合作的关系。这种信任是基于对社区成员的观察、判断和经验，而不是仅仅基于善恶标准的观念和认知，通常与邻里互动程度及对社区的熟悉程度、生活环境的满意度等相关联[3]。居民因生活在共同的社区中而形成了较紧密的关系网络，正是基于这种同质性，社区居民之间会形成较高的信任水平。因此，社区信任是一种以空间为边界的、通过类似的关系网络形成的信任形式。还有学者将社区信任定义为拥有相似兴趣、目标的成员之间彼此表达的善意和依赖，形成了一种情感纽带[4]。这种特殊的情感纽带使社区成员在群体中感到舒适，并认为其他成员是可靠的[5]。增强社区信任，有助于增强公众与社区的沟通协作，有助于社区养老等新举措、新政策在社区的顺利开展。简而言之，社区信任包含了成员之间的信任，社区成员对社区发展规划、管理方式等的信任。综合已有研究对社区信任内涵的阐释和理解，本书将社区信任界定为，社区公众关于社区规划管理方式、社区对社区成员利益的维护和实现、社区问题解决能力等的综合评价。

---

[1] DONEY P M, CANNON J P. An examination of the nature of trust in buyer – seller relationships [J]. Journal of marketing, 1997, 61 (2): 35 – 51.

[2] MCKNIGHT D H, CUMMINGS L L, CHERVANY N L. Initial trust in new organizational relationships[J]. Academy of management review, 1998, 23 (3): 473 – 490.

[3] WOLLEBÆK D, LUNDÅSEN S W, TRÄGÅRDH L. Three forms of interpersonal trust: evidence from Swedish municipalities[J]. Scandinavian political studies, 2012, 35 (4): 319 – 346.

[4] HSU C P, CHIANG Y F, HUANG H C. How experience – driven community identification generates trust and engagement[J]. Online information review, 2012, 36 (36): 72 – 88.

[5] MCALEXANDER J H, SCHOUTEN J W, KOENIG H F. Building brand community[J]. Journal of marketing, 2002, 66 (1): 38 – 54.

7.2.2 研究假设及模型构建

社区信任表现为社区公众对所在社区的心理认同,这种认同感是其对社区的总体评价。在本研究中,社区信任包括社区形象和社区服务质量两个方面。Mannarini等通过实证研究发现社区形象与社区意识之间存在着一种关系。对社区环境做出正面描述的居民被证明有一种归属感,更容易在其所居住的社区感到轻松和愉悦[1]。Francis等通过对西澳大利亚州珀斯的公共开放空间、社区中心、学校、商店和社区居民的关系进行研究,发现公共开放空间、社区中心等公共区域及社会组织的形象能激发公民强烈的社区意识,使居民增强幸福感、安全感和信任感[2]。国内学者张改清基于农资产品社区视角对农户的社区信任进行研究,发现良好的农资社区形象能提升农户对农资社区成员和农资社区整体的信任度[3]。目前,有关政府公信力的研究已经证明,政府公信力直接受政府形象和公众总体感知服务质量的积极影响[4]。俞晓静等通过对城市社区老年群体的研究发现,老年群体对社区形象的认可度在一定程度上影响其对该社区的信任度。如果政府能为社区的老年群体提供愉悦身心的生活场所和娱乐设施,则能够普遍提高他们对该社区的依赖程度和信任度[5]。关于社区服务质量的研究,最早可以追溯到企业质量的研究范式。早在1982年,Grönroos就在对企业服务质量的研究中提出了感知服务质量的概念。他认为,感知服务质量是指消费者对实际感受到的服务质量与期望的服务质量的差异[6]。社区服务质量则是通过社区服务的可获得性、易访问性和可靠性等方面来衡量,如果

---

[1] MANNARINI T,TARTAGLIA S,FEDI A,et al. Image of neighborhood, self – image and sense of community[J]. Journal of environmental psychology,2006,26(3):202–214.

[2] FRANCIS J, GILES – CORTI B, WOOD L, et al. Creating sense of community:the role of public space[J]. Journal of environmental psychology,2012,32(4):401–409.

[3] 张改清. 粮食主产区农户农资投入行为及政策评价:基于对河南省农户的实证研究[J]. 农业经济问题,2009(6):20–28.

[4] 吕维霞,王永贵. 基于公众感知的政府公信力影响因素分析[J]. 华中师范大学学报(人文社会科学版),2010,49(4):33–39.

[5] 俞晓静,李洋,李嗣生,等. 城市社区老年人群社会资本的定性研究[J]. 医学与社会,2008,21(2):1–3.

[6] 佩恩. 服务营销[M]. 北京:中国人民大学出版社,Pernticetall出版公司,1997.

公众对社区服务的评估是易获取的、易访问的和可靠的,则很容易形成对社区的好感和信赖①。梁莹通过对城乡社区居(村)委会满意度的调研发现,居(村)委会的服务质量好坏能显著影响居(村)民对社区的信任感,居(村)委会的服务质量越好,居(村)民表现出的社区信任感就越强②。

综上所述,本书做出如下假设:

H_9:感知社区形象正向影响社区信任

H_{10}:感知社区服务质量正向影响社区信任

根据经典态度—行为研究理论,个体行为受个体态度的影响。在本研究中,参与社区养老意愿亦是一种行为结果变量,受感知社区形象、感知社区服务质量、社区信任3个评价变量的影响。形象具有多种属性,比如积极、中立或消极③。Wells 等认为,良好的社区形象能使公民从中受益,增强其社区参与意愿④。当公众认可某一特定的社区形象时,往往把社区形象与自己的身份、形象等特质联系在一起,会因为对社区形象的认同而积极参与社区事务和社区治理⑤。

社区服务涵盖的种类多样,Ismail 等通过对马来西亚的社区寄宿家庭服务(Homestay)进行研究,发现社区寄宿家庭服务质量对用户的参与意愿有正向影响⑥。关于社区养老服务,美国在1943年成立了老年人中心,其运行模式是老年人在其生活的社区内享用餐饮、社交等服务⑦,这些服

---

① 邹凯. 社区服务公众满意度测评理论、方法及应用研究[D]. 长沙:国防科学技术大学,2008.

② 梁莹. 居(村)委会服务质量的居民满意度研究:以两次延续性的实证调查为例[J]. 天府新论,2012(4):105-112.

③ KAZOLEAS D, KIM Y, MOFFITT M A. Institutional image: a case study[J]. Corporate communications an international journal, 2001, 6(6): 205-216.

④ WELLS B, SPINKS N. Developing a community image program: an essential function of business communication[J]. Management decision, 1999, 37(37): 289-295.

⑤ ROSENBAUM M S, OSTROM A L, KUNTZE R. Loyalty programs and a sense of community [J]. Journal of services marketing, 2005, 19(4): 222-233.

⑥ ISMAIL M N I, HANAFIAH M H, AMINUDDIN N, et al. Community-based homestay service quality, visitor satisfaction, and behavioral intention [J]. Procedia-social and behavioral sciences, 2016(222):398-405.

⑦ KIRK A, ALESSI H D. Rural senior service centers: a study of the impact on quality of life issues [J]. Activities, adaptation, & aging, 2002, 26(3): 51-64.

务被认为是老龄服务网络化和老龄服务长期化的重要组成部分。美国的老年人中心曾一度是学界争相研究和学习的案例，不少学者发现老年人中心提供的服务能够满足老年人的社会互动需求①，帮助老年人在所居住的社区中愉快地生活。还有文献从服务质量的细节维度进行了分析，研究表明如果在活动中加入游戏环节将提升公众对服务质量的认可度，从而增强公众的参与意愿②。因此，美国老年人非常愿意选择在老年人中心安度晚年。

目前，学界对社区信任和公众参与社区意愿的关系也有一定研究。Hur等通过对社区品牌建设的论证发现，人们对社区的信任程度对社区参与有着积极的影响③。Liang等基于北美Airbnb数据进行实证研究，发现对平台社区的信任能够增强消费者的选择意愿④，这种信任度越高，消费者的参与意愿越强⑤。对公民参与政府的电子政务投票的研究显示，当公民与提供电子政务（e-Government）服务的政府组织拥有相同的价值观时，其对政府组织的信任度会提升，从而更愿意参与社会治理⑥。毕继东等认为，社区信任能增强社区成员在社区中获取服务的意愿，从而引导其他社区成员的购买或参与行为⑦。同样，Kalkbrenner等用回归分析证明了在公民参与社区能源计划中，社会认同和社区信任是影响公民参与意愿的重要因素⑧。社区是能源治理的主要载体，政府必然要依靠社区力量和社区公

---

① ADAY R H, KEHOE G C, FARNEY L A. Impact of senior center friendships on aging women who live alone[J]. Journal of women & aging, 2006,18（1）: 57-73.

② SEIFFERT J, NOTHHAFT H. The missing media: the procedural rhetoric of computer games[J]. Public relations review, 2015,41（2）: 254-263.

③ HUR W M, AHN K H, KIM M. Building brand loyalty through managing brand community commitment[J]. Management decision, 2011,49（7）: 1194-1213.

④ LIANG L J, CHOI H C, JOPPE M. Exploring the relationship between satisfaction, trust and switching intention, repurchase intention in the context of Airbnb[J]. International journal of hospitality management, 2018(69):41-48.

⑤ RIDINGS C M, GEFEN D, ARINZE B. Some antecedents and effects of trust in virtual communities[J]. Journal of strategic information systems, 2002,11（3-4）: 271-295.

⑥ WARKENTIN M, SHARMA S, GEFEN D, et al. Social identity and trust in internet-based voting adoption[J]. Government information quarterly, 2018(3):1-15.

⑦ 毕继东，胡正明. 网络口碑传播研究综述[J]. 情报杂志, 2010,29（1）: 11-16.

⑧ KALKBRENNER B J, ROOSEN J. Citizens' willingness to participate in local renewable energy projects: the role of community and trust in Germany[J]. Energy research & social science, 2016(13): 60-70.

众的参与。Koirala 等对荷兰 599 名公民进行了调查分析，发现在多重影响因素中，社区信任是公民积极参与的最重要影响因素之一[①]。邱国良等基于资源动员理论解释了社区信任关系是推动集体参与行为的重要影响因素，集体行为由个体行为决定，由此可以推论社区信任也会在一定程度上影响公民的参与行为[②]。还有学者对南京市城乡社区进行了实证调查，用 Logistic 回归对数据进行了分析，发现居民对社区街道办的信任度与居民的志愿者精神之间有着密切联系。居民对社区街道办的信任程度越高，越能激发居民的志愿者精神[③]。

社区养老服务是社区服务的一部分，因此研究公众参与社区养老意愿时做出如下假设：

H_{11}：感知社区形象正向影响参与社区养老意愿

H_{12}：感知社区服务质量正向影响参与社区养老意愿

H_{13}：社区信任正向影响参与社区养老意愿

综上所述，本书提出影响公众参与社区养老意愿的概念模型（见图 7-2）。

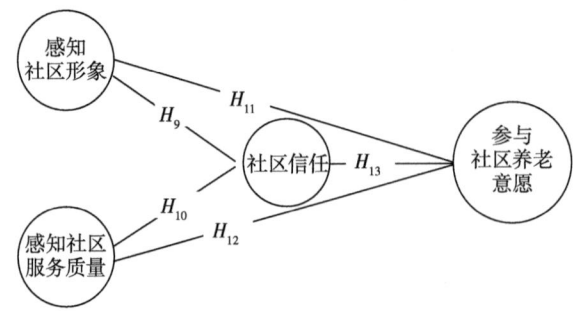

图 7-2　影响公众参与社区养老意愿概念模型图

资料来源：笔者绘制。

本书采用问卷调查法收集数据。问卷量表包含 4 个潜变量、16 个测量

---

① KOIRALA B P, ARAGHI Y, KROESEN M, et al. Trust, awareness, and independence: insights from a socio-psychological factor analysis of citizen knowledge and participation in community energy systems[J]. Energy research & social science, 2018,38(4): 33-40.

② 邱国良，叶旭阳. 社区边界、信任与集体行动：基于羊村个案的经验研究[J]. 江西师范大学学报(哲学社会科学版), 2015(2): 23-28.

③ 梁莹. 街道乡镇政府信任与居民的社区志愿精神：基于南京市若干城乡社区的实证调查[J]. 南京师大学报(社会科学版), 2011(4): 28-35.

题项，所有测量题项均直接引用或根据研究情境改编自已有的成熟量表，由笔者及两名博士研究生分别对国外量表进行双向翻译并修订。其中，测量感知社区形象的题项借鉴了谈志林对社区形象层次的界定[①]。测量感知社区服务质量的题项参考了吕维霞的公众感知行政服务质量量表题项[②]。测量社区信任的题项参考了高勇的政府信任量表题项[③]。测量参与社区养老意愿的题项改编自Zeithaml等对行为意愿的测量题项[④]。同时，以文字导语形式对社区养老服务进行说明，导语具体内容如下：

"王先生刚从新闻中看到，政府正在大力倡导社区养老。这是一种新型养老服务模式，老年人居住在自己家的同时，通过集资形式平价购买社区提供的基本公共养老服务，如上门看病问诊、社区组织的老年活动等。王先生认为这种老年人在家中居住与社会化上门服务相结合的新型养老模式，可确保老年人既能独立自主生活，又能在遇到突发事件时得到社区的紧急援助；既能维系好与家人、朋友、邻居的关系，又能促使社会资源得到充分利用。请问您对社区养老如何看待？"

7.2.3 预测试及量表检验

完成量表设计后，先进行预测试，邀请成都地区某高校管理学院教职员工及部分学生家长作为研究被试人员，共计发放问卷100份，回收有效问卷87份（样本量$N=87$）。根据问卷结果，用SPSS软件将相关数据计算后对量表问题进行纯化处理，删除Item-Total相关系数较低的个别题项后，其他测量题项基本符合正式测试问卷所需要求。随后，组织本研究专业领域有关学者和专家成立焦点小组，通过面对面访谈形式与部分被试人员再次进行深度交流，进一步梳理原调查问卷中各题项语句表述，修订完善语义使被试人员更容易理解。经过上述操作步骤，最终形成用于正式测

---

① 谈志林. 台湾的社造运动与我国社区再造的路径选择[J]. 中国行政管理, 2006, 256(10): 83-86.
② 吕维霞. 公众感知政府服务质量影响因素实证研究[J]. 国家行政学院学报, 2010(5): 75-80.
③ 高勇. 参与行为与政府信任的关系模式研究[J]. 社会学研究, 2014(5): 98-119.
④ ZEITHAML V A, BERRY L L, PARASURAMAN A. The behavioral consequences of service quality[J]. The journal of marketing, 1996, 60(2): 31-46.

试的测量题项（见表7-17）。问卷对所有测量题项均采用李克特7点量表形式，即用数字1代表"非常不同意"、数字7代表"非常同意"、数字4表示中立态度，获取被试人员关于感知社区形象、感知社区服务质量、社区信任、参与社区养老意愿的直接信息反馈。

表7-17 正式测试量表——公众参与（2）

潜变量	测量题项	Item-Total 相关系数	Cronbach's α	正式编号
感知社区形象	XX1：我认为我生活的社区具有明确的发展规划和功能定位	0.806	0.881	XX1
	XX2：我生活的社区能满足我日常生活的基本需求	0.792		XX2
	XX3：我生活的社区非常重视通过宣传和培训来提高社区公民素质	0.714		XX3
感知社区服务质量	ZL1：社区为我提供了详细信息以方便了解办事程序和要求	0.690	0.825	ZL1
	ZL2：我认为社区服务人员态度主动热情、平和亲民	0.659		ZL2
	ZL3：我认为社区的办事过程和结果公开透明	0.704		ZL3
社区信任	XR1：我相信老百姓的利益得到了本社区的保护	0.667	0.874	XR1
	XR2：我相信本社区处理事情公道恰当	0.697		XR2
	XR3：我相信本社区能处理好突发事件	0.734		XR3
	XR4：我认为本社区工作人员办事能力比较强	0.811		XR4
	XR5：我相信本社区工作人员的道德水平	0.497		删除
	XR6：总体来说，我非常信赖本社区	0.677		XR5
参与社区养老意愿	SQ1：我会积极参与体验社区养老服务	0.857	0.965	SQ1
	SQ2：我会考虑将社区养老服务作为我的首选	0.916		SQ2
	SQ3：即便花费更多，我也会选择社区养老服务	0.913		SQ3
	SQ4：我会鼓励我的亲朋好友也选择社区养老服务	0.905		SQ4
	SQ5：社区养老服务是我最想要的服务方式	0.908		SQ5

资料来源：笔者绘制。

7.2.4 正式测试样本和数据

在正式问卷调查的操作中，本书选取成都市成华区双林社区、锦江区莲花社区、武侯区玉林社区作为抽样数据采集地，邀请公共管理专业本科

第7章 地方政府行为影响公众参与社区养老意愿的实证研究

大三学生作为研究助理,于 2016 年 2—3 月在以上 3 个社区发放、收集调查问卷。本次调查共计发放问卷 450 份,初步回收有效问卷 375 份,经过对作答不完整、不规范问卷排查后,得到有效问卷 323 份,回收率达 86.13%,且有效样本量达到测量题项数量的 5 倍,在样本完整性和有效性上符合要求。正式测试调查问卷样本人口统计量表如表 7-18 所示。

表 7-18 样本人口统计量表——公众参与(2)

人口统计变量	变量取值	人数/人	百分比/%
性别	男性	141	43.7
	女性	182	56.3
民族	汉族	299	92.6
	其他民族	24	7.4
婚姻状况	未婚	72	22.3
	已婚	245	75.9
	其他	6	1.9
年龄	30 岁及以下	81	25.1
	31~40 岁	67	20.7
	41~50 岁	84	26.0
	51~60 岁	78	24.1
	61 岁及以上	13	4.0
子女人数	无	103	31.9
	1 人	186	57.6
	2 人	33	10.2
	3 人及以上	1	0.3
目前的职业或退休前的职业	公务员	10	3.1
	事业单位员工	25	7.7
	国有企业职工	66	20.4
	外资企业职工	11	3.4
	其他企业职工	158	48.9
	自由职业	35	10.8
	企业主/老板	5	1.5
	家庭主妇/无固定职业	13	4.0

续表

人口统计变量	变量取值	人数/人	百分比/%
税前月均收入	3000 元及以下	33	10.2
	3001~4500 元	78	24.1
	4501~6000 元	100	31.0
	6001~7500 元	55	17.0
	7501~9000 元	31	9.6
	9001~12000 元	19	5.9
	12001 元及以上	7	2.2

资料来源：笔者绘制。

7.2.5 信度和效度检验

对概念模型中的自变量和因变量进行探索性因子分析（EFA）。在进行 EFA 检验之前，本书采用 KMO 度量和 Bartlett's 球形度检验来检验样本数据是否适合做因子分析。本书使用 SPSS 20 软件对测量量表的自变量和因变量进行分析，得到的样本 KMO 值为 0.874，表明样本数据良好；Bartlett's 球形度检验结果显示，自由度为 120，卡方值为 5901.619（$p = 0.000$），表明样本数据适合进行 EFA 检验（见表 7-19）。

表 7-19　KMO 度量和 Bartlett's 球形度检验结果表——公众参与（2）

Kaiser-Meyer-Olkin 度量		0.874
Bartlett's 球形度检验	卡方值	5901.619
	df	120
	Sig.	0.000

资料来源：笔者绘制。

首先，本书采用主成分分析方法提取因子，对初始因子进行有效探索，并使用方差最大正交旋转法对因子分组进行解释。经旋转后保留因子载荷大于 0.5 的测量题项，得到因子载荷矩阵（见表 7-20）。

第7章 地方政府行为影响公众参与社区养老意愿的实证研究

表7-20 因子载荷矩阵表——公众参与（2）

潜变量	测量题项	成分			
		1	2	3	4
参与社区养老意愿	SQ2	0.903			
	SQ4	0.901			
	SQ3	0.879			
	SQ5	0.876			
	SQ1	0.821			
社区信任	XR4		0.858		
	XR2		0.838		
	XR1		0.770		
	XR3		0.687		
	XR5		0.635		
感知社区形象	XX1			0.849	
	XX2			0.827	
	XX3			0.812	
感知社区服务质量	ZL3				0.850
	ZL2				0.828
	ZL1				0.784

资料来源：笔者绘制。

其次，采用Anderson等提出的经典分析方法对样本数据进行验证性因子分析（CFA），用来检测样本数据的信度和效度[1]。使用Mplus 7软件对样本数据进行分析[2]，得出数据结果：$\chi^2 = 234.783$（$df = 97$），$p = 0.000$。拟合指标中，检验结果：$\chi^2/df = 2.420$，$CFI = 0.925$，$TLI = 0.907$，$RMSEA = 0.071$，$SRMR = 0.066$。对比判断标准：$\chi^2/df < 3$，$CFI > 0.900$，$TLI > 0.900$，$RMSEA < 0.080$，$SRMR < 0.080$，表明模型整体拟合效果较好（见表7-21）[3]。

---

[1] ANDERSON J C, GERBING D W. Structural equation modeling in practice : a review and recommended two-step approach[J]. Psychological bulletin, 1988,103(3): 411-423.
[2] MUTHEN L, MUTHEN B. Mplus User's Guide[M]. Los Angeles,CA: Muthen & Muthen,2010.
[3] HAIR J F, BLACK W C, BABIN B J, et al. Multivariate data analysis [M]. Beijing: China Machine Press,2011.

表7-21 CFA拟合指标表——公众参与（2）

	χ^2/df	CFI	TLI	RMSEA	SRMR
评判标准	<3	>0.900	>0.900	<0.080	<0.080
检验结果	2.420	0.925	0.907	0.071	0.066

资料来源：笔者绘制。

再次，检查样本数据测量的信度和聚敛效度（见表7-22）。结果显示，所有潜变量的建构信度（CR）均高于0.70，表明样本数据测量具有较好的信度。另外，测量题项的观察变量与所对应的潜变量的标准化因子载荷（λ）均高于0.60，大多数因子载荷高于0.70，t值在$p=0.000$的置信水平下显著，每一个潜变量的平均方差抽取量（AVE）均高于0.50，表明样本数据测量具有较好的聚敛效度。

表7-22 信度和聚敛效度表——公众参与（2）

潜变量	测量题项	λ	t值	CR	AVE
感知社区形象	XX1	0.873	34.008	0.870	0.693
	XX2	0.886	29.620		
	XX3	0.729	15.118		
感知社区服务质量	ZL1	0.895	27.389	0.856	0.667
	ZL2	0.870	29.365		
	ZL3	0.666	12.840		
社区信任	XR1	0.601	9.320	0.874	0.588
	XR2	0.839	23.631		
	XR3	0.900	39.726		
	XR4	0.837	23.748		
	XR5	0.602	10.999		
参与社区养老意愿	SQ1	0.760	17.947	0.901	0.645
	SQ2	0.799	21.391		
	SQ3	0.862	27.286		
	SQ4	0.835	19.502		
	SQ5	0.754	16.924		

资料来源：笔者绘制。

最后，检查测量的辨别效度（见表7-23）。结果显示，每一个潜变量的AVE平方根均大于该潜变量与其他潜变量之间的相关系数，表明样本数据测量具有较好的辨别效度。

表7-23 辨别效度表——公众参与（2）

	感知社区形象	感知社区服务质量	社区信任	参与社区养老意愿
感知社区形象	0.832			
感知社区服务质量	0.617	0.817		
社区信任	0.395	0.387	0.767	
参与社区养老意愿	0.697	0.518	0.578	0.803

资料来源：笔者绘制。

注：对角线上的数值为各潜变量的 AVE 的平方根，对角线下的数值为潜变量之间的相关系数。

7.2.6 假设检验

本书主要使用 Mplus 7 软件对样本数据进行分析。结果显示，概念模型整体拟合指标为 $\chi^2 = 234.782$（$df = 97$），$p = 0.000$。拟合指标中，检验结果：$\chi^2/df = 2.420$，$CFI = 0.925$，$TLI = 0.907$，$RMSEA = 0.071$，$SRMR = 0.066$。对比判断标准：$\chi^2/df < 3$，$CFI > 0.900$，$TLI > 0.900$，$RMSEA < 0.080$，$SRMR < 0.080$，表明概念模型整体拟合效果较好（见表7-24）。

表7-24 概念模型整体拟合指标表——公众参与（2）

	χ^2/df	CFI	TLI	RMSEA	SRMR
评判标准	<3	>0.900	>0.900	<0.080	<0.080
检验结果	2.420	0.925	0.907	0.071	0.066

资料来源：笔者绘制。

再使用 Mplus 7 软件分析样本数据，得到概念模型路径分析指标（见表7-25）。

表7-25 概念模型路径分析指标表——公众参与（2）

假设路径	标准化路径系数β值	p 值	假设检验结果
感知社区形象→社区信任	0.252	0.005	接受
感知社区服务质量→社区信任	0.231	0.007	接受
感知社区形象→参与社区养老意愿	0.522	0.000	接受
感知社区服务质量→参与社区养老意愿	0.061	0.408	拒绝
信任→参与社区养老意愿	0.348	0.000	接受

资料来源：笔者绘制。

由 Mplus 7 软件输出结果得到本研究的基本模型路径分析指标,其中"感知社区服务质量→参与社区养老意愿"路径原假设被拒绝,其余路径均得到验证。随后,在概念模型中删除"感知社区服务质量→参与社区养老意愿"路径,得到修正模型,并再通过 Mplus 7 软件对实证数据做拟合计算处理,得到结果如表 7-26 所示。

表 7-26 基本模型与修正模型拟合指标对比表——公众参与

	χ^2	df	χ^2/df	CFI	TLI	RMSEA	SRMR
基本模型	234.782	97	2.420	0.925	0.907	0.071	0.066
修正模型	235.720	98	2.410	0.925	0.908	0.072	0.066

资料来源:笔者绘制。

基本模型与修正模型拟合指标对比结果显示,$\triangle\chi^2=0.938$,$\triangle df=1$,经查卡方值分布表,表明两个模型在 $p<0.05$ 时无显著差异,因此保留基本模型作为拟合模型。根据观察变量与所对应的潜变量的标准化因子载荷(λ)(见表 7-27)及潜变量之间标准化路径系数(β)对应指标值,形成概念模型拟合结果图(见图 7-3)。

表 7-27 标准化因子载荷表——公众参与(2)

潜变量	测量题项	λ
感知社区形象	XX1	0.873
	XX2	0.886
	XX3	0.729
感知社区服务质量	ZL1	0.895
	ZL2	0.870
	ZL3	0.666
社区信任	XR1	0.601
	XR2	0.839
	XR3	0.900
	XR4	0.837
	XR5	0.602

续表

潜变量	测量题项	λ
参与社区养老意愿	SQ1	0.760
	SQ2	0.799
	SQ3	0.862
	SQ4	0.835
	SQ5	0.754

资料来源：笔者绘制。

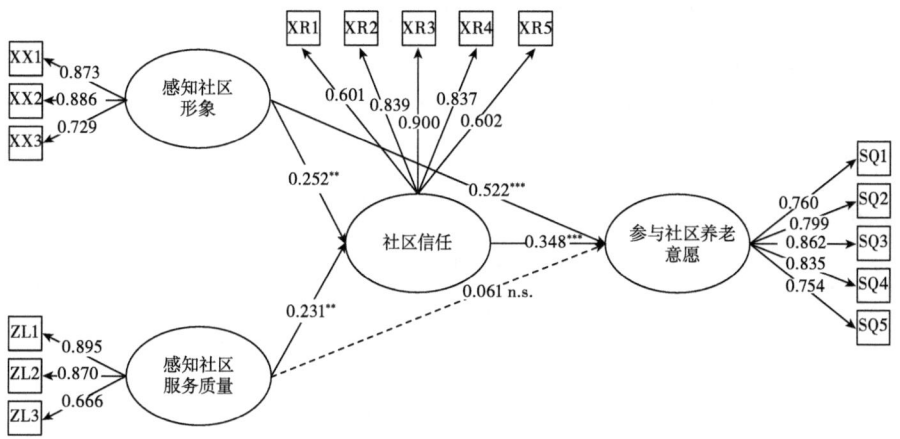

图7-3　影响公众参与社区养老意愿概念模型拟合结果图

资料来源：笔者绘制。

注：＊＊＊、＊＊、＊分别表示回归系数在 $p<0.001$、$p<0.01$、$p<0.05$ 的置信水平下显著；n.s. 表示不显著。

概念模型拟合指标结果显示，社区信任受到感知社区形象（$\beta=0.252$，$p=0.005$）和感知社区服务质量（$\beta=0.231$，$p=0.007$）的双重正向影响，原假设 H_9 和 H_{10} 均得到实证数据检验支持。参与社区养老意愿受到感知社区形象（$\beta=0.522$，$p<0.001$）和社区信任（$\beta=0.348$，$p<0.001$）的正向影响，原假设 H_{11} 和 H_{13} 均得到实证数据检验支持；但参与社区养老意愿受到感知社区服务质量（$\beta=0.061$，$p=0.408$）的正向影响不够显著，因此原假设 H_{12} 没有得到实证数据检验支持。

本书进一步通过 SPSS 20 软件对拟合模型进行中介效应检验。分步回归结果显示，所有回归方程容忍度（Tolerance）介于 0.708~1.000，方差膨胀因子（VIF）介于1.000～1.412，两者均处于可以接受的临界值范围内，表明不存在多重共线性。各回归方程（M1、M2、M3、M4）的Durbin-Watson值均接近2（见表7-28），表明也不存在序列相关问题。因此，模型整体较适合进行回归分析。回归结果显示，自变量感知社区形象、感知社区服务质量对因变量参与社区养老意愿及中介变量社区信任存在显著的影响（M1、M2）；中介变量社区信任也对因变量参与社区养老意愿存在显著影响（M3）。参考温忠麟等对中介效应检验方法的研究可知[①]，感知社区形象与感知社区服务质量对参与社区养老意愿具有正向显著作用，并且受到社区信任的中介影响。在M4中，感知社区形象与参与社区养老意愿之间的相关系数仍为正向显著，但β值较M1有所减少，说明受到社区信任的部分中介作用；此外，感知社区服务质量与参与社区养老意愿之间的相关系数不再显著，说明受到社区信任的完全中介作用。

表7-28 中介效应检验

		M1（参与社区养老意愿）	M2（社区信任）	M3（参与社区养老意愿）	M4（参与社区养老意愿）
自变量	感知社区形象	0.427***	0.346***	N/A	0.286***
	感知社区服务质量	0.166**	0.216***	N/A	0.079n.s.
	社区信任	N/A	N/A	0.562***	0.405***
模型参数	F	60.273	48.846	147.852	70.730
	R^2	0.274	0.234	0.315	0.399
	$\triangle R^2$	0.269	0.229	0.313	0.394
	Durbin-Watson值	1.881	1.888	1.649	1.791

资料来源：笔者绘制。

注：＊＊＊表示$p<0.001$，＊＊表示$p<0.01$，n.s.表示$p>0.05$，系数为标准化后的值。

[①] 温忠麟,张雷,侯杰泰,等.中介效应检验程序及其应用[J].心理学报,2004,36（5）:614-620.

7.3 实证研究结论

7.3.1 地方政府行为直接影响公众参与社区养老意愿的结论

研究结果显示，地方政府公共政策供给行为对公众参与社区养老效用的影响不显著，但地方政府公共资源供给行为和监管机制建立行为对公众的参与效用仍具有显著的正向影响，公众参与社区养老意愿受其参与成本的影响较大。这说明地方政府公共政策供给行为不能直接对公众参与社区养老意愿产生影响，目前针对公众的公共政策效果不佳，还需要及时修正和完善，或通过间接途径形成有效的作用力。

7.3.2 社区因素影响公众参与社区养老意愿的结论

研究结果显示，第一，社区形象、社区服务质量和社区信任对参与社区养老意愿构成正向影响。由拟合模型结果可知，感知社区形象和感知社区服务质量能显著正向影响社区信任。这说明要提升公众对本社区的信任度，不仅应积极提升社区形象，还应努力提高社区服务质量水平。第二，社区信任起到了重要的中介作用。中介检验结果显示，即便感知社区服务质量不能直接影响参与社区养老意愿，但可以经过社区信任来间接促进公众的选择行为。由此凸显出社区信任的重要性，在参与社区养老意愿的影响机制中，社区信任作为核心要素，将公众对社区的评价转化为对参与意愿的影响。因此，地方政府应重视社区因素的影响，可以从社区建设方面入手，通过政策扶持社区建设，增强公众社区养老的参与意愿。

第8章　结论分析与对策建议

　　本书通过构建地方政府行为影响企业、社会组织和公众参与社区养老意愿模型，以成都市的样本数据为基础，探索了地方政府行为对多元主体参与社区养老意愿的影响路径和作用机制。在统计结果的基础上，进一步挖掘了地方政府行为影响公众参与的间接因素——社区因素，既对地方政府行为影响多元主体参与社区养老意愿模型进行补充，又找出影响公众参与社区养老的关键因素，帮助地方政府在推动社区养老发展的进程中把握重要方向，并对地方政府行为的效果进行检验和修正。实证研究数据显示，地方政府公共政策供给行为、公共资源供给行为和监管机制建立行为分别对企业、社会组织与公众的社区养老参与意愿产生了不同程度的影响（见表8-1）。因此，本书将分别从地方政府行为的三个方面对企业、社会组织与公众的参与意愿影响进行对比剖析，并对不同的参与主体提出更有针对性的对策建议。

表 8-1 研究结论对比分析

参与主体	效用类型	效用对多元主体参与意愿的影响		地方政府行为对多元主体参与效用的影响								
				公共政策供给行为			公共资源供给行为			监管机制建立行为		
		影响效果	实证结论	影响效果	实证结论	完善重点	影响效果	实证结论	完善重点	影响效果	实证结论	完善重点
企业	成本	0.629**（显著）	均有显著影响，但成本影响更大	0.378**（显著）	对成本影响更大	保持政策连续性	0.167*（显著）	对收益影响更大	加强成本激励	0.260**（显著）	对收益影响更大	加强成本激励
	收益	0.256***（显著）		0.214**（显著）			0.253**（显著）			0.403**（显著）		
社会组织	成本	0.342***（显著）	均有显著影响，但收益影响更大	0.178**（显著）	对收益影响更大	保持政策连续性	0.269***（显著）	对成本影响更大	加强收益激励	0.371***（显著）	对成本影响更大	加强收益激励
	收益	0.428***（显著）		0.193*（显著）			0.252**（显著）			0.295***（显著）		
公众	成本	0.516***（显著）	均有显著影响，但成本影响更大	0.103n.s.（不显著）	无显著影响	加强政策针对性，进行补充研究	0.248***（显著）	对收益影响更大	加强成本激励	0.386***（显著）	对成本影响更大	保持政策连续性
	收益	0.322***（显著）		0.054n.s.（不显著）			0.302***（显著）			0.323***（显著）		

资料来源：笔者绘制。

注：＊＊＊、＊＊、＊分别表示回归系数在 $p<0.001$、$p<0.01$、$p<0.05$ 的置信水平下显著；n.s. 表示不显著。

8.1 地方政府公共政策供给行为影响多元主体参与社区养老意愿的结论分析与对策建议

8.1.1 地方政府公共政策供给行为影响多元主体参与社区养老意愿的结论分析

在社区养老中，地方政府公共政策供给行为是指地方政府制定或出台相关政策，用于鼓励扶持各主体积极参与社区养老建设。地方政府的本意在于通过公共政策的制定和执行，影响并增强企业、社会组织和公众参与社区养老的意愿。本书在实证研究中发现，地方政府公共政策供给行为对企业和社会组织的影响总体上较为相似，但在具体内容和程度上有一定的区别。对于公众来说，地方政府公共政策供给行为对其参与社区养老意愿的影响效果不显著。

对企业来说，在多元主体参与效用对参与社区养老意愿的影响方面，参与成本的影响系数为0.629，远高于参与收益的影响系数（0.256），说明企业更关注参与社区养老成本的影响。在地方政府公共政策供给行为对多元主体参与效用的影响方面，对企业参与成本的影响系数为0.378，对企业参与收益的影响系数为0.214。虽然都呈现显著的相关性，但其相关程度相差不大，说明公共政策的激励作用有待进一步加强。造成这种情况的原因在于，一方面，地方政府在政策制定过程中对企业的需求了解甚少，导致激励政策扶持重点的偏差。传统的公共政策对社会组织的倾斜力度更大，相比社会组织，企业得到的政策优惠更少，对其成本控制更为不利。另一方面，企业是参与社区养老的重要力量也是新兴力量，但企业以营利为目的，部分高新技术企业进入社区养老领域，为老年群体提供先进的技术和服务，最大的困扰就是盈利难甚至亏本，在关键核心技术方面尚缺乏地方政府有针对性的扶持和减免政策。

对社会组织来说，在多元主体参与效用对参与社区养老意愿的影响方面，参与收益的影响系数为0.428，而参与成本的影响系数为0.342，由此可见，社会组织参与社区养老意愿受参与收益的影响更大。在地方政府公共政策供给行为对多元主体参与效用的影响方面,对社会组织参与收益的影响系数(0.193)略高于对社会组织参与成本的影响系数(0.178)。出现该种情况的原因可能是,地方政府对社会组织生存和发展的重点需求尚不了解。在社区养老中,社会组织更看重所获取的收益而非成本,但目前的政策太笼统,导致激励的扩大效应不明显。同时,社会组织参与社区养老的收益可以分为经济效益和社会效益两方面。杨丽等通过研究某社区养老社会组织,发现社会组织大多具有固定的资金来源,58%的社会组织依靠政府资金,其中30%的社会组织使用政府资金占来源资金比例为44%,28%的社会组织使用政府资金占比80%以上[①]。可见,社会组织的经济效益较为稳定,其更看重社会效益。

  对公众来说,地方政府公共政策供给行为对其参与社区养老意愿的影响不显著,这或是由于企业、社会组织在参与社区养老中的角色与公众的不同。企业和社会组织大多承担了社区养老服务供给的责任,公众则更多处于使用者的位置,而目前的公共政策更偏向社区养老服务供给者。在构建社区养老服务体系的进程中,无论是企业、社会组织,还是公众,都是促进社区养老良性健康发展的重要力量。这也反映出当前公共政策的局限性。地方政府针对公众的切身利益的相关政策文件还不够全面,辐射面还不够广,制定的办法措施还不够具体等。另外,虽然社区养老的推广和宣传取得了很大的进展,但大部分公众因缺乏有效的信息了解渠道或沟通途径,难以直接感受到来自公共政策方面的利好。在社区养老中,社区作为地方政府和公众之间沟通的有效桥梁,既是社区养老的载体,又能代表政府机关更好地传达公共政策和制度。

  基于以上实际情况,本书对此做了进一步研究,探索感知社区形象和感知服务质量、社区信任如何影响公众参与社区养老意愿。结论显示,感知社区形象和社区信任能够直接影响公众参与社区养老意愿,但社区服务质量对公众参与社区养老意愿的影响是通过社区信任这个中介变量来产生

---

① 杨丽,赵小平,游斐. 社会组织参与社会治理:理论、问题与政策选择[J]. 北京师范大学学报(社会科学版),2015(6):5-12.

的。由此可见，社区因素在很大程度上对公众参与社区养老意愿产生影响，若将其视为地方政府行为影响公众的间接因素，大力推动社区发展，对推动社区养老发展必能起到事半功倍的效果。

8.1.2 地方政府公共政策供给行为影响多元主体参与社区养老意愿的对策建议

基于研究结论，本书对地方政府公共政策供给行为的修正完善提出了以下三方面的对策建议。

（1）明确参与主体需求，提高政策针对性

为鼓励多元主体参与社区养老，地方政府通过政策手段对企业、社会组织与公众的参与成本和收益进行调节。研究发现，虽然企业、社会组织都是社区养老服务的供给者，但两者由于性质不同，对成本和收益的感知是不同的。企业更看重政策条件是否更能帮助其降低成本，社会组织则更重视参与社区养老的收益，尤其是社会效益。

地方政府在制定政策前期应该设立专项调研小组，对企业和社会组织参与社区养老的发展需求进行调研。针对不同主体，地方政府应对政策进行区分，如针对企业的政策应更偏重对其缩减成本的支持。闫青春指出，企业在社区养老服务方面面临的主要成本问题在于养老设施用地难以落实、建设资金的融资和信贷渠道有限①。因此，地方政府应当及时调整当前的土地政策，把养老用地规划纳入城乡建设和土地规划，按一定比例留出养老建设用地，通过优惠的条件将土地拍卖或转让给开展社区养老服务的企业和其他组织。

此外，地方政府应更重视社会组织对社会效益的需求。许多民间社会组织在社区养老服务中做出了大量贡献，但其发展面临着一些问题，如关于社会组织的法律管理框架尚不完善，社会影响力较缺乏，运营的持续性和长期性难以保证等。因此，地方政府应该尽快构建完善的法律管理体系，出台相关政策，加强宣传，提升社会组织的影响力，同时简化审批手续。

---

① 闫青春. 社会组织是发展老龄事业和产业的生力军[J]. 理论视野, 2013(10): 76-77.

(2) 对养老创新提供政策支持

多元主体参与社区养老能将更多社会资本集中起来，优化资源配置。在我国老龄化加速的背景下，为了让有限的资源得到充分有效利用，从模式、类型和内容上都需要对社区养老进行创新。然而，创新需要平台和成本，这又加重了企业和社会组织参与社区养老的负担，因此地方政府可以从政策层面降低或减免企业和社会组织的创新成本。一方面，地方政府对开展社区养老创新的企业和社会组织实施所得税减免政策，提供企业创业孵化平台，免征场地费用等；另一方面，通过奖励政策激励更多社会组织和企业加入创新队伍。

(3) 扩大政策传达渠道

多元主体对政策效果的感知极大影响其参与社区养老的积极性和效率。对此，扩大政策传达渠道应从两方面入手：第一，建立传统媒体和新媒体相结合的传达方式。社区养老事关企业、社会组织和公众等多方参与者，必须建立公开高效的政策传达机制，除了传统的纸质传媒，更应利用新媒体的力量，通过网络、电视、电台等方式进行政策传达。第二，加强社区的政策传导作用。社区不仅是人们生活的环境，更是将地方政府与公众切实联系起来的纽带，公共政策执行的效果很大程度上取决于社区的建设情况。社区应该成立专人负责的政策传达部门，通过开展与社区居民的互动和走访活动，既能及时将养老新政策和政策变动情况告知社区居民，也能及时向上级部门反映公众诉求和政策执行效果。

8.2 地方政府公共资源供给行为影响多元主体参与社区养老意愿的结论分析与对策建议

8.2.1 地方政府公共资源供给行为影响多元主体参与社区养老意愿的结论分析

在社区养老中，地方政府公共资源供给行为是指为鼓励多元主体参与社区养老，地方政府将社区养老相关的土地、医疗卫生、人力等公共资源提供给主体使用。本书通过研究地方政府公共资源供给行为对企业、社会组织和公众参与社区养老意愿的影响，得出以下结论。

对企业来说，在多元主体参与效用对参与社区养老意愿的影响方面，实证结论揭示企业更重视其参与社区养老的成本的影响。在地方政府公共资源供给行为对多元主体参与效用的影响方面，对企业参与收益的影响系数为0.253，对企业参与成本的影响系数为0.167，说明地方政府公共资源供给行为对企业的支持力度不够。其原因或是地方政府对参与社区养老的企业的角色定位还不够准确。在公共资源提供方面，如社区场所、土地、水电等资源，地方政府没有将企业与社会组织一视同仁。此外，一些高新技术企业在社区养老服务的自主研发和创新方面的投入和产出成本较高，但缺乏专项资金补助和部分专用材料获取途径。如果地方政府能在公共资源的供给上降低或控制企业参与社区养老的成本，则能在更大程度上激励企业投身社区养老建设。

对社会组织来说，在多元主体参与效用对参与社区养老意愿的影响方面，社会组织更关注参与社区养老的收益。结论显示，社会组织在参与社区养老中所获得的收益越高，则参与社区养老的意愿越强烈。在地方政府公共资源供给行为对多元主体参与效用的影响方面，对社会组织参与收益的影响系数为0.252，对社会组织参与成本的影响系数为0.269，说明地方政府公共资源供给对社会组织的影响力度还不够。在参与社区养老中，社会组织由于非营利性质，能从政府资金补助、外界捐赠等多种渠道获取资金，并且其发展的重心在于树立良好的社会形象，受到社会认可，构建完善的公益事业体系。地方政府对社会组织长期发展考虑不够，应加强对社会工作者的培养，提供更多培训、交流机会。

对公众来说，在多元主体参与效用对参与社区养老意愿的影响方面，公众参与社区养老的积极性受参与成本的影响更显著。在地方政府公共资源供给行为对多元主体参与效用的影响方面，对公众参与收益的影响系数为0.302，对公众参与成本的影响系数为0.248。结论显示，公众在参与社区养老中受收益因素影响较大，但地方政府在对公众参与的激励方面还较为欠缺。这可能是因为地方政府对公众需求了解不足，在社区公共基础设施配套方面相对不足。此外，由于地方政府对政策的宣传不足，公众对参与社区养老的优惠条件、高龄补助等政策了解不足。

8.2.2 地方政府公共资源供给行为影响多元主体参与社区养老意愿的对策建议

基于研究结论，本书对地方政府公共资源供给行为的补充完善提出了以下四方面的对策建议。

（1）提高资源供给的公平性，培育社会企业

首先，地方政府在鼓励多元主体进入社区养老领域时，应在资源供给上给予平等的对待。企业因自身营利性质和公益性质的矛盾，往往在养老场所使用、水电气收费标准、营业审批、贷款融资等方面无法享受到同社会组织一样的优惠待遇，导致企业参与的积极性受挫。因此，涉及社区养老服务公共资源的供给方面，地方政府应一视同仁，确保参与主体拥有公平的资源获取权利，设立办理审批手续的绿色通道，提供银行贷款融资渠道和平台，提供一定的政府担保。其次，为避免企业利用政策空间开展非养老服务类的营利活动，地方政府应加强社会企业的培育工作，推动金融、保险、地产和医疗企业向社会企业转型。企业在保障营利性质不变的前提下，尽可能实现公益目标、落实社会责任。

（2）建立专项补助基金

政府掌握的资源有限，不可能将有限的资源平均分配给社会治理的每一个环节。因此，地方政府需要根据社区养老服务发展的阶段，有计划、有针对性地建立专项补助基金。首先，针对参与社区养老的公众，地方政府应当建立专项补助基金，主要用于没有享受国家特殊人群补助津贴但却有实际养老困难的群体。其次，在社区养老服务方面，地方政府应针对多元主体建立创新基金。对享受基金奖励和补助的创新者，地方政府有权以合理的价格换取其创新成果的使用权，并限制价格和使用年限，以保障社区养老的普适性发展。

（3）拓展资源来源渠道

除了企业和社会组织等实际参与社区养老运营的主体以外，地方政府还应该拓展养老服务资源的来源渠道。在资金资源方面，社区养老市场应

积极引入投资,地方政府应对投资进行规划和布局。在养老创新方面,地方政府应积极引进国外先进产品和技术,鼓励对口单位的骨干成员到国外进行研修学习。在人力资源方面,地方政府应与高校、企业、社会组织和社区共同构建产学研服务体系,打造具有我国特色的技术型和服务型人力资源储备系统,建立实习和就业基地,更好地满足社区养老服务的多层次、多元化发展需求。

(4) 建立资源长效循环利用机制

社区养老的发展任重道远,是一个长期的过程。在老龄化危机和资源约束加剧的背景下,地方政府必须着眼长远发展,建立养老服务资源的长效循环和利用机制。首先,将养老保险和医疗保险与社区养老参与机制挂钩,让年轻人缴纳的保险费用能为社区养老所用,并且将社会保障基金的一部分用于社区养老建设,鼓励商业银行、保险机构等在养老金融产品上进行创新,将其部分利润作为社区养老发展的投入资金。其次,人才发展才是社区养老发展的根本。一方面,地方政府应加强基础教育,培养人们对社会工作和养老服务行业的认识,为社会工作和养老事业管理等相关专业的学生提供学费减免、贷款优惠、实习就业等多方面的支持;另一方面,应积极打造多元主体的交流学习平台,通过交流分享将我国各地区的先进社区养老案例运用到实践中。最后,为了充分有效利用人力资源,地方政府应鼓励参与社区养老的老年群体开展互助养老,在社区中由低龄老年人为高龄老年人提供日间照料服务,让更专业的护工和管理人员专注于需要特殊照护的群体。

8.3 地方政府监管机制建立行为影响多元主体参与社区养老意愿的结论分析与对策建议

8.3.1 地方政府监管机制建立行为影响多元主体参与社区养老意愿的结论分析

在社区养老中,地方政府监管机制建立行为是指通过设定服务规范、标准,制定社区养老服务提供主体的准入机制和监管评估机制,保障社区养老公共服务的有序有效开展。本书通过研究地方政府监管机制建立行为对企业、社会组织和公众参与社区养老意愿的影响，得出以下结论。

对企业来说，在多元主体参与效用对参与社区养老意愿的影响方面，相比而言，企业参与社区养老意愿受参与成本的影响更大。在地方政府监管机制建立行为对多元主体参与效用的影响方面，对企业参与收益的影响系数为0.403，对企业参与成本的影响系数为0.260，表明地方政府监管机制对企业参与成本的影响程度相对不足。造成这种现象的原因可能是社区养老行业缺乏完善的准入标准和运营评估规范体系，在地方政府投入了大量财力物力之后，部分企业却由于资质不合格、运营效果不佳等情况退出社区养老行业，既浪费了地方政府人力财力也挫伤了企业的积极性。另外，如果地方政府能为参与企业提供更加公平的竞争环境和更完善的监管机制，必然能增强企业参与社区养老的意愿。

对社会组织来说，社会组织参与社区养老意愿也受参与收益和成本的影响。不同于企业的是，社会组织更重视是否获取社会效益。在地方政府监管机制建立行为对多元主体参与效用的影响方面，对社会组织参与收益的影响系数为0.295，对其参与成本的影响系数为0.371，说明地方政府监管机制建立行为对社会组织的激励作用不足。究其原因，社会组织的收益分为经济效益和社会效益。在经济效益方面，社会组织多依赖于政府资金支持和慈善捐赠，在资金的使用和管理上不够规范，信息化建设落后，地方政府也没有明确的监管措施和机制。在社会效益方面，社会组织可能会为了树立良好的社会形象，轻视公益事业的发展和社会服务的质量，而地方政府往往缺乏对社会组织提供社会公益服务的评估和管理流程。目前，社会组织对地方政府的依赖程度加剧，亟须建立由社会公众和第三方组织共同参与的监管机制。

对公众来说，在多元主体参与效用对参与社区养老意愿的影响方面，公众参与社区养老意愿受参与成本影响更大。在地方政府监管机制建立行为对多元主体参与效用的影响方面，对公众参与收益的影响系数为0.323，略低于对公众参与成本的影响系数（0.386），两者相差不大，说明地方政府监管约束力度还不足。部分参与者反映参与社区养老所付出的成本和获得的服务质量不对等，但现实中没有具体的管理机构进行干预，服务内容和类型也没有形成统一标准。有学者指出，社区养老服务的法律制度还存在着政策界限相对模糊、法律条款的执行性较差、地方性规范文件的空白地带较多等问题①。当公众参与社区养老遭遇侵权时，难以找到可靠的相关部门反映诉求，同时缺乏相应的对社区养老服务提供过程的保障和监管机制②。

8.3.2 地方政府监管机制建立行为影响多元主体参与社区养老意愿的对策建议

基于研究结论，本书对地方政府监管机制建立行为的补充完善提出以下三方面的对策建议。

（1）建立社区养老参与主体统一管理平台

利用现代互联网技术搭建信息资源共享平台，该平台端口分别面向政府机构、社区养老服务供给主体和公众。在该平台上，政府能通过发布不同参与主体的服务标准流程，对这些参与主体实行分级管理，有针对性地设立价格标准；同时，企业、社会组织等能利用该平台进行备案登记、资质查验、审核资料上传等，帮助参与主体节约时间和资金。通过审核与资质认定的企业和社会组织被纳入管理系统名单。公众通过该平台，一方面可以查询具有资质的社区养老机构，选择适合自己的社区养老服务，另一方面能直接反映对社区养老服务的意见和建议。

（2）营造公平的竞争环境

地方政府以公建民营、政府购买、合作运营等方式吸引企业和社会组织提供社区养老服务。地方政府在选择合适的服务供给主体上，需要对招标竞标的过程进行严格的监督管理。第一，在招标前应该将招标条件予以公示，招标和中标过程必须公开透明，对中标和未中标原因予以充分说明。第二，社会组织应尽快摆脱对地方政府的高度依赖。地方政府应与社

---

① 涂晨铭. 规范我国社区养老服务法律制度[J]. 法制与社会，2015(34)：37-38.
② 乌兰图雅. 政府购买居家养老服务合同相关法律问题研究[J]. 内蒙古财经大学学报，2016(1)：84-87.

会组织建立平等的伙伴关系,以契约的形式约束和规范双方的行为,明确政府决策者、购买者和监管者的角色,而社会组织则承担提供服务的角色。同时,逐渐减少对社会组织的直接拨款,用购买竞争性服务的形式来降低社会组织对地方政府的行政依赖,促进社会组织朝着专业性、自治性方向发展[①]。

(3) 建立社会协作监管机制

在社区养老中,独立于政府之外的监管主体往往能更公正地对参与主体进行监督,对违规行为进行曝光。首先,地方政府应建立信息资源公开平台,定期对社区养老的建设成果和问题进行公示,鼓励企业、社会组织、公众等对社区养老发展共同进行监督管理。其次,地方政府建立专业法律帮扶机构,一方面为参与社区养老的老年群体提供法律咨询和权益维护服务,另一方面为社会各界的监管人士提供法律服务。

---

① 李长远. 社会组织参与居家养老服务的困境及政策支持:基于资源依赖的视角[J]. 内蒙古社会科学(汉文版), 2015,36 (4): 166 - 170.

第 9 章　结语

本章主要从本书的研究创新点、研究局限和不足与未来研究展望三个方面对整个研究进行了总结和回顾。

9.1　研究创新点

在老龄化危机席卷全球的今天，逐渐攀升的老年人口抚养比和下降的人口生育率使我国政府面临着巨大的养老压力。由政府主导、多元主体参与的社区养老模式为解决老龄化问题找到了出路。基于福利多元主义理论和西方国家成功的实践经验，我国对多元主体协作参与社区养老的模式进行了积极探索。为积极引导和鼓励各类主体参与社区养老，政府出台了不少支持的相关政策文件，但在具体实践中，还存在参与主体的积极性不高和发展后劲不足的情况。本书旨在从地方政府行为的影响、作用机制出发，尝试找出制约多元主体参与社区养老发展的因素，为未来地方政府行为的修正和完善提供一定的指导。本书创新点主要有以下四个方面。

第一，本书从行为公共管理学视角出发，以政府行为输出与公民体验反馈为基础，构建了地方政府行为影响多元主体参与社区养老意愿的概念模型。本书遵循了演绎归纳的路径，从微观层面探索企业、社会组织及公众参与的影响因素，再上升到宏观层面，对地方政府的政策行为进行反思。这一研究视角弥补了传统公共管理学聚焦政府机制而忽视了公民体验的不足，在一定程度上丰富了行为公共管理学研究的理论体系。

第二，现有学术成果多以单一的参与主体作为研究对象来探讨其如何参与社区养老，本书将多元参与主体纳入研究范围，构建了地方政府行为影响多元主体参与社区养老意愿的概念模型,并探究其作用路径和机制,进一步对研究结论进行综合分析。随着多元化发展,参与主体未来或将出现更多类型,本书所构建的模型并不局限于现阶段我国参与主体类型,而是具有较为普遍的应用性。

第三,本书通过统计分析结果,验证了地方政府从公共政策供给、公共资源供给和监管机制建立三个方面影响多元主体参与社区养老的意愿。结论显示,对于企业和社会组织而言,地方政府行为对其参与社区养老意愿有着显著的影响。对于公众而言,其参与社区养老意愿受地方政府公共政策供给行为的影响不显著。造成这种现象的原因可能是公共政策涉及公众切身利益较少,也可能是缺乏有效的政策传达和沟通机制。本书的结论对未来地方政府行为的修正和完善有一定指导意义。

第四,本研究发现社区形象和社区服务质量是影响公众参与社区养老意愿的关键因素,同时社区信任这个中介变量发挥了重要作用。这为地方政府鼓励和引导多元主体参与社区养老提供了一个新的思路,应该大力加强社区建设,从社区环境的建设和改善方面吸引多元主体共同参与协作。

9.2 研究局限和不足

综合前面章节的论述和分析,本书就地方政府行为对多元主体参与社区养老意愿的影响进行了初步探索,得出研究结论并给出对策建议。然而,社区养老涉及多部门和跨行业协作发展,远不止地方政府引导和社会多元主体参与等单方面的努力,囿于本人精力和时间有限,在研究设计和成书过程中还存在一些不足。

(1) 样本数量和代表性

受人力物力局限,本书在实证研究调查中仅以成都市部分企业、社会组织、社区公众作为样本来源,样本量及样本丰富性相对不足。本书选取成都市6个主城区的12个典型街道社区的不同参与主体作为测量样本,主要基于以下三方面原因:一是成都市作为新一线城市和全国生活幸福指数较高城市,是很多老年人愿意选择的养老城市;二是成都市是一座兼容并包的城市,经济发展水平也处于全国中等,能够代表社区养老发展的普遍水平；三是本书研究人员对成都市较为熟悉，方便联系当地单位就地展开调查。但是不得不指出，鉴于本书构建的概念模型和研究群体的复杂性，在实证调查中还应当做更多更全更细的工作，比如在样本的选取中，还应尽量选取全国范围更多类型的样本和数据，以丰富验证模型。

（2）模型构建的完善性

本书通过文献梳理和已有理论基础构建了地方政府行为对多元主体参与社区养老意愿影响的概念模型。然而，公共管理尤其是地方政府治理是动态的、不断优化的过程，对现有国内外文献数据库梳理的实效性不足容易造成研究局限，因而不能做到对地方政府行为涉及因素的完整呈现，对部分影响因素和作用路径尚不能剖析到位。此外，现阶段我国社区养老的参与主体主要为企业、社会组织和公众，但随着时间的推移和社会的发展，未来必然会出现更多形式和类型的参与主体，因此本研究有待进一步补充完善。

9.3　未来研究展望

本书通过构建地方政府行为影响多元主体参与社区养老意愿的概念模型，选取成都市参与社区养老的有关企业、社会组织和公众作为调查样本进行了实证研究，并综合研究结果提出了对策建议。本书的研究仅是构建社区养老体系的一部分，是一个初步的探索性研究。在此基础上，未来还有许多值得学者进一步研究和探索的方向：首先，在样本选取和研究方法上，应纳入更多代表性城市作为样本，进行模型的验证修正和对比分析；其次，在模型的构建上，在养老服务创新的浪潮之中，将出现更多类型的参与主体，可对模型的变量进行丰富和扩展；最后，本书基于行为公共管理学视角，从组织和个体行为维度对政府机制进行了较为粗浅的探索，落脚点之一便是多元主体的参与意愿。在未来的研究中，还可以对意愿进行更为系统和深入的类型划分，如态度意愿、行为意愿、推荐意愿等，对政府行为进行更为深入的微观研究，以丰富公共管理的研究范式和理论体系。

主要参考文献

[1]ADALBERT E. Shifts in the welfare mix: introducing a new approach for the study of transformations in welfare and social policy[M]. Vienna: Westview Press, 1988.

[2]ADAY R H, KEHOE G C, FARNEY L A. Impact of senior center friendships on aging women who live alone[J]. Journal of women & aging, 2006, 18(1): 57 – 73.

[3]ANNEAR M, KEELING S, WILKINSON T, et al. Environmental influences on healthy and active ageing: a systematic review[J]. Ageing & society, 2014, 34(4): 590 – 622.

[4]ARCURY T A, GRZYWACZ J G, NEIBERG R H, et al. Older adults' self – management of daily symptoms: complementary therapies, self – care, and medical care [J]. Journal of aging and health, 2012, 24(4): 569 – 597.

[5]ARCURY T A, SUERKEN C K, GRZYWACZ J G, et al. Complementary and alternative medicine use among older adults[J]. Ethnicity & disease, 2006, 16(3): 723 – 731.

[6]AXTELL – THOMPSON L M. Consumer directed health care: ethical limits to choice and responsibility[J]. The journal of medicine and philosophy, 2005, 30(2): 207 – 226.

[7]BALFOUR J L, KAPLAN G A. Neighborhood environment and loss of physical function in older adults: evidence from the alameda county study[J]. American journal of epidemiology, 2002, 155(6): 507 – 515.

[8]BARLOW J, BAYER S, CURRY R. Implementing complex innovations in

fluid multi-stakeholder environments: experiences of "telecare"[J]. Technovation, 2006, 26(3): 396-406.

[9] BARNAY T, JUIN S. Does home care for dependent elderly people improve their mental health? [J]. Journal of health economics, 2016(45): 149-160.

[10] BECKETT M, GOLDMAN N, WEINSTEIN M, et al. Social environment, life challenge, and health among the elderly in Taiwan[J]. Social science & medicine, 2002, 55(2): 191-209.

[11] BERKMAN L F, GLASS T, BRISSETTE I, et al. From social integration to health: Durkheim in the new millennium[J]. Social science & medicine, 2000, 51(6): 843-857.

[12] BLECHER M. Development state, entrepreneurial state: the political economy of socialist reform in Xinju municipality and Guanghan county[M]. London: Palgrave Macmillan, 1991.

[13] BOUCKAERT G, HALLIGAN J. Performance and performance management[J]. Los Angeles, CA: Sage, 2006.

[14] BOWLING A, BARBER J, MORRIS R, et al. Do perceptions of neighbourhood environment influence health? Baseline findings from a British survey of aging[J]. Journal of epidemiology & community health, 2006, 60(6): 476-483.

[15] BOX R C. Citizen Governance: leading american communities into the 21st century[M]. Los Angeles, CA: Sage, 1998.

[16] BRUNING S D, DIALS M, SHIRKA A. Using dialogue to build organization-public relationships, engage publics, and positively affect organizational outcomes[J]. Public relations review, 2008, 34(1): 25-31.

[17] CANTOR M H. Neighbors and friends: an overlooked resource in the informal support system[J]. Research on aging, 1979, 1(4): 434-463.

[18] CHANDLER J. A rationale for local government[J]. Local government studies, 2010, 36(1): 5-20.

[19] CHOI E K. The politics of central tax collection in China since 1994: local collusion and political control[J]. Journal of contemporary China, 2016, 25(97):

146-159.

[20] CHUNG J Y, LEE J, HEATH R L. Public relations aspects of brand attitudes and customer activity[J]. Public relations review, 2013, 39(5): 432-439.

[21] CLOUTIER-FISHER D, KOBAYASHI K M. Examining social isolation by gender and geography: conceptual and operational challenges using population health data in Canada[J]. Gender, place & culture, 2009, 16(2): 181-199.

[22] DAVIDOFF P. Advocacy and pluralism in planning[J]. Journal of the American institute of planners, 1965, 31(4): 331-338.

[23] DAY R. Local environments and older people's health: dimensions from a comparative qualitative study in Scotland[J]. Health & place, 2008, 14(2): 299-312.

[24] DUCKETT J. Bureaucrats in business, Chinese-style: the lessons of market reform and state entrepreneurialism in the People's Republic of China[J]. World development, 2001, 29(1): 23-37.

[25] DWYER P, HARDILL I. Promoting social inclusion? The impact of village services on the lives of older people living in rural England[J]. Ageing & society, 2011, 31(2): 243-264.

[26] EHRENHARD M, KIJL B, NIEUWENHUIS L. Market adoption barriers of multi-stakeholder technology: smart homes for the aging population[J]. Technological forecasting and social change, 2014(89): 306-315.

[27] EWING S, THOMAS J. Cci digital Futures 2012: the Internet in Australia [M]. Melbourne: Social Science Electronic Publishing, 2012.

[28] FINCH J, GROVES D. Community care and the family: a case for equal opportunities? [J]. Journal of social policy, 1980, 9(4): 487-511.

[29] FRANCIS J, GILES-CORTI B, WOOD L, et al. Creating sense of community: the role of public space[J]. Journal of environmental psychology, 2012, 32(4): 401-409.

[30] GARDNER P J. Natural neighborhood networks—Important social networks in the lives of older adults aging in place[J]. Journal of aging studies, 2011, 25(3):

263-271.

[31] GENET N, BOERMA W G W, KRINGOS D S, et al. Home care in Europe: a systematic literature review[J]. BMC health services research, 2011, 11(1): 1-14.

[32] GILBERT N. Transformation of the welfare state: the silent surrender of public responsibility[M]. New York: Oxford University Press, 2002.

[33] GOLAN A. Information and entropy econometrics: a review and synthesis[J]. Foundations and trends in econometrics, 2006 (2): 1-2.

[34] GOLD S, MUTHURI J N, REINER G. Collective action for tackling "wicked" social problems: a system dynamics model for corporate community involvement[J]. Journal of cleaner production, 2018 (179): 662-673.

[35] GOMES B, HIGGINSON I J. Where people die (1974-2030): past trends, future projections and implications for care[J]. Palliative medicine, 2008, 22(1): 33-41.

[36] GRANT B C. Retirement villages: more than enclaves for the aged[J]. Activities, adaptation & aging, 2007, 31(2): 37-55.

[37] GREENFIELD E A, SCHARLACH A, LEHNING A J, et al. A conceptual framework for examining the promise of the NORC program and village models to promote aging in place[J]. Journal of aging studies, 2012, 26(3): 273-284.

[38] GREENWOOD D J, LEVIN M. An introduction to action research: social research for social change[M]. Los Angeles, CA: Sage, 1998.

[39] HAIR J F, ANDERSON R E, BABIN B J, et al. Multivariate data analysis[M]. Beijing: China Machine Press, 2011.

[40] HAN M A, KWON I, REYES C E, et al. Creating a "wellness pathway" between health care providers and community-based organizations to improve the health of older adults[J]. Journal of clinical gerontology and geriatrics, 2015, 6(4): 111-114.

[41] HE S, WU F. Property-led redevelopment in post-reform China: a case study of Xintiandi redevelopment project in Shanghai[J]. Journal of urban affairs,

2005, 27(1): 1-23.

[42] HEINZE H J, JOZEFOWICZ D M H, TORO P A. Taking the youth perspective: assessment of program characteristics that promote positive development in homeless and at-risk youth[J]. children and youth services review, 2010, 32(10): 1365-1372.

[43] HENDERSON E J, CAPLAN G A. Home sweet home? Community care for older people in Australia[J]. Journal of the American medical directors association, 2008, 9(2): 88-94.

[44] HEYMAN J, ARIELY D. Effort for payment: a tale of two markets[J]. Psychological science, 2004, 15(11): 787-793.

[45] HSU H-C. Does social participation by the elderly reduce mortality and cognitive impairment? [J]. Aging & mental health, 2007, 11(6): 699-707.

[46] HWANG H. Intention to use physical and psychological community care services: a comparison between young-old and older consumers in Korea[J]. International journal of consumer studies, 2015, 39(4): 335-342.

[47] IRIZARRY C, WEST D, DOWNING A. Use of the internet by older rural South Australians[J]. Australasian journal on ageing, 2001, 20(3): 153-155.

[48] JOSEPH A E, CLOUTIER-FISHER D. Aging in rural communities: vulnerable people in vulnerable places[M]. London: Routledge, 2005.

[49] JOSEPH A E, SKINNER M W. Voluntarism as a mediator of the experience of growing old in evolving rural spaces and changing rural places[J]. Journal of rural studies, 2012, 28(4): 380-388.

[50] KABISCH N, QURESHI S, HAASE D. Human-environment interactions in urban green spaces: a systematic review of contemporary issues and prospects for future research[J]. Environmental impact assessment review, 2015, 50(50): 25-34.

[51] KALKBRENNER B J, ROOSEN J. Citizens' willingness to participate in local renewable energy projects: the role of community and trust in Germany[J]. Energy research & social science, 2016(13): 60-70.

[52] KANE R. Thirty years of home-and community-based services: getting

closer and closer to home[J]. Generations, 2012, 36(1): 6 – 13.

[53] KAYE H S, LAPLANTE M P, HARRINGTON C. Do noninstitutional long – term care services reduce medicaid spending? [J]. Health affairs, 2009, 28(1): 262 – 272.

[54] KIM E S, MOORED K D, GIASSON H L, et al. Satisfaction with aging and use of preventive health services[J]. Preventive medicine, 2014(69): 176 – 180.

[55] KIRK A B, ALESSI H D. Rural senior service centers: a study of the impact on quality of life issues[J]. Activities, Adaptation & Aging, 2002, 26(3): 51 – 64.

[56] KOTTLER P, KELLER K L. Marketing management[M]. Beijing: Tsinghua University Pres, 2001.

[57] LEAHY A. Too many "false dichotomies"? Investigating the division between ageing and disability in social care services in Ireland: a study with statutory and non – statutory organisations[J]. Journal of aging studies, 2018(44): 34 – 44.

[58] LEVASSEUR M, DESROSIERS J, TRIBBLE D S – C. Subjective quality – of – life predictors for older adults with physical disabilities[J]. American journal of physical medicine & rehabilitation, 2008, 87(10): 830 – 841.

[59] LIANG L J, CHOI H C, JOPPE M. Exploring the relationship between satisfaction, trust and switching intention, repurchase intention in the context of Airbnb [J]. International journal of hospitality management, 2018, 69: 41 – 48.

[60] LUPPA M, LUCK T, WEYERER S, et al. Prediction of institutionalization in the elderly: a systematic review[J]. Age and ageing, 2010, 39(1): 31 – 38.

[61] LUSCH R F, VARGO S L, O'BRIEN M. Competing through service: insights from service – dominant logic[J]. Journal of retailing, 2007, 83(1): 5 – 18.

[62] MA S K. Dynamics of local governance in China during the reform era[M]. Lexington, Mass: Lexington Books, 2010.

[63] MALATESTA V J. Introduction: the need to address older women's mental health issues[J]. Journal of women & aging, 2007, 19 (1 – 2): 1 – 12.

[64] MANNARINI T, TARTAGLIA S, FEDI A, et al. Image of neighborhood, self – image and sense of community[J]. Journal of environmental psychology, 2006, 26(3): 202 – 214.

[65]MCALEXANDER J H, SCHOUTEN J W, KOENIG H F. Building brand community[J]. Journal of marketing, 2002, 66(1): 38 - 54.

[66]MCKEEVER B W. From awareness to advocacy: understanding nonprofit communication, participation, and support[J]. Journal of public relations research, 2013, 25(4): 307 - 328.

[67]MCMULLIN C, DUROSE C, RICHARDSON L. Designing public policy for co - production: theory, practice and change[J]. Local government studies, 2016, 42(4): 659 - 661.

[68]MEHTA K K, BRISCOE C. National policy approaches to social care for elderly people in the United Kingdom and Singapore 1945 - 2002[J]. Journal of aging & social policy, 2004, 16(1): 89 - 112.

[69]MEINOW B, PARKER M G, THORSLUND M. Complex health problems and mortality among the oldest old in Sweden: decreased risk for men between 1992 and 2002[J]. European journal of ageing, 2010, 7(2): 81 - 90.

[70] MUELLER D C. Public choice: an introduction [M]. London: Springer, 2008.

[71]MUTHN L K, MUTHN B O. Mplus user's guide[M]. Los Angeles, CA: Muthen & Muthen, 2010.

[72]NAGAYA Y, DAWSON A. Community - based care of the elderly in rural Japan: a review of nurse - led interventions and experiences[J]. Journal of community health, 2014, 39(5): 1020 - 1028.

[73]NAJM W, REINSCH S, HOEHLER F, et al. Use of complementary and alternative medicine among the ethnic elderly[J]. Alternative therapies in health & medicine, 2003, 9(3): 50 - 57.

[74]PINKER R. Making sense of the mixed economy of welfare[J]. Social policy & administration, 1992, 26(4): 273 - 284.

[75]PUTNAM M. Perceptions of difference between aging and disability service systems consumers: implications for policy initiatives to rebalance long - term care[J]. Journal of gerontological social work, 2011, 54(3): 325 - 342.

[76] RIDINGS C M, GEFEN D, ARINZE B. Some antecedents and effects of trust in virtual communities[J]. The journal of strategic information systems, 2002, 11(3-4): 271-295.

[77] ROSE R. Common goals but different roles: the state's contribution to the welfare mix[M]. New York: Oxford University Press, 1986.

[78] ROSENBAUM M S, OSTROM A L, KUNTZE R. Loyalty programs and a sense of community[J]. Journal of services marketing, 2005, 19(4): 222-233.

[79] SCHEYETT A, DRINNIN E, WEIL M. Community practice in adult health and mental health settings[M]. Los Angeles, CA: Sage, 2005.

[80] SELZNICK P. Foundations of the theory of organization[J]. American sociological review, 1948, 13(1): 25-35.

[81] SHANNON G R, WILBER K H, ALLEN D. Reductions in costly healthcare service utilization: findings from the care advocate program[J]. Journal of the American geriatrics society, 2006, 54(7): 1102-1107.

[82] SIRGY M J, CORNWELL T. How neighborhood features affect quality of life[J]. Social indicators research, 2002, 59(1): 79-114.

[83] SIXSMITH J, FANG M L, WOOLRYCH R, et al. Ageing well in the right place: partnership working with older people[J]. Working with older people, 2017, 21(1): 40-48.

[84] SPIRO S E, DEKEL R, PELED E. Dimensions and correlates of client satisfaction: an evaluation of a shelter for runaway and homeless youth[J]. Research on social work practice, 2009, 19(2): 261-270.

[85] TAO H, MCROY S. Caring for and keeping the elderly in their homes[J]. Chinese nursing research, 2015, 2(2-3): 31-34.

[86] THOMAS W, BLANCHARD J. Moving beyond place: aging in community[J]. Generations, 2009, 33(2): 12-17.

[87] TSUNO N, HOMMA A. Ageing in Asia—the Japan experience[J]. ageing international, 2009, 34(1-2): 1-14.

[88] WANG E P, ZHANG S, JIE Z, et al. Administrative errors and discon-

tent: the case studies of mass incidents in China[J]. Asia – Pacific studies, 2014, 1(1): 31 – 43.

[89] WARBURTON J, COWAN S, BATHGATE T. Building social capital among rural, older Australians through information and communication technologies: a review article[J]. Australasian journal on ageing, 2013, 32(1): 8 – 14.

[90] WARKENTIN M, SHARMA S, GEFEN D, et al. Social identity and trust in internet – based voting adoption[J]. Government information quarterly, 2018, 35(2): 195 – 209.

[91] WHITE H, MCCONNELL E, CLIPP E, et al. A randomized controlled trial of the psychosocial impact of providing internet training and access to older adults[J]. Aging & mental health, 2002, 6(3): 213 – 221.

[92] WILLIAMS I, HATTTON – YEO A. Ageing well in wales: a national movement[J]. Working with older people, 2015, 19(4): 170 – 176.

[93] WORLD HEALTH ORGANIZATION. Active ageing: a policy framework[M]. Geneva: WHO, 2002.

[94] WUTHNOW R. Chapter five: conviction and community: acts of compassion caring for others and helping ourselves[M]. Princeton: Princeton University Press, 2012.

[95] YAMASAKI J. Aging with service, socialization, and support: the work of faith – based stories in a lifetime community[J]. Journal of aging studies, 2015(35): 65 – 73.

[96] ZIMMER R. With a little help from our friends: creating community as we grow older[J]. Anthropology & aging, 2015, 36(1): 106 – 107.

[97] 安德森. 公共政策制定[M]. 5版. 谢明,等译. 北京:中国人民大学出版社,2009.

[98] 奥斯本,盖布勒. 改革政府:企业精神如何改革着公营部门[M]. 上海市政协编译组,译. 上海:上海译文出版社,1996.

[99] 白平则. 如何认识我国的社会组织[J]. 政治学研究,2011(2):3 – 10.

[100]毕继东,胡正明.网络口碑传播研究综述[J].情报杂志,2010,29(1):11-16.

[101]边燕杰.关系社会学及其学科地位[J].西安交通大学学报(社会科学版),2010,30(3):17-20.

[102]卞文忠,秦玉峰.黑龙江省城市社区服务存在的问题及对策[J].商业经济,2006(9):7-9.

[103]布坎南,塔洛克.同意的计算:立宪民主的逻辑基础[M].陈光金,译.北京:中国社会科学出版社,2000.

[104]布坎南.自由、市场和国家[M].吴良健,桑伍,曾获,译.北京:北京经济学院出版社,1988.

[105]布赖斯.现代民治政体[M].张慰慈,译.长春:吉林人民出版社,2011.

[106]蔡斌.非营利组织参与城市社区养老服务的现状、问题及对策[D].南京:南京大学,2017.

[107]蔡霞.社区居家养老服务参与问题研究[J].改革与开放,2017(3):78-80.

[108]陈成文,陈舒.从"碎片化"困境看我国城市养老服务体系的制度建设[J].城市发展研究,2017(12):76-82.

[109]陈英姿,满海霞.中国养老公共服务供给研究[J].人口学刊,2013,35(1):22-26.

[110]陈友华,吴凯.社区养老服务的规划与设计:以南京市为例[J].人口学刊,2008(1):42-48.

[111]陈振明.公共管理学:一种不同于传统行政学的研究途径[M].2版.北京:中国人民大学出版社,2003.

[112]陈志科,马少珍.老年人居家养老服务需求的影响因素研究:基于湖南省的社会调查[J].中南大学学报(社会科学版),2012,18(3):26-30.

[113]程成.基于时间银行的居家互助养老模式研究[D].西安:西安建筑科技大学,2015.

[114]邓汉慧,涂田,熊雅辉.社会企业缺位于社区居家养老服务的思考

[J]. 武汉大学学报(哲学社会科学版),2015,68(1):109-115.

[115]邓莉莉,周可达. 城市社区居家养老服务研究:以广西为例[J]. 学术论坛,2014,37(12):133-137.

[116]邓锁. 社会服务递送的网络逻辑与组织实践:基于美国社会组织的个案研究[J]. 社会科学,2014(6):84-92.

[117]邓锁. 社区服务研究:近十五年以来的发展和评析[J]. 甘肃社会科学,2000(4):64-67.

[118]丁传宗. 政府主导下的新加坡社区建设:经验与借鉴[J]. 中共福建省委党校学报,2008(9):22-28.

[119]丁煌. 利益分析:研究政策执行问题的基本方法论原则[J]. 广东行政学院学报,2004,16(3):27-30.

[120]丁建定. 居家养老服务:认识误区、理性原则及完善对策[J]. 中国人民大学学报,2013,27(2):20-26.

[121]丁学娜,李凤琴. 福利多元主义的发展研究:基于理论范式视角[J]. 中南大学学报(社会科学版),2013(6):158-164.

[122]丁志宏,杜书然,裴臻. 城市退休健康老年人参与"时间银行"的意愿及其影响因素[J]. 人口与社会,2018,34(2):33-44.

[123]丁志宏,王莉莉. 我国社区居家养老服务均等化研究[J]. 人口学刊,2011(5):83-88.

[124]杜鹏,孙鹃娟,张文娟,等. 中国老年人的养老需求及家庭和社会养老资源现状:基于2014年中国老年社会追踪调查的分析[J]. 人口研究,2016,40(6):49-61.

[125]杜鹏. 回顾与展望:中国老人养老方式研究[M]. 北京:团结出版社,2016.

[126]冯道军. 企业社会责任建设中的政府行为研究[D]. 武汉:华中师范大学,2014.

[127]傅金鹏. 社会组织提供公共服务的问责工具分析——以地方公益创投为例[J]. 中国行政管理,2013(10):36-41.

[128]甘炜,李梦雪,刘千亦. 政府行为对民间资本养老机构投资意愿的

影响[J]. 财政研究,2015(10):58-66.

[129]高勇. 参与行为与政府信任的关系模式研究[J]. 社会学研究,2014(5):98-119.

[130]葛天任. 社区碎片化与社区治理[D]. 北京:清华大学,2014.

[131]古祖雪. 论企业行为与政府行为的关系:关于社会主义市场经济体制的哲学思考[J]. 湖南社会科学,1993(6):37-41.

[132]关信平,张丹. 论我国社区服务的福利性及其资源调动途径[J]. 中国社会工作,1997(6):38-39.

[133]韩雪梅,周育瑾,赵鹏. 社区居家养老服务对家庭照顾功能的影响[J]. 中国老年学,2015(3):776-777.

[134]何景梅,马云俊,王海燕. 浅议物业企业参与居家养老服务的意义[J]. 经济研究导刊,2014(19):25-26.

[135]何寿奎. 社会组织参与养老服务供给困境成因与治理对策研究[J]. 现代经济探讨,2016(8):5-9.

[136]何文盛,王焱,蔡明君. 政府绩效评估结果偏差探析:基于一种三维视角[J]. 中国行政管理,2013(1):12-16.

[137]侯惠荣. 以"互联网+"促进居家养老服务业供给侧改革[J]. 中央社会主义学院学报,2016(6):94-99.

[138]滑心怡. 社区居家养老中的政府行为研究:以邯郸市丛台区永新里社区居家养老服务为例[D]. 郑州:郑州大学,2017.

[139]黄少宽. 国外城市社区居家养老服务的特点[J]. 城市问题,2013(8):83-88.

[140]黄晓波. 马克思社会资本思想研究[D]. 桂林:广西师范大学,2014.

[141]贾云竹. 北京市城市老年人对社区助老服务的需求研究[J]. 人口研究,2002,26(2):44-48.

[142]江华,张建民,周莹. 利益契合:转型期中国国家与社会关系的一个分析框架:以行业组织政策参与为案例[J]. 社会学研究,2011(3):136-152.

[143]姜向群,杜鹏. 中国人口老龄化和老龄事业发展报告[M]. 北京:中国人民大学出版社,2013.

[144]姜玉贞. 社区居家养老服务多元供给主体治理困境及其应对[J]. 东岳论丛, 2017, 38(10): 45-53.

[145]景天魁. 创建和发展社区综合养老服务体系[J]. 苏州大学学报(哲学社会科学版), 2015(1): 29-33.

[146]敬乂嘉. 合作治理:再造公共服务的逻辑[M]. 天津:天津人民出版社, 2009.

[147]康越, 李丹. 我国高龄老人养老问题及对策研究:以北京市高龄老人养老服务体系为例[J]. 西南民族大学学报(人文社科版), 2018(3): 9-14.

[148]科尔曼. 社会理论的基础[M]. 邓方, 译. 北京:社会科学文献出版社, 2008.

[149]拉德诺, 奥斯本, 金德, 等. 在公共服务递送中运营共同生产:服务蓝图的贡献[J]. 北京科技大学学报(社会科学版), 2016, 32(4): 59-71.

[150]蓝志勇, 胡税根. 中国政府绩效评估:理论与实践[J]. 政治学研究, 2008(3): 106-115.

[151]李国梁. 城乡居民养老观念比较研究[J]. 四川理工学院学报(社会科学版), 2017, 32(3): 16-36.

[152]李静. 福利多元主义视角下社会企业介入养老服务:理论、优势与路径[J]. 苏州大学学报(哲学社会科学版), 2016(5): 9-15.

[153]李敏. 社区居家养老意愿的影响因素研究:以北京为例[J]. 人口与发展, 2014, 20(2): 102-106.

[154]李明, 刘彬. 中国式分权与地方政府行为:一个综述[J]. 新疆财经大学学报, 2015(1): 11-22.

[155]李俏, 马修·卡普兰. 老龄化背景下的代际策略及其社会实践:兼论中国的可能与未来[J]. 国外社会科学, 2017(4): 54-63.

[156]李伟. 农村社会养老服务需求现状及对策的实证研究[J]. 社会保障研究, 2012(2): 29-35.

[157]李小兰. 我国民营养老服务业发展研究[D]. 福州:福建师范大学, 2016.

[158]李学斌. 我国社区养老服务研究综述[J]. 宁夏社会科学, 2008(1):

42-46.

[159] 李永忠. 中国社会组织发展研究[M]. 北京:中国书籍出版社,2012.

[160] 李郁芳,郑杰. 论政府行为外部性的形成[J]. 学术研究,2004(6): 30-34.

[161] 李兆友,郑吉友. 农村社区居家养老服务需求强度的实证分析:基于辽宁省S镇农村老年人的问卷调查[J]. 社会保障研究,2016(5):18-26.

[162] 梁莹. 居(村)委会服务质量的居民满意度研究:以两次延续性的实证调查为例[J]. 天府新论,2012(4):105-112.

[163] 廖楚晖. 政府行为影响城镇居民机构养老意愿的实证研究[J]. 财政研究,2014(8):53-55.

[164] 廖晓明,孙莉. 论我国地方政府绩效评估中的价值取向[J]. 中国行政管理,2010(4):27-31.

[165] 林南,张磊. 社会资本:关于社会结构与行动的理论[M]. 上海:上海人民出版社,2005.

[166] 刘焕明,蒋艳. 社区居家养老为老服务模式探析[J]. 贵州社会科学,2015(11):103-107.

[167] 刘明慧. 智能化社区养老模式的探索研究[J]. 法制与社会,2017(10):160-161.

[168] 刘苹苹. 建立宜居社区与"多代屋":中国应对人口老龄化问题的路径选择[J]. 人口学刊,2013,35(6):47-53.

[169] 刘瑞,吴振兴. 政府人是公共人而非经济人[J]. 中国人民大学学报,2001,15(2):72-77.

[170] 刘晓梅. 我国社会养老服务面临的形势及路径选择[J]. 人口研究,2012,36(5):104-112.

[171] 刘艺容,彭宇. 湖南省社区居家养老的需求分析:以对部分老年人口的调研数据为基础[J]. 消费经济,2012(2):63-66.

[172] 刘玉蓉. 析政府利益与公共利益的关系[J]. 四川行政学院学报,2004(4):5-8.

[173] 刘志辉. 政府与社会组织对称性互惠共生关系构建:基于国家治理

能力现代化视角的分析[J].天津行政学院学报,2017,19(3):16-23.

[174]龙书芹,风笑天.城市居民的养老意愿及其影响因素:对江苏四城市老年生活状况的调查分析[J].南京社会科学,2007(1):98-105.

[175]娄缤元,夏建中.从个人到社会:社会资本理论研究取向的转变[J].新视野,2013(5):103-106.

[176]卢德平.略论中国的养老模式[J].中国农业大学学报(社会科学版),2014,31(4):56-63.

[177]罗素.权力论:新社会分析[M].吴友三,译.北京:商务印书馆,2017.

[178]吕维霞,王永贵.基于公众感知的政府公信力影响因素分析[J].华中师范大学学报(人文社会科学版),2010,49(4):33-39.

[179]吕维霞.公众感知政府服务质量影响因素实证研究[J].国家行政学院学报,2010(5):75-80.

[180]吕学静,李佳.流动人口养老保险参与意愿及其影响因素的实证研究:基于"有限理性"学说[J].人口学刊,2012(4):14-23.

[181]马海刚,耿晔强.中部地区乡镇企业绩效的影响因素分析:基于结构方程模型的实证研究[J].中国农村经济,2008(5):56-64.

[182]马克思恩格斯文集[M].中共中央马克思恩格斯列宁斯大林著作编译局,编译.北京:人民出版社,2009.

[183]马亮.目标治国、绩效差距与政府行为:研究述评与理论展望[J].公共管理与政策评论,2017(2):77-91.

[184]曼瑟尔.集体行动的逻辑[M].陈郁,郭宇峰,李崇新,译.上海:上海人民出版社,2014.

[185]孟华.推进以公共服务为主要内容的政府绩效评估:从机构绩效评估向公共服务绩效评估的转变[J].中国行政管理,2009(2):16-20.

[186]倪星.中国地方政府治理绩效评估研究的发展方向[J].政治学研究,2007(4):92-98.

[187]帕特南.使民主运转起来:现代意大利的公民传统[M].王列,赖海榕,译.北京:中国人民大学出版社,2015.

[188]潘心纲.地方政府公共服务合作治理研究[D].武汉:武汉大学,2013.

[189]庞娟.公共品供给中地方政府的行为探析[J].学术论坛,2009,32(8):35-39.

[190]庞立强.当前我国社区养老服务存在的问题与对策[D].武汉:华中师范大学,2017.

[191]彭华民,黄叶青.福利多元主义:福利提供从国家到多元部门的转型[J].南开学报(哲学社会科学版),2006(6):40-48.

[192]皮埃尔.文化资本与社会炼金术[M].包亚明,译.上海:上海人民出版社,1997.

[193]秦绪娜.经济环境协调发展与地方政府行为研究[D].杭州:浙江大学,2011.

[194]秦艳艳,邬沧萍.我国城市社区居家养老服务体系中政府职能分析[J].兰州学刊,2012(1):123-127.

[195]屈群苹.复合治理视域下的城市社区养老服务供给[J].中南大学学报(社会科学版),2015(5):105-110.

[196]任晓林,谢斌.政府自利性的逻辑悖论[J].国家行政学院学报,2003(6):32-36.

[197]萨拉蒙,李婧,孙迎春.新政府治理与公共行为的工具:对中国的启示[J].中国行政管理,2009(11):100-106.

[198]沈荣华.中国地方政府学[M].北京:社会科学文献出版社,2006.

[199]史薇,谢宇.家庭养老资源对城市老年人居家养老服务需求的影响研究:以北京市为例[J].西北人口,2014(4):88-94.

[200]苏映宇.性别视角的城镇居民居家养老方式选择研究:基于福州市的实证分析[J].社会保障研究,2013(6):27-36.

[201]谈志林.台湾的社造运动与我国社区再造的路径选择[J].中国行政管理,2006(10):83-86.

[202]唐咏.居家养老的国内外研究回顾[J].社会工作,2007(2):12-14.

[203]唐忠新.中国城市社区建设概论[M].天津:天津人民出版社,2000.

[204]陶涛,丛聪.老年人养老方式选择的影响因素分析:以北京市西城区为例[J].人口与经济,2014(3):15-22.

[205]田北海,雷华,钟涨宝.生活境遇与养老意愿:农村老年人家庭养老偏好影响因素的实证分析[J].中国农村观察,2012(2):74-85.

[206]田北海,王彩云.城乡老年人社会养老服务需求特征及其影响因素:基于对家庭养老替代机制的分析[J].中国农村观察,2014(4):2-17.

[207]田玉麒.公共服务协同供给:基本内涵、社会效用与影响因素[J].云南社会科学,2015(3):7-13.

[208]宛亚琴.非营利组织参与居家养老服务探析[J].江南论坛,2018(4):39-40.

[209]万艳华.城市社区形象建设:导入CI[J].城市问题,1997(4):40-42.

[210]汪波,李坤.国家养老政策计量分析:主题、态势与发展[J].中国行政管理,2018(4):105-110.

[211]汪华.合作何以可能:专业社会服务组织与基层社区行政力量的关系建构[J].社会科学,2015(3):82-89.

[212]汪忠杰,何珊珊.社区居家养老服务模式探析:以武汉市为例[J].武汉大学学报(哲学社会科学版),2014,67(4):124-128.

[213]王斌斌.地方政府行为对新能源产业发展的影响机制研究[D].大连:东北财经大学,2012.

[214]王波.关系运作制度化的过程分析:华东地区a县乡镇政府机构改革的个案研究[J].社会学研究,2002(4):55-65.

[215]王春福.多元治理模式与政府行为的公正性[J].理论探讨,2012(2):139-143.

[216]王露,仲伟俊,梅姝娥.企业参与公共产品技术创新的方式研究[J].软科学,2012,27(7):6-10.

[217]王浦劬.政府向社会组织购买公共服务研究[M].北京:北京大学出版社,2010.

[218]王琼.城市社区居家养老服务需求及其影响因素:基于全国性的城

市老年人口调查数据[J]. 人口研究,2016,40(1):98-112.

[219]王思斌. 社会政策实施与社会工作的发展[J]. 江苏社会科学,2006(2):49-54.

[220]王振军. 农村社会养老服务需求意愿的实证分析:基于甘肃563位老人问卷调查[J]. 西北人口,2016,37(1):117-122.

[221]韦宇红. 我国城市社区养老服务资源有效供给问题研究[J]. 理论导刊,2012(6):12-14.

[222]温忠麟,张雷,侯杰泰,等. 中介效应检验程序及其应用[J]. 心理学报,2004,36(5):614-620.

[223]吴芳,李艳. 老年人社区养老需求影响因素研究述评[J]. 老龄科学研究,2016,4(12):17-24.

[224]吴杰. 基于马克思主义社会保障理论下的重庆市城市老年人口社区养老服务需求与对策研究[D]. 重庆:中共重庆市委党校,2012.

[225]吴志敏. 城市公共危机治理下公众主动参与有效性研究:基于协同治理视角[J]. 学术界,2018(2):159-169.

[226]夏建中. 社会为中心的社会资本理论及其测量[J]. 教学与研究,2007(9):36-42.

[227]肖建华,黄蕾. 国内居民消费与经济自主性增长的持续动力[J]. 涉外税务,2010(2):30-32.

[228]谢庆奎. 中国政府的府际关系研究[J]. 北京大学学报(哲学社会科学版),2000(1):26-34.

[229]谢舜,周鸿. 科尔曼理性选择理论评述[J]. 思想战线,2005,31(2):70-73.

[230]休斯. 公共管理导论[M]. 张成福,马子博,等译. 北京:中国人民大学出版社,2015.

[231]徐仁璋. 中国地方政府的系统结构[J]. 中国行政管理,2002(8):29-31.

[232]徐永祥. 论社区服务的本质属性与运行机制[J]. 华东理工大学学报(社会科学版),2002,17(4):50-54.

[233] 徐祖荣. 社会组织与公共服务主体多元化:基于浙江的研究[J]. 理论与改革,2009(1):35-38.

[234] 颜秉秋,高晓路. 城市老年人居家养老满意度的影响因子与社区差异[J]. 地理研究,2013,32(7):1269-1279.

[235] 燕继荣. 投资社会资本[M]. 北京:北京大学出版社,2006.

[236] 杨黎源. 从生活保障到精神健康:社会文化养老服务的发展路径与政策支持:以宁波为例[J]. 四川行政学院学报,2015(3):56-59.

[237] 杨晓冬,武永祥,姚嘉玉. 面向用户满意的养老社区服务体系构建[J]. 中国软科学,2016(3):175-183.

[238] 杨燕绥. 中国老龄社会与养老保障发展报告[M]. 北京:清华大学出版社,2015.

[239] 姚俊. "多支柱"社会养老服务政策的理念与设计研究:基于服务递送的视角[J]. 现代经济探讨,2015(7):48-52.

[240] 殷华方,潘镇,鲁明泓. 中央—地方政府关系和政策执行力:以外资产业政策为例[J]. 管理世界,2007(7):22-36.

[241] 尹广文,李树武. 合作中的伙伴关系:社会组织参与城市基层社区治理的关系策略研究[J]. 中共福建省委党校学报,2015(10):68-74.

[242] 郁建兴,高翔. 地方发展型政府的行为逻辑及制度基础[J]. 中国社会科学,2012(5):95-112.

[243] 张汉. "地方发展型政府"抑或"地方企业家型政府"?——对中国地方政企关系与地方政府行为模式的研究述评[J]. 公共行政评论,2014,7(3):157-175.

[244] 张恺悌,罗晓晖. 新加坡养老[M]. 北京:中国社会出版社,2010.

[245] 张康之. 走向合作治理的历史进程[J]. 湖南社会科学,2006(4):31-36.

[246] 张丽萍. 老年人口居住安排与居住意愿研究[J]. 人口学刊,2012(6):25-33.

[247] 张连民,张益刚. 我国老年人权益保障的现状、问题与对策:以日照市为例[J]. 城市发展研究,2011,18(3):117-124.

[248]张书维,景怀斌. 政治信任的制度:文化归因及政府合作效应[J]. 武汉大学学报(哲学社会科学版),2014,67(5):77-84.

[249]张书维,李纾. 行为公共管理学探新:内容、方法与趋势[J]. 公共行政评论,2018(1):7-36,219.

[250]张文宏. 社会资本:理论争辩与经验研究[J]. 社会学研究,2003(4):23-35.

[251]张馨月. 我国城市社区养老参与主体研究[J]. 领导科学论坛,2015(13):10-11.

[252]张旭升. 政府购买居家养老服务参与主体的行动逻辑研究[D]. 南京:南京大学,2011.

[253]张岩鸿. 政府绩效评估:述评、探究及改进策略[J]. 政治学研究,2008(5):108-115.

[254]张争艳,王化波. 珠海市老年人口养老意愿及影响因素分析[J]. 人口学刊,2016,38(1):88-94.

[255]章晓懿,刘帮成. 社区居家养老服务质量模型研究:以上海市为例[J]. 中国人口科学,2011(3):83-92.

[256]赵立新. 论社区建设与居家式社区养老[J]. 人口学刊,2004(3):35-39.

[257]赵婷婷. 我国城镇养老服务机构的问题研究[D]. 天津:南开大学,2013.

[258]赵向红. 社区照顾养老福利政策:逻辑、分析框架与构建思路[J]. 社会科学家,2017(5):65-70.

[259]赵宇峰,廖仕梅. 公民参与和政府行为有效性的提升[J]. 江苏行政学院学报,2011(2):103-107.

[260]郑小勇. 行业协会对集群企业外生性集体行动的作用机理研究[J]. 社会学研究,2008(6):108-130.

[261]郑永年. 中国的"行为联邦制":中央—地方关系的变革与动力[M]. 邱道隆,译. 北京:东方出版社,2013.

[262]中共中央办公厅国务院办公厅. 关于进一步加强民间组织管理工作的通

知[EB/OL].(1999-11-25)[2023-08-02]. https://mz.luzhou.gov.cn/zdgz/shgl/shzz/content_1285 69? SessionVerify=5042d5cb-6eea-4cb0-85db-bdd45f33d0e5.

[263]中华人民共和国财政部. 关于中央财政支持开展居家和社区养老服务改革试点工作的通知[EB/OL].(2016-07-13)[2023-08-03]. http://www.mof.gov.cn/gp/xxgkml/shbzs/20 1607/t2016 0721_2512279.htm.

[264]中华人民共和国中央人民政府. 关于加快推进养老服务业放管服改革的通知[EB/OL].(2017-02-09)[2023-08-02]. https://www.gov.cn/xinwen/201702/09/content_5166789.htm#1.

[265]钟慧澜,章晓懿. 激励相容与共同创业:养老服务中政府与社会企业合作供给模式研究[J]. 上海行政学院学报,2015,16(5):31-40.

[266]周红云. 社会资本:布迪厄、科尔曼和帕特南的比较[J]. 经济社会体制比较,2003(4):46-53.

[267]周苗. 我国老年人口婚姻分化现象及其对养老问题的意涵:基于2010年中国综合社会调查数据的实证分析[J]. 西北人口,2015(4):68-74.

[268]周平. 当代中国地方政府[M]. 北京:人民出版社,2007.

[269]周志忍. 公共组织绩效评估:中国实践的回顾与反思[J]. 兰州大学学报(社会科学版),2007,35(1):26-33.

[270]朱冬梅. 养老服务需求多元化视角下的社会组织建设[J]. 山东社会科学,2013(4):48-51.

[271]朱浩. 城市社区养老服务的递送机制研究[D]. 杭州:浙江大学,2015.

[272]朱慧. 我国社区养老服务文献综述[J]. 劳动保障世界(理论版),2012(1):77-80.

[273]邹凯. 社区服务公众满意度测评理论、方法及应用研究[D]. 长沙:国防科学技术大学,2008.

附　录

附录1：调查问卷一

首先感谢您愿意参加本次调查。本次调查为学术研究之用，目的在于了解您的工作单位对社区养老服务的看法。请您根据自己的真实想法作答。所有问题的答案均无正确和错误之分，只需填写您的直观感受即可，无需耽误过多时间思考。本次调查将对您的个人隐私和问卷内容严格保密。

本问卷共28题，预计回答时间为5—10分钟。再次感谢您的参与，期待您提出宝贵的意见与建议！

作答说明：

一、请根据回答内容，在您认为最能代表您真实想法的分数选项下打钩。数字1和7分别代表对问题内容的"完全不同意"和"完全同意"，数字2和6分别代表对问题内容的"比较不同意"和"比较同意"，数字3和5分别代表对问题内容的"只有一点不同意"和"只有一点同意"，数字4代表对问题内容的中立态度。

1. 地方政府具有完善的财政补贴政策

完全不同意 | 1 | 2 | 3 | 4 | 5 | 6 | 7 | 完全同意

2. 地方政府具有完善的税收优惠政策

完全不同意 | 1 | 2 | 3 | 4 | 5 | 6 | 7 | 完全同意

3. 地方政府具有完善的融资贷款政策

完全不同意 | 1 | 2 | 3 | 4 | 5 | 6 | 7 | 完全同意

4. 地方政府具有完善的市场准入政策

完全不同意 | 1 | 2 | 3 | 4 | 5 | 6 | 7 | 完全同意

5. 地方政府能够供给场所资源

完全不同意 | 1 | 2 | 3 | 4 | 5 | 6 | 7 | 完全同意

6. 地方政府能够协调社区资源

完全不同意 | 1 | 2 | 3 | 4 | 5 | 6 | 7 | 完全同意

7. 地方政府能够提供人才资源

完全不同意 | 1 | 2 | 3 | 4 | 5 | 6 | 7 | 完全同意

8. 地方政府能够优化审批流程

完全不同意 | 1 | 2 | 3 | 4 | 5 | 6 | 7 | 完全同意

9. 地方政府具有完善的养老服务运营制度

完全不同意 | 1 | 2 | 3 | 4 | 5 | 6 | 7 | 完全同意

10. 地方政府具有完善的养老服务评估机制

完全不同意 | 1 | 2 | 3 | 4 | 5 | 6 | 7 | 完全同意

11. 地方政府具有完善的资金使用披露制度

完全不同意 | 1 | 2 | 3 | 4 | 5 | 6 | 7 | 完全同意

12. 地方政府具有完善的同业竞争监督机制

完全不同意 | 1 | 2 | 3 | 4 | 5 | 6 | 7 | 完全同意

13. 参与社区养老能增加经济利益

完全不同意 | 1 | 2 | 3 | 4 | 5 | 6 | 7 | 完全同意

14. 参与社区养老能提升社会形象

完全不同意 | 1 | 2 | 3 | 4 | 5 | 6 | 7 | 完全同意

15. 参与社区养老能提高口碑声誉

完全不同意 | 1 | 2 | 3 | 4 | 5 | 6 | 7 | 完全同意

16. 参与社区养老能加强政治地位

完全不同意 | 1 | 2 | 3 | 4 | 5 | 6 | 7 | 完全同意

17. 参与社区养老能降低管理运营成本

完全不同意 | 1 | 2 | 3 | 4 | 5 | 6 | 7 | 完全同意

18. 参与社区养老能减少资源获取成本

完全不同意 | 1 | 2 | 3 | 4 | 5 | 6 | 7 | 完全同意

19. 参与社区养老能降低市场进入成本

完全不同意 | 1 | 2 | 3 | 4 | 5 | 6 | 7 | 完全同意

20. 参与社区养老能减少社会关系维护成本

完全不同意 | 1 | 2 | 3 | 4 | 5 | 6 | 7 | 完全同意

21. 本单位愿意积极参与社区养老

完全不同意 | 1 | 2 | 3 | 4 | 5 | 6 | 7 | 完全同意

22. 本单位愿意加大投入参与社区养老

完全不同意 | 1 | 2 | 3 | 4 | 5 | 6 | 7 | 完全同意

23. 本单位愿意把参与社区养老作为一项长期工作

完全不同意 | 1 | 2 | 3 | 4 | 5 | 6 | 7 | 完全同意

二、请您如实回答以下问题（请在符合您的实际情况选项下打钩）。

24. 您的性别是

（1）男性

（2）女性

25. 您的年龄是

（1）30 岁及以下

（2）31~40 岁

（3）41~50 岁

（4）51~60 岁

（5）61 岁及以上

26. 您的学历是

（1）高中及以下

（2）大专及本科

（3）研究生及以上

27. 您的职务是

（1）基层工作人员

（2）一般管理干部

（3）中层管理干部

（4）高层管理干部

28. 您的税前月均收入是

（1）3000元及以下

（2）3001~4000元

（3）4001~5000元

（4）5001~6000元

（5）6001~8000元

（6）8001元及以上

至此，您已完成所有问题的作答。非常感谢您的耐心参与，祝您工作顺利！

附录2：调查问卷二

首先感谢您愿意参加本次调查。本次调查为学术研究之用，目的在于了解您的工作单位对社区养老服务的看法。请您根据自己的真实想法作答。所有问题的答案均无正确和错误之分，只需填写您的直观感受即可，无需耽误过多时间思考。本次调查将对您的个人隐私和问卷内容严格保密。

本问卷共28题，预计回答时间为5—10分钟。再次感谢您的参与，期待您提出宝贵的意见与建议！

作答说明：

一、请根据回答内容，在您认为最能代表您真实想法的分数选项下打钩。数字1和7分别代表对问题内容的"完全不同意"和"完全同意"，数字2和6分别代表对问题内容的"比较不同意"和"比较同意"，数字3和5分别代表对问题内容的"只有一点不同意"和"只有一点同意"，数字4代表对问题内容的中立态度。

1. 地方政府具有完善的财政补贴政策

完全不同意 | 1 | 2 | 3 | 4 | 5 | 6 | 7 | 完全同意

2. 地方政府具有完善的税收优惠政策

完全不同意 | 1 | 2 | 3 | 4 | 5 | 6 | 7 | 完全同意

3. 地方政府具有完善的融资贷款政策

完全不同意 | 1 | 2 | 3 | 4 | 5 | 6 | 7 | 完全同意

4. 地方政府具有完善的市场准入政策

完全不同意 | 1 | 2 | 3 | 4 | 5 | 6 | 7 | 完全同意

5. 地方政府能够供给场所资源

完全不同意 | 1 | 2 | 3 | 4 | 5 | 6 | 7 | 完全同意

6. 地方政府能够协调社区资源

完全不同意 | 1 | 2 | 3 | 4 | 5 | 6 | 7 | 完全同意

7. 地方政府能够提供人才资源

完全不同意 | 1 | 2 | 3 | 4 | 5 | 6 | 7 | 完全同意

8. 地方政府能够优化审批流程

完全不同意 | 1 | 2 | 3 | 4 | 5 | 6 | 7 | 完全同意

9. 地方政府具有完善的养老服务运营制度

完全不同意 | 1 | 2 | 3 | 4 | 5 | 6 | 7 | 完全同意

10. 地方政府具有完善的养老服务评估机制

完全不同意 | 1 | 2 | 3 | 4 | 5 | 6 | 7 | 完全同意

11. 地方政府具有完善的资金使用披露制度

完全不同意 | 1 | 2 | 3 | 4 | 5 | 6 | 7 | 完全同意

12. 地方政府具有完善的同业竞争监督机制

完全不同意 | 1 | 2 | 3 | 4 | 5 | 6 | 7 | 完全同意

13. 参与社区养老能获取捐赠收益

完全不同意 | 1 | 2 | 3 | 4 | 5 | 6 | 7 | 完全同意

14. 参与社区养老能提升社会形象

完全不同意 | 1 | 2 | 3 | 4 | 5 | 6 | 7 | 完全同意

15. 参与社区养老能落实公益性责任

完全不同意 | 1 | 2 | 3 | 4 | 5 | 6 | 7 | 完全同意

16. 参与社区养老能获取治理话语权

完全不同意 | 1 | 2 | 3 | 4 | 5 | 6 | 7 | 完全同意

17. 参与社区养老能降低管理运营成本

完全不同意 | 1 | 2 | 3 | 4 | 5 | 6 | 7 | 完全同意

18. 参与社区养老能减少资源获取成本

完全不同意 | 1 | 2 | 3 | 4 | 5 | 6 | 7 | 完全同意

19. 参与社区养老能降低市场进入成本

完全不同意 | 1 | 2 | 3 | 4 | 5 | 6 | 7 | 完全同意

20. 参与社区养老能减少社会关系维护成本

完全不同意 | 1 | 2 | 3 | 4 | 5 | 6 | 7 | 完全同意

21. 本单位愿意积极参与社区养老

完全不同意 | 1 | 2 | 3 | 4 | 5 | 6 | 7 | 完全同意

22. 本单位愿意加大投入参与社区养老

完全不同意 |1|2|3|4|5|6|7| 完全同意

23. 本单位愿意把参与社区养老作为一项长期工作

完全不同意 |1|2|3|4|5|6|7| 完全同意

二、请您如实回答以下问题（请在符合您的实际情况选项下打钩）。

24. 您的性别是

（1）男性

（2）女性

25. 您的年龄是

（1）30 岁及以下

（2）31~40 岁

（3）41~50 岁

（4）51~60 岁

（5）61 岁及以上

26. 您的学历是

（1）高中及以下

（2）大专及本科

（3）研究生及以上

27. 您的职务是

（1）基层工作人员

（2）一般管理干部

（3）中层管理干部

（4）高层管理干部

28. 您的税前月均收入是

（1）3000 元及以下

（2）3001~4000 元

（3）4001~5000 元

（4）5001~6000 元

（5）6001~8000 元

（6）8001元及以上

至此，您已完成所有问题的作答。非常感谢您的耐心参与，祝您工作顺利！

附录3：调查问卷三

首先感谢您愿意参加本次调查。本次调查为学术研究之用，目的在于了解您对社区养老服务的看法。请您根据自己的真实想法作答。所有问题的答案均无正确和错误之分，只需填写您的直观感受即可，无需耽误过多时间思考。本次调查将对您的个人隐私和问卷内容严格保密。

本问卷共 26 题，预计回答时间为 5—10 分钟。再次感谢您的参与，期待您提出宝贵的意见与建议！

作答说明：

一、请根据回答内容，在您认为最能代表您真实想法的分数选项下打钩。数字 1 和 7 分别代表对问题内容的 "完全不同意" 和 "完全同意"，数字 2 和 6 分别代表对问题内容的 "比较不同意" 和 "比较同意"，数字 3 和 5 分别代表对问题内容的 "只有一点不同意" 和 "只有一点同意"，数字 4 代表对问题内容的中立态度。

1. 地方政府具有完善的福利普及政策

完全不同意 | 1 | 2 | 3 | 4 | 5 | 6 | 7 | 完全同意

2. 地方政府具有完善的人文关怀政策

完全不同意 | 1 | 2 | 3 | 4 | 5 | 6 | 7 | 完全同意

3. 地方政府具有完善的权益保障政策

完全不同意 | 1 | 2 | 3 | 4 | 5 | 6 | 7 | 完全同意

4. 地方政府能够供给服务场所资源

完全不同意 | 1 | 2 | 3 | 4 | 5 | 6 | 7 | 完全同意

5. 地方政府能够提供专业化人力资源

完全不同意 | 1 | 2 | 3 | 4 | 5 | 6 | 7 | 完全同意

6. 地方政府能够提供医疗技术资源

完全不同意 | 1 | 2 | 3 | 4 | 5 | 6 | 7 | 完全同意

7. 地方政府具有完善的服务流程管理制度

完全不同意 | 1 | 2 | 3 | 4 | 5 | 6 | 7 | 完全同意

8. 地方政府具有完善的服务评估机制

完全不同意 | 1 | 2 | 3 | 4 | 5 | 6 | 7 | 完全同意

9. 地方政府具有完善的服务质量保障机制

完全不同意 | 1 | 2 | 3 | 4 | 5 | 6 | 7 | 完全同意

10. 参与社区养老能获取更高质量的养老服务

完全不同意 | 1 | 2 | 3 | 4 | 5 | 6 | 7 | 完全同意

11. 参与社区养老能获取更多种类的养老服务

完全不同意 | 1 | 2 | 3 | 4 | 5 | 6 | 7 | 完全同意

12. 参与社区养老能获取更简单易用的养老服务

完全不同意 | 1 | 2 | 3 | 4 | 5 | 6 | 7 | 完全同意

13. 参与社区养老能更容易获取养老服务

完全不同意 | 1 | 2 | 3 | 4 | 5 | 6 | 7 | 完全同意

14. 参与社区养老能降低养老成本

完全不同意 | 1 | 2 | 3 | 4 | 5 | 6 | 7 | 完全同意

15. 参与社区养老能降低养老长期支付成本

完全不同意 | 1 | 2 | 3 | 4 | 5 | 6 | 7 | 完全同意

16. 参与社区养老能减少子女亲属照护时间成本

完全不同意 | 1 | 2 | 3 | 4 | 5 | 6 | 7 | 完全同意

17. 参与社区养老能减少意外就医成本

完全不同意 | 1 | 2 | 3 | 4 | 5 | 6 | 7 | 完全同意

18. 我愿意了解社区养老的相关信息

完全不同意 | 1 | 2 | 3 | 4 | 5 | 6 | 7 | 完全同意

19. 我愿意积极参与社区养老

完全不同意 | 1 | 2 | 3 | 4 | 5 | 6 | 7 | 完全同意

20. 我愿意鼓励我的朋友参与社区养老

完全不同意 | 1 | 2 | 3 | 4 | 5 | 6 | 7 | 完全同意

二、请您如实回答以下问题（请在符合您的实际情况选项下打钩）。

21. 您的性别是

(1) 男性

(2) 女性

22. 您的年龄是

(1) 30 岁及以下

(2) 31~40 岁

(3) 41~50 岁

(4) 51~60 岁

(5) 61 岁及以上

23. 您的学历是

(1) 高中及以下

(2) 大专及本科

(3) 研究生及以上

24. 您目前的职业或退休前的职业是

(1) 机关事业单位人员

(2) 国有企业职工

(3) 其他企业职工

(4) 企业主

(5) 自由职业

(6) 无固定职业

25. 您的税前月均收入是

(1) 3000 元及以下

(2) 3001~4000 元

(3) 4001~5000 元

(4) 5001~6000 元

(5) 6001~8000 元

(6) 8001 元及以上

26. 您的子女人数是

(1) 无

(2) 1 人

(3) 2 人及以上

至此,您已完成所有问题的作答。非常感谢您的耐心参与,祝您万事如意!

附录4：调查问卷四

首先感谢您愿意参加本次调查。本次调查为学术研究之用，目的在于了解您对参与社区养老服务的个人意见。请您根据自己的真实想法作答。所有问题的答案均无正确和错误之分，只需填写您的直观感受即可，无需耽误过多时间思考。本次调查将严格对您的个人隐私和问卷内容严格保密。

本问卷共24题，预计回答时间为5—10分钟。再次感谢您的参与，期待您提出宝贵的意见与建议！

作答说明：

一、请根据回答内容，在您认为最能代表您真实想法的分数选项下打钩。数字1和7分别代表对问题内容的"完全不同意"和"完全同意"，数字2和6分别代表对问题内容的"比较不同意"和"比较同意"，数字3和5分别代表对问题内容的"只有一点不同意"和"只有一点同意"，数字4代表对问题内容的中立态度。

在开始作答之前，请先仔细阅读下面一段文字：

"王先生刚从新闻中看到，政府正在大力倡导社区养老。这是一种新型养老服务模式，老年人居住在自己家的同时，通过集资形式平价购买社区提供的基本公共养老服务，如上门看病问诊、社区组织的老年活动等。王先生认为这种老年人在家中居住与社会化上门服务相结合的新型养老模式，可确保老年人既能独立自主地生活，又能在遇到突发事件时得到社区的紧急援助；既能维系好与家人、朋友、邻居的关系，又能促使社会资源得到充分利用。"

请问您对社区养老如何看待？

1. 我认为我生活的社区具有明确的发展规划和功能定位
完全不同意 | 1 | 2 | 3 | 4 | 5 | 6 | 7 | 完全同意
2. 我生活的社区能满足我日常生活的基本需求
完全不同意 | 1 | 2 | 3 | 4 | 5 | 6 | 7 | 完全同意

3. 我生活的社区非常重视通过宣传和培训来提高社区公民素质

完全不同意 | 1 | 2 | 3 | 4 | 5 | 6 | 7 | 完全同意

4. 社区为我提供了详细信息以方便了解办事程序和要求

完全不同意 | 1 | 2 | 3 | 4 | 5 | 6 | 7 | 完全同意

5. 我认为社区服务人员态度主动热情、平和亲民

完全不同意 | 1 | 2 | 3 | 4 | 5 | 6 | 7 | 完全同意

6. 我认为社区的办事过程和结果公开透明

完全不同意 | 1 | 2 | 3 | 4 | 5 | 6 | 7 | 完全同意

7. 我相信老百姓的利益得到了本社区的保护

完全不同意 | 1 | 2 | 3 | 4 | 5 | 6 | 7 | 完全同意

8. 我相信本社区处理事情公道恰当

完全不同意 | 1 | 2 | 3 | 4 | 5 | 6 | 7 | 完全同意

9. 我相信本社区能处理好突发事件

完全不同意 | 1 | 2 | 3 | 4 | 5 | 6 | 7 | 完全同意

10. 我认为本社区工作人员的办事能力比较强

完全不同意 | 1 | 2 | 3 | 4 | 5 | 6 | 7 | 完全同意

11. 我相信本社区工作人员的道德水平

完全不同意 | 1 | 2 | 3 | 4 | 5 | 6 | 7 | 完全同意

12. 总体来说，我非常信赖本社区

完全不同意 | 1 | 2 | 3 | 4 | 5 | 6 | 7 | 完全同意

13. 我会积极参与体验社区养老服务

完全不同意 | 1 | 2 | 3 | 4 | 5 | 6 | 7 | 完全同意

14. 我会考虑将社区养老服务作为我的首选

完全不同意 | 1 | 2 | 3 | 4 | 5 | 6 | 7 | 完全同意

15. 即便花费更多，我也会选择社区养老服务

完全不同意 | 1 | 2 | 3 | 4 | 5 | 6 | 7 | 完全同意

16. 我会鼓励我的亲朋好友也选择社区养老服务

完全不同意 | 1 | 2 | 3 | 4 | 5 | 6 | 7 | 完全同意

17. 社区养老服务是我最想要的服务方式

完全不同意 | 1 | 2 | 3 | 4 | 5 | 6 | 7 | 完全同意

二、请您如实回答以下问题（请在符合您的实际情况选项下打钩）。

18. 您的性别是

（1）男性

（2）女性

19. 您的民族是

（1）汉族

（2）其他民族

20. 您的婚姻状况是

（1）未婚

（2）已婚

（3）其他

21. 您的年龄是

（1）30 岁及以下

（2）31~40 岁

（3）41~50 岁

（4）51~60 岁

（5）61 岁及以上

22. 您的子女人数是

（1）无

（2）1 人

（3）2 人

（4）3 人及以上

23. 您目前的职业或退休前的职业是

（1）公务员

（2）事业单位员工

（3）国有企业职工

（4）外资企业职工

（5）其他企业职工

（6）自由职业

（7）企业主/老板

（8）家庭主妇/无固定职业

24. 您的税前月均收入是

（1）3000 元及以下

（2）3001~4500 元

（3）4501~6000 元

（4）6001~7500 元

（5）7501~9000 元

（6）9001~12000 元

（7）12001 元及以上

至此，您已完成所有问题的作答。非常感谢您的耐心参与，祝您万事如意！